Konzepte der Humanwissenschaften

Vamik D. Volkan

Psychoanalyse der frühen Objektbeziehungen

Zur psychoanalytischen Behandlung psychotischer, präpsychotischer und narzißtischer Störungen

Aus dem Amerikanischen übersetzt von Helga Steinmetz-Schünemann
Die Originalausgabe erschien unter dem Titel
»Primitive Internalized Object Relations«
im Verlag International Universities Press Inc., New York 1976

Printed in Germany 1978
Einbandgestaltung und Typographie: Heinz Edelmann
Gesamtherstellung: Kösel, Kempten

CIP-Kurztitelaufnahme der Deutschen Bibliothek

Volkan, Vamik D.:
Psychoanalyse der frühen Objektbeziehungen : zur psychoanalyt.
Behandlung psychot., präpsychot. u. narzißt. Störungen / Vamik D. Volkan.
[Aus d. Amerikan. übers. von Helga Steinmetz-Schünemann].
– Stuttgart : Klett-Cotta, 1978.
(Konzepte der Humanwissenschaften)
Einheitssacht.: Primitive internalized object relations ⟨dt.⟩
ISBN 3-12-908420-7

Für Elizabeth Palonen Volkan

Inhalt

Dank

Da dieses Buch aus meiner klinischen Erfahrung hervorgegangen ist, möchte ich an dieser Stelle denjenigen meine Dankbarkeit aussprechen, von denen ich gelernt habe, was ich über klinische Probleme weiß — meinen Lehrern, meinen Kollegen und nicht zuletzt meinen Patienten. Ich stehe in der Schuld zahlreicher Menschen, von denen ich auf notgedrungen so geringem Raum nur einige nennen kann.

Als ich an der Universität von Ankara in der Türkei Medizin studierte, war Rasim Adasal Vorsitzender der Psychiatrischen Abteilung. Rasim Hoca, wie wir ihn liebevoll nannten, sprach Türkisch mit einem Akzent, da er von der Insel Kreta stammte. Als türkischer Zypriot war auch ich von einer Insel in die türkische medizinische Gemeinschaft gekommen, und während ich seinen Vorlesungen über Freud und die Psychoanalyse aufmerksam folgte, fühlte ich mich ihm besonders verbunden, da ich in der Erinnerung die Stimme meines Vaters, eines Lehrers, mit ihrem insularen Akzent hörte und mich an ein Buch erinnerte — wahrscheinlich die erste türkische Freud-Übersetzung —, das mein Vater in seinem schwarzen Schrank mit anderen wertvollen Büchern aufbewahrte. Ich vermute, daß dieses Buch mich damals beeindruckt hatte, weil es sich mit Sex beschäftigte; es können durchaus die *Drei Abhandlungen zur Sexualtheorie* gewesen sein. In der Mitte der fünfziger Jahre wurde in der Türkei die Psychoanalyse oder die psychoanalytische Psychotherapie noch wenig ausgeübt, und das hat sich bis heute kaum geändert; aber Rasim Hocas Vorlesungen machten uns auf etwas neugierig, das ziemlich geheimnisvoll blieb, obwohl es uns verlockte. Ich begann davon zu träumen, Psychoanalytiker zu werden; mein Traum nahm Gestalt an, als ich in die Vereinigten Staaten kam, nachdem ich mein Medizinstudium in der Türkei beendet hatte.

Ich übernehme die volle Verantwortung für das, was in diesem Buch steht, aber ich muß in mindestens vier der Fälle, die ich beschreibe, dankbar die Hilfe anderer anerkennen, die mir als Berater oder Supervisor zur Seite standen: D. Wilfred Abse, Edith Weigert, William L. Granatir und Rex E. Buxton. Der erste dieser vier Lehrer, der heute mein Kollege an der University of Virginia ist, hatte außerordentlichen Einfluß auf den Beginn meiner psychiatrischen Arbeit und auf meinen Entschluß, selbst zu lehren. Die anderen überwachten meine klinische

Arbeit am Washington Psychoanalytic Institute. Ich möchte hier auch meinen eigenen Analytiker erwähnen; er war in vielfältiger Weise gut zu mir, und meine realistische Bewunderung für ihn half mir, ein eigenes gefestigtes psychoanalytisches »Arbeits-Ich« zu entwickeln.

Nachdem ich meine Ausbildung zum Psychoanalytiker hinter mir hatte, kam mir die Ermutigung von Kollegen auf nationaler Ebene zugute. Ich schulde zweien von ihnen besonderen Dank: William G. Niederland aus New York City und L. Bryce Boyer aus Berkeley. Sie waren beide außerordentlich großmütig in der Korrespondenz mit mir und haben sich in hilfreicher Weise kritisch mit meinen früheren Beiträgen auseinandergesetzt, die die Vorläufer dieses Buches waren. Mein besonderer Dank gilt L. Gordon Kirschner jr. aus Washington D. C. und Seymor Rabinowitz aus Charlottesville, die Entwürfe des Manuskripts gelesen und mir Anregungen gegeben haben. Jahrelang pendelte ich mit Kirschner zwischen Charlottesville und Washington, solange wir beide am Washington Psychoanalytic Institute ausgebildet wurden, und einige der Gedanken, die ich hier vortrage, entstanden aus den Diskussionen, die wir während unserer gemeinsamen Fahrten führten.

Die berufliche Atmosphäre in der Abteilung für Psychiatrie an der University of Virginia ist so, daß in ihr ein forschender Geist Nahrung findet, und dafür muß ich David R. Hawkins, ihrem Leiter, danken. Ich bin Arvell S. Luttrell aus Knoxville, Tennessee, für die Freundlichkeit dankbar, daß er mir Einblick gewährt hat in seine Notizen über den Fall des »mechanischen Jungen«, und William M. Cseh von der University of Virginia, daß er mir gestattet hat, eine Episode aus der Behandlung des »Schildkrötenmannes« in das Buch aufzunehmen.

Frau Irene Azarian von International Universities Press ermutigte mich in wirklich hilfreicher und freundlicher Weise, von unserem ersten Gespräch über dieses Buch an, und trug wesentlich zu seiner Vollendung bei. Meine Sekretärin, Fräulein Sara McClure, bewies große Geschicklichkeit und Geduld bei der Vorbereitung des Manuskripts, und ich bin ihr außerordentlich dankbar für ihre immer freundliche Hilfe.

Meine tiefe Dankbarkeit möchte ich Frau Virginia Kennan aussprechen, der Redaktionsassistentin der Abteilung Psychiatrie der University of Virginia, mit der ich seit einigen Jahren eng zusammenarbeite. Sie ermöglichte es mir, dieses Buch zu schreiben, denn es gelang ihr nicht nur, mit erstaunlicher Schnelligkeit meine handgeschriebenen Rohentwürfe zu »dekodieren«, mein Englisch auszufeilen und das Manuskript druckfertig zu machen, als es sich der Vollendung näherte, sondern ich fand während der Arbeit bei ihr auch den notwendigen Gedankenaustausch und die notwendigen Reaktionen auf das, was ich geschrieben hatte.

Vorwort

Dieses Buch wird von Interesse sein für den praktizierenden Psychoanalytiker, den psychoanalytisch orientierten Psychotherapeuten und den Verhaltensforscher, der etwas über neue Entwicklungen in der psychoanalytischen Theorie erfahren möchte. V. D. Volkan hat damit einen wichtigen Beitrag zur Anwendung der psychoanalytischen Objektbeziehungstheorie auf die Behandlung schwer regredierter Patienten geliefert. Diese Theorie kann auf drei fortschreitend weiter eingegrenzte Arten definiert werden. Im weitesten Sinne beschäftigt sie sich mit dem Verständnis des Wesens von gegenwärtigen zwischenmenschlichen Beziehungen auf der Grundlage vergangener Beziehungen — mit der Erforschung intrapsychischer Strukturen, die sich aus früheren internalisierten Beziehungen mit anderen herleiten, sie fixieren, modifizieren und reaktivieren. Gewöhnlich beinhaltet diese weitgefaßte Definition die allgemeine Theorie jener seelischen Strukturen, die zwischenmenschliche Erfahrungen bewahren, und die gegenseitigen Einflüsse zwischen diesen intrapsychischen Strukturen und der Gesamtheit der wechselnden Formen der Äußerung von Triebbedürfnissen in der psychosozialen Umgebung. Psychoanalytische Objektbeziehungstheorie ist auf dieser Ebene ein allgemeiner Brennpunkt oder eine allgemeine Perspektive für ein intermediäres Gebiet zwischen eigentlicher psychoanalytischer Metapsychologie einerseits und klinischen Analysen normalen und pathologischen Funktionierens andererseits.

Eine engere Definition würde die Objektbeziehungstheorie als eine spezialisiertere Perspektive innerhalb psychoanalytischer Metapsychologie beschreiben, eine Perspektive, die den Nachdruck auf die Konstituierung dyadischer intrapsychischer Vorstellungen legt — »Selbst-« und »Objekt«-bilder —, die die ursprüngliche Mutter-Kind-Beziehung und ihre spätere Entwicklung zu dyadischen, triadischen und multiplen internen und externen zwischenmenschlichen Beziehungen im allgemeinen reflektieren. Diese Perspektive betont die gleichzeitige Konstituierung des »Selbst« und »innerer Objekte« (oder Objektvorstellungen), mit besonderem Nachdruck auf der wesentlich dyadischen — oder bipolaren — Natur aller Internalisierungen, die im Kontext einer besonderen affektiven Disposition oder Interaktion etabliert werden.

Während die erste, weitgefaßte Definition auf praktisch alle psychoanalytischen Perspektiven anwendbar ist, reflektiert die zweite die Auffassungen von Theoretikern wie Erikson, Jacobson und Mahler innerhalb der Ichpsychologie; von Fairbairn, Winnicott, Bowlby und Melanie Klein innerhalb der sogenannten englischen Schule der Psychoanalyse; und, bis zu einem gewissen Grade, von Harry Stack Sullivan und dem bedeutenderen Werk von Talcott Parsons.

Eine dritte, noch weiter eingegrenzte Definition psychoanalytischer Objektbeziehungstheorie würde den Terminus auf die spezifische Perspektive von Melanie Klein und Fairbairn beschränken, einschließlich Theoretikern, die Fairbairn nahestehen, wie Winnicott, Wisdom, Guntrip und Sutherland.

Volkans Anwendung der psychoanalytischen Objektbeziehungstheorie fällt größtenteils unter die zweite, intermediäre Definition und steht, wie Volkan in seiner Einleitung sagt, meinen eigenen Auffassungen sehr nahe. Obwohl Volkan sich in beträchtlichem Maße auf meine theoretischen Formulierungen stützt, ist seine Betrachtungsweise flexibel und berücksichtigt auch Beiträge von anderen Autoren als nur von denjenigen, die in meinem theoretischen Rahmen enthalten sind. Er ist darum durchaus selbständig. Dieses originelle Buch zeigt seinen Versuch, neue theoretische Formulierungen im Licht der psychoanalytischen Behandlung schwer gestörter oder regredierter Patienten zu entwickeln. Volkans Formulierungen sind offen; er benutzt die Objektbeziehungstheorie, aber er macht sie nicht zu einer theoretischen Zwangsjacke.

Volkans Buch ist überwiegend klinisch bestimmt, und Psychoanalytiker und psychoanalytisch orientierte Psychotherapeuten werden darin sowohl scharfsinnige und zum Nachdenken anregende klinische Beobachtungen als auch die Verbindung dieser Beobachtungen mit theoretischen Formulierungen finden, die sich ihrerseits zu besonderen technischen Methoden im Hinblick auf diese Patienten kristallisieren. Volkans Beobachtungen zur Überflutung durch das Gefühl, seine Erörterung der Übergangsobjektbeziehungen und sein genereller Blick auf die Affekttheorie aus klinischer Perspektive gehören zu den originellen theoretischen Beiträgen, die er innerhalb eines im wesentlichen klinischen Kontextes liefert.

Volkan betont zu recht die Bedeutung dieser Unterscheidung zwischen eigentlicher Psychoanalyse und psychoanalytischer Psychotherapie. Viele Analytiker mögen jedoch die eigentliche Psychoanalyse enger definieren, als er es tut. Dieses Problem ist besonders relevant bei der Behandlung von Patienten mit schwerer Charakterpathologie, Borderline-Konditionen und Psychosen, bei der Parameter und Modifizierungen der Technik oft die Frage aufwerfen, ob die Behandlung eigentlich noch Psychoanalyse sei. In Übereinstimmung mit Gill bin ich der Meinung, daß die eigentliche Psychoanalyse durch einen neutralen Rahmen charakterisiert wird, der die vollständige Entwicklung der Übertragungsneurose und die Auflösung der Übertragungsneurose durch Interpretation allein gestattet, und ich möchte besonders hervorheben, wie notwendig es für den Psychoanalytiker ist, eine technisch neutrale Position beizubehalten. Im Gegensatz dazu schließt die psychoanalytische Therapie, während auch sie einen technisch neutralen Rahmen erfordert, der die vollständige Entwicklung der Übertragung erlaubt, keine systematische Interpretation der Übertragung ein (im Sinne der systematischen Interpretation einer geordneten Folge von Übertragungsparadigmen, die zusammen die Übertragungsneurose konstituieren). Die Interpretation der Übertragung in der Psychotherapie würde von der augenblicksgebundenen dynamischen Konstellation abhängen oder dem Druck, der durch das vorherrschende Übertragungsparadigma, die Dringlichkeit der unmittelbaren Lebensprobleme und die jeweils spezifischen Ziele verursacht wird. Obwohl die Interpretation der Übertragung ein entscheidendes Instrument der psychoanalytischen Therapie wie auch der eigentlichen Psychoanalyse ist und obwohl psychoanalytische Psychotherapie und Psychoanalyse beide einen neutralen psychotherapeutischen Rahmen verlangen, ist es fraglich, ob man eine Behandlung »Psychoanalyse« nennen kann, in der eine systematische Analyse der Übertragung nicht durchgeführt werden kann und in der zahlreiche technische Parameter die Ausgangsstellung des Analytikers zu einer nicht neutralen Verhaltensposition hin verschoben haben, die durch Interpretation allein nicht vollständig aufgelöst werden kann.

Einige der Behandlungen, die in diesem Buch beschrieben werden, sind eher psychoanalytische Psychotherapie als eigentliche Psychoanalyse. Volkans Fälle illustrieren nichtsdestoweniger, wie die Anwendung der psychoanalytischen Objektbeziehungstheorie auf die Theorie und die Praxis psychoanalytischer Technik die Indikation für die eigentliche Psychoanalyse erweitern kann, während sie zugleich die Anwendung modifizierter psychoanalytischer Psychotherapie erweitert.

Alles in allem ist das Buch eine bedeutende Bereicherung für das Gebiet der Behandlung von Borderline-Konditionen und Psychosen.

Otto F. Kernberg, M. D.
Director, General Clinical Service,
New York State Psychiatric Institute,
Professor of Clinical Psychiatry,
College of Physicians and Surgeons,
Columbia University.

Einleitung

In den letzten Jahren haben die Theorie der internalisierten Objektbeziehungen und ihre Anwendung zur Erleichterung des Verständnisses klinischer Beobachtungen reges Interesse hervorgerufen. Dieses Buch erforscht die klinischen Korrelate der Pathologie internalisierter Objektbeziehungen, wobei es sich in erheblichem Maße auf die theoretischen Auffassungen Otto F. Kernbergs stützt.

Kernberg schlägt eine Brücke vor zwischen der traditionellen psychoanalytischen Triebtheorie und der psychoanalytischen Objektbeziehungstheorie. Erstere betrachtet die Objektbesetzung als sekundär neben der Äußerung libidinöser und aggressiver Triebbedürfnisse; letztere betont das Primat der Bindung des Kleinkindes an das Objekt. Kernberg sieht die früheste Äußerung der Triebe in einem Verhalten, das aufs engste mit der Interaktion zwischen dem Kleinkind und anderen Menschen innerhalb einer »durchschnittlich zu erwartenden Umgebung« verbunden ist. Er vertritt die Ansicht, daß sich danach die Triebe in internalisierten Objektbeziehungen äußern, die ihrerseits wesentliche Organisatoren aller anderen psychischen Strukturen sind.

Innere Objektbeziehungen bringen Vorstellungen von Selbst und Objekt ins Spiel, die zu Beginn nicht differenziert sind. Die nicht differenzierten Selbst-Objekt-Vorstellungen des »nur guten« Typs werden als Ergebnis von Wahrnehmungen und Erinnerungsspuren von Erfahrungen etabliert, in denen das Verhalten der Mutter bedürfnisbefriedigend wirkte. Gleichzeitig werden entsprechende »nur böse« nicht differenzierte Selbst-Objekt-Vorstellungen aus allen schmerzlichen psychophysiologischen Zuständen gebildet. Libidinös gefärbte »nur gute« und aggressiv gefärbte »nur böse« Konstellationen werden durch den Mechanismus der primitiven Spaltung polarisiert. In jeder der beiden Konstellationen wird später eine Differenzierung zwischen Vorstellungen vom Selbst und Vorstellungen vom Objekt möglich, und wenn die Entwicklung normal verläuft, verbinden »nur gute« und »nur böse« internalisierte Objektvorstellungen sich miteinander — eine Entwicklung, die zwischen dem Ende des ersten und der zweiten Hälfte des zweiten Lebensjahres stattfindet. In dieser Zeit vereinigen sich auch die Selbstvorstellungen miteinander, und sobald dieser Prozeß einsetzt, verläßt das Individuum den Bereich der primitiven internalisierten Objektbe-

ziehungen, da es nun sowohl einen stabilen Selbstbegriff als auch eine integrierte internalisierte Objektvorstellungswelt besitzt.
Wir müssen eine Reihe von begleitenden »Konditionen« berücksichtigen, wenn wir die Fixierung im oder die Regression auf den Bereich primitiver internalisierter Objektbeziehungen untersuchen. So werden z. B. Besetzungsprozesse, an denen Selbst- und Objektvorstellungen beteiligt sind, in introjektiv-projektiver Bezogenheit reflektiert. Die Leugnung wird eingeführt, um die primitive Spaltung zu unterstützen; die Fähigkeit der Realitätsprüfung ist unvollkommen oder gar nicht vorhanden; es kann zu einer Überflutung durch das Gefühl kommen, da libidinöse und aggressive Triebderivate einander nicht durchdringen; und das Individuum kontrolliert seine psychische Distanz vom äußeren Objekt, das von seinen eigenen Projektionen und Externalisierungen gefärbt ist.
Die klinischen Beispiele der Psychopathologie primitiver internalisierter Objektbeziehungen stammen aus meiner sechzehnjährigen Erfahrung mit schizophrenen Patienten und Borderline-Patienten oder Patienten mit einer narzißtischen Persönlichkeitsorganisation. Bald nachdem ich meine psychiatrische Ausbildung an der University of North Carolina beendet hatte, wurde ich für zwei Jahre einer staatlichen psychiatrischen Institution zugewiesen, die zu jener Zeit der Segregation unterlag und nur farbigen Patienten offen stand. Ich merkte, daß die meisten meiner Patienten dort erst aufgenommen worden waren, nachdem ihr Verhalten so bizarre Formen angenommen hatte, daß es in der Umgebung, in der sie lebten, nicht länger toleriert werden konnte. Da ich auf dem Grundstück des Krankenhauses wohnte, das ziemlich abgelegen war und unter großem Personalmangel litt, wurde ich mit klinischen Beobachtungen psychotischen Verhaltens förmlich überschwemmt. Meine spätere akademische Anstellung an der University of Virginia und meine psychoanalytische Ausbildung veranlaßten mich zu systematischer, gründlicher Observation von Patienten, die als schizophren oder narzißtisch oder als Borderline-Fälle klassifiziert worden waren.
Ich will hier nicht versuchen, einen Überblick über die Unterschiede zwischen psychoanalytischer Therapie und eigentlicher Psychoanalyse zu geben oder ihre Ähnlichkeiten herauszustellen. Ich benutze den Terminus »Therapie« für erstere und »Psychoanalyse« für letztere in Beispielen, bei denen entweder die eine oder die andere der beiden Methoden gewählt wurden. Ich konzentriere mich auf spezifische Aspekte der Behandlung, um zu zeigen, wie der Patient versucht, sich selbst eine integrierte internalisierte Welt zu schaffen. Selbstverständlich zeigen Pa-

tienten wie die, über die ich schreibe, viele Äußerungen, die Beachtung verdienen, aber ich habe mich für eine systematische Erforschung ihrer primitiven internalisierten Objektbeziehungen entschieden, ohne auf andere Phänomene stärker Bezug zu nehmen. Dieses Buch ist nicht direkt als Handbuch zu diesem Thema konzipiert, aber ich habe versucht, den Bedürfnissen des Studenten entgegenzukommen, indem ich jedes Kapitel durch sachdienliche einführende und zusammenfassende Bemerkungen mit dem folgenden verbunden habe.

Die Darlegung beginnt mit der klinischen Observation einer internalisierten, nicht integrierten und »lebendigen« archaischen Struktur, dem »kleinen Männchen«. Die Identifizierung einer nicht assimilierten internalisierten Präsenz und Neugier auf sie leiten das zweite Kapitel ein, das einen Überblick über die Entwicklungsstadien der internalisierten Objektbeziehungen gibt und über die »Konditionen«, die die Pathologie primitiver internalisierter Objektbeziehungen begleiten. Die folgenden Kapitel untersuchen diese Konditionen einzeln oder in Kombinationen. Es ist meine Absicht, weit über die klinische Manifestation primitiver internalisierter Objektbeziehungen hinauszugehen, um zu zeigen, wie solche Objektbeziehungen in der Übertragungssituation reaktiviert werden, und Beispiele dafür zu geben, wie stark der Analytiker in den introjektiv-projektiven Zyklus des Patienten einbezogen ist, in die Spaltungsübertragung usw. Ich mache auch technische Vorschläge. Besondere Aufmerksamkeit widme ich der Reparierung der primitiven Spaltung, die in der Behandlung solcher Patienten eine so wesentliche Rolle spielt. Die Kapitel 3 bis 8 erörtern die klinischen Korrelate primitiver internalisierter Objektbeziehungen bei schizophrenen oder Borderline-Patienten. Die Kapitel 9 und 10 behandeln die narzißtische Persönlichkeit unter dem Gesichtspunkt der primitiven internalisierten Objektbeziehungen. Das letzte Kapitel behandelt Transsexualismus und Neurose und wirft die Frage auf, ob eine »Schwäche« bei der Reparierung einer primitiven Spaltung zur Bösartigkeit einer neurotischen Situation beitragen kann.

Der Patiententyp, über den ich spreche, kann die klassische Übertragungsneurose entwickeln, wenn einmal die primitive Spaltung repariert ist. Ich verzichte darauf, die üblichen Probleme detailliert zu beschreiben, die zur Übertragungsneurose gehören, um mich auf die Übertragungspsychose zu konzentrieren (die die Unfähigkeit reflektiert, zwischen Selbst- und Objektvorstellungen und zwischen verschiedenen Objektbildern zu differenzieren), auf die primitiv gespaltene Übertragung (die das Wechselspiel zwischen dem »nur guten« und dem »nur bösen« Analytiker und dem »nur guten« und dem »nur bösen« Patienten reflektiert), und auf die narzißtische Übertragung (die die Idealisierung des Analytikers als Erweiterung des Größen-Selbst des Patienten — oder, im Gegensatz dazu, seine Entwertung als eine leere Hülle — reflektiert). Obwohl Elemente der Übertragungsneurose von Anfang an gleichzeitig mit anderen Übertragungsformen existieren oder alternieren können, kann ihnen nur sekundäre Aufmerksamkeit gewidmet werden, bis diese anderen Übertragungsparadigmen aufgelöst sind.

1

Auf der Suche nach einer »lebendigen« archaischen Struktur

Psychotische Patienten können Aspekte ihrer inneren Realität mitteilen, oft mit außerordentlicher Klarheit. Diese Fähigkeit, sich mitzuteilen, erlaubt es uns, an ihrer Beobachtung teilzuhaben und etwas über die Vorgänge und Prozesse der Veränderung in ihrem Innern zu erfahren. Dieses Kapitel beginnt mit dem Porträt eines neurotischen Patienten, der seine inneren Versuche, sich fortschreitend zu strukturieren, symbolisch andeutete durch den Bezug auf eine Kindheitsgewohnheit. Sie bestand darin, daß er durch die Eroberung und Konsolidierung verstreuter Inseln in seiner Spielzeugwelt Weltreiche aufbaute. Manche psychotischen Individuen, die unfähig sind, frühe Ichsegmente zu integrieren, Ichsegmente, die ihrerseits schon Selbst- und Objektvorstellungen und affektive Bindungen zwischen diesen Vorstellungen gebildet haben, beziehen sich nicht nur symbolisch auf den Vorgang der versuchten Integrierung dieser Ichsegmente, sondern werden selbst zeitweilig zu diesen verschiedenen Segmenten und verhalten sich entsprechend. So bieten sie ein klinisches Bild, das sich ständig ändert, entsprechend dem Segment, das gerade im Vordergrund steht. Ein solches Segment, eine sehr archaische Ichstruktur, kann man im Phänomen des »kleinen Männchens« sehen, wenn der Patient selbst zu diesem Männchen wird. Das »kleine Männchen« ist ein archaisches Ichsegment, das aus bestimmten traumatischen Kindheitserfahrungen entstanden ist und eine Art autonomer Existenz behält. Dies ermöglicht dem Forscher, eine »lebendige« innere archaische Struktur zu untersuchen.

Ein Spiel mit Weltreich-Konstruktionen

Gegen Ende seines ersten Jahres in der Psychoanalyse erinnerte sich Gable, ein Mann Anfang zwanzig, in lebhaften Einzelheiten der Spiele und Präokkupationen seiner Kindheit. Er hatte als Kind mit seinen Spielzeugsoldaten und -kriegsschiffen auf dem Fußboden eines großen Badezimmers gespielt. Die einzelnen Badevorleger waren Inseln, um die seine Miniaturmarine kämpfen mußte. Das Ziel des Spieles war, eine Insel nach der anderen zu erobern und sie dann alle in ein Weltreich zu integrieren, dessen einzelne Einheiten er miteinander verband, indem er die Schiffe als Brücken benutzte. Jede Insel hatte einen Namen, ebenso wie das ganze konsolidierte Reich. Gable war von diesem Spiel zutiefst fasziniert gewesen.

Gables Anstrengungen, eine Kette von Inseln zu einem Reich zu vereinigen, fielen mir wieder ein, als ich, einige Jahre nach Beendigung der Arbeit mit diesem Patienten, Hawaii besuchte und davon hörte, wie König Kamahameha I. alle diese Inseln schließlich unter eine Herrschaft gebracht hatte. Gables Fixierung auf die Eroberung von Inseln zwang ihn, das Spiel fortzusetzen, selbst wenn ihm die Vorleger im Badezimmer nicht zur Verfügung standen. Er pflegte die Inseln auf Papier zu zeichnen, sie zu benennen, dann ihre Grenzen aufzuheben und sie nacheinander zu Nationen und zu einem Weltreich zu verbinden. Seine Schlachten wurden immer von den »bad guys« gewonnen, und während der Analyse wollte er mehr über diese Überlegenheit der »bad guys« wissen.

Er hatte seine Analyse bei mir begonnen, während er Student der englischen Literatur war. Bei einem Basketballspiel hatte er »Herzbeschwerden« bekommen, am Vorabend eines Besuches seiner Eltern, die in Übersee lebten. Er war seit einem Jahr verheiratet, und der bevorstehende Besuch sollte seinen Eltern einen ersten Eindruck von dem Heim geben, das er und seine Frau sich geschaffen hatten. Von seiner Mutter war er immer verhätschelt worden. Sein Vater war Offizier und oft im Ausland stationiert. Als der ödipale Vater war er für Gable ein brutaler, grausamer und kalter Mann; in der phallischen Phase — und auch später, als Jugendlicher und als junger Mann — empfand Gable in seiner Gegenwart solche Angst, daß er sich gezwungen fühlte, ihn zu meiden, und nicht allein in einem Raum mit ihm sein konnte. Erst gegen Ende der Analyse, nachdem die Vaterübertragung auf den Analytiker durchgearbeitet worden war, entdeckte er, daß sein Vater in Wirklichkeit ein sanfter Mann war, mit dem er in herzlicher Freundschaft leben konnte.

Es überrascht nicht, daß die Analyse dieses Patienten mit einer Phantasie begann, in der er sich auf einem Berg befand (ich kam zu der Überzeugung, daß dieser die Brust seiner Mutter repräsentierte), sein Land gegen einen fremden Eindringling verteidigend. Während der psychoanalytischen Sitzung nach dieser Enthüllung »fiel« Gable »dem fremden Eindringling zum Opfer«, denn der Analytiker war ja ausländischer Abstammung. Er und sein Analytiker mußten die ergebnislosen Kriegsspiele seiner Kindheit aufs neue inszenieren. Er wünschte die Invasion durch den »bad guy« — den Analytiker/Vater — ebensosehr, wie er sie fürchtete. Als er dann regredierte und sich seiner Beschäftigung mit den Kriegsspielen erinnerte, bezog er sich symbolisch

auf den inneren Aspekt eines andauernden, aber unvollständigen psychischen Prozesses, seines Versuchs zu fortschreitender Strukturierung. Obwohl auch andere Bedeutungen in Gables Kindheitsspielen kondensiert gewesen sein mögen, war es doch offensichtlich, daß er auf seinen Versuch fixiert war, seine inneren Strukturen zu integrieren, und daß die »bad guys« sein Überich repräsentierten. Die Landkarten, die er auf dem Fußboden des Badezimmers oder in seinen Zeichnungen sah, waren symbolische Bilder des Prozesses seiner psychischen Strukturierung.
Nachdem die Analyse seine Abwehr abgebaut und ihn dazu gebracht hatte, in der Übertragung und in seinen Erinnerungen die unvollendete Geschichte seiner Kindheit zu reaktivieren, wechselte er sein Studienhauptfach und ging dazu über, Stadtplanung zu studieren. So befand er sich wiederum am Zeichenbrett, Karten zeichnend, Grenzen ziehend, nur um sie wieder auszulöschen, und, Einzeleinheiten zusammenfügend, integrierte Strukturen zu schaffen. Trotz meiner Interpretation seines neuen Enthusiasmus, in dem ich eine Repräsentation seiner Kindheitsspiele sah, blieb er beim Studium der Stadtplanung. Ich glaube, daß das Zeichnen von Karten eine Sublimierung bedeutete. Nach Beendigung der Analyse bekam er eine Anstellung als Stadtplaner und hatte, wie ich von anderen hörte, große Freude an seiner Arbeit.
Wenn wir Gables Inseln genau betrachten, sehen wir, daß jede von ihnen eine festumrissene selbständige Struktur war. Jede hatte einen Namen, festgelegte Grenzen und ihre eigenen Streitkräfte. Parallel dazu könnte man die Vorläufer der Strukturierung dieser Inseln untersuchen. Woher kamen sie, und was für fließende Grenzen mögen sie gehabt haben, ehe sie eine definitive Form annahmen?
Gable war ein Neurotiker, der die Fähigkeit hatte, Symbole in der reifen Form eines Erwachsenen zu benutzen. Er konnte einen inneren Prozeß unbewußt beobachten und symbolisieren und diesen Prozeß in seinem Handeln nachahmen und hatte eine stabile, kontinuierliche Ichidentität. Wäre er psychotisch gewesen, hätte er sich nicht symbolisch auf seinen unvollendeten Versuch bezogen, seine bereits weitgehend differenzierten psychischen Strukturen zu integrieren, sondern er wäre selbst seine fragmentierten Inseln *gewesen* — von denen einige ziemlich amorph waren —, und sein Verhalten wäre fragmentiert gewesen. Eine wirklich psychotische Persönlichkeit würde sich entsprechend der gerade vorherrschenden »Insel« ändern. Zum Vergleich will ich mich nun einer solchen psychotischen Persönlichkeit zuwenden. Die Einzelheiten ihrer Situation sind von Abse (1955) berichtet worden. Die »Inseln« dieser Patientin waren keine Analogien; sie repräsentierten eine tatsächliche psychische Fragmentierung.

Abses Patientin war eine junge Frau, die der Diagnose zufolge paranoid-schizophren und, wie mein Patient Gable, auf »Inseln« orientiert war. Jedoch wurden für sie Phänomene, auf die Gable sich symbolisch bezogen hatte, zur Realität; sie *wurde* selbst ihre »Inseln« und verhielt sich entsprechend. Sie konzeptualisierte viele »Seelen« (Inseln), von denen einige ihr feindlich gesinnt waren, während andere diese wiederum ihretwegen bekämpften. Sie klagte darüber, daß ihre Seele Mühe hätte, ihren Körper zusammenzuhalten, und berichtete, daß Teile ihrer selbst von New York bis Kalifornien verstreut seien. Abse erörtert die Symptome der Patientin in der Begrifflichkeit von Glovers Modell der historischen Modifizierungen der Ichstruktur (1932, 1950).

Glover würde solche »Seelen« als »Ich-Kerne« beschreiben, da in seiner Konzeption das primitive Ich polynuklear ist. Ein Ich-Kern ist ein psychisches System, das in einer libidinösen Beziehung zu einem Objekt (oder Partialobjekt) steht; er kann Spannung (Aggression) in der Beziehung zu diesem Objekt abführen und Angst reduzieren. So befriedigt z. B. ein »oraler« Kern seinen Trieb an der Brustwarze der Mutter (einem Partialobjekt); er kann Aggression gegen die Brustwarze entladen, etwa durch Beißen, und so Spannung reduzieren. Die ersten Kerne repräsentieren auch verschiedene erogene Zonen — kutane, respiratorische, alimentäre — in aktiver Funktion sowie muskuläre reaktive Systeme, die Aggression abführen. Am Anfang besteht also eine ungeordnete Formation von Ich-Kernen, die sich zu einer kohärenten Formation entwickeln, wenn die anal-sadistische Phase der Libidoorganisation erreicht ist. Glover vertritt die Ansicht, daß die »Dekompositionsprodukte« der Schizophrenie das Wirken primitiver Ich-Kerne aufdecken, das im typischen Verlauf der Entwicklung in den frühen Lebensphasen in Erscheinung tritt. Abse stellt fest, daß Glovers Begriffsmodell mit den mündlichen Berichten bestimmter Patienten mit schizophrener Psychose und dem, was diese Berichte implizieren, übereinstimmt. »Zusammenhanglos arbeiten solche Patienten Vorstellungsderivate des Wirkens desintegrierter primitiver Ich-Kerne durch, die sich in oralen, analen, autoerotischen und homosexuellen Phasen herausgebildet hatten, und berichten zugleich über die Totalerfahrung des Desintegrationsprozesses« (S. 232). Abse liefert eine theoretische Formulierung dazu, wie solche schizophrenen Patienten die Vorgänge in ihrem Innern beobachten und darüber berichten können, wofür der Kampf der Seelen, den seine Patientin beschreibt, ein Beispiel ist. Nachdem er daran erinnert hat, daß die psychoanalytische Theorie das Überich mit einer nach innen gerichteten Kontrollfunktion gleichsetzt, stellt er fest, daß bei seiner Patientin, die »Seelen« da und dort verstreut zurück ließ, »das Ichgefühl weitgehend in das Überich verlegt worden ist als Teil der gesamten Abwehroperation. Die Patientin strebt danach, sich mit dem Überich-Teil ihrer Gesamtpersönlichkeit zu identifizieren, und bis zu einem sehr hohen Grade, man könnte sagen, einem pathologisch hohen Grade, gelingt ihr das auch. Es ist dieser Erfolg, der es uns ermöglicht, an ihrer eigenen Beobachtung dessen, was in ihr vorgeht, teilzunehmen; denn auf ihre Weise formuliert sie diese genaue Eigenbeobachtung und teilt sie mit« (S. 232).

Man sollte noch einmal betonen, daß eine solche schizophrene Formulierung bzw. Mitteilung des inneren Kampfes nicht gänzlich symbolisch ist. Was beschrieben wird, wie z. B. die zahlreichen Seelen von Abses Patientin, steht nicht nur für andere Repräsentationen, sondern ist etwas, das der Patient *geworden* ist, so wie diese Patientin ihre Seelen *geworden* ist. Mitteilung ist nur durch primitive Symbolisierung möglich — in der »Prä-Symbolisierung«.

In gewisser Hinsicht hat der Analytiker Glück, wenn ein schwer regredierter Patient sich mitteilt, selbst wenn diese Mitteilung so primitiv ist, daß der Patient zu dem wird, was er innerlich als seinen psychischen Zustand erkennt. Dieser Prozeß ermöglicht es, das Wesen von Manifestationen wie den »fragmentierten Inseln« aufzudecken. Wenn wir eine Terminologie wie »primitive Ich-Kerne« benutzen, können wir diese Strukturen in das richtige Verhältnis setzen und den Fortschritt des therapeutischen Prozesses beurteilen, indem wir auf Bemerkungen des Patienten über Veränderungen in diesen Strukturen achten — etwa auf die Beschreibung, wie die Inseln zu Nationen und dann zu Weltreichen wurden.

Glovers Konzeptualisierungen basierten weitgehend auf einem frühen Konzept Freudscher Ichpsychologie, wie es vor der Beeinflussung durch Hartmann (1939, 1950) und andere aussah. Sie beschäftigten sich mehr mit der kortikalen Schicht des Es und der Entwicklung des Ichs aus dieser Schicht als mit der allgemeiner akzeptierten zeitgenössischen Auffassung von einer nicht differenzierten Es-Ich-Matrix, aus der das Ich und das Es sich differenzieren. Die letztere Auffassung beinhaltet, daß das Ich, gleichgültig, ob sein energetischer Aspekt ganz oder nur teilweise auf die Triebe zurückzuführen ist, sobald es einmal konstituiert ist, über unabhängige psychische Energie verfügt (Hartmann, 1950). Man sollte nicht vergessen, daß Glover später (1966) seine Formulierungen über Ich-Kerne wiederholte und Hartmanns Position anfocht.

Ehe man weitere theoretische Formulierungen versucht und die Erforschung des Prozesses fortführt, durch den die »Inseln« integriert werden, muß man sich fragen, ob es wirklich möglich ist, eine einzelne Insel, ein frühes, nicht integriertes Ichsegment, zu untersuchen. Die pathologische Ichbildung, die als das Phänomen des »kleinen Männchens« bekannt ist (Kramer, 1955; Niederland, 1956; Volkan, 1965), liefert dafür ein klinisches Beispiel.

Das Phänomen des »kleinen Männchens«

1955 berichtete Kramer über Aspekte der Analyse eines schwerkranken Mannes mittleren Alters, um damit die frühe Erfahrung zu illustrieren, die man auf dem Wege zur Entdeckung des eigenen Ichs — oder, besser gesagt, jener Segmente des Ichs, die »den Sinn für die eigene Identität enthalten« — machen kann (S. 47). Er benutzte den Terminus »Identität«, um »die Erfahrung des eigenen Selbst als einer von der Umgebung, besonders der frühesten Umgebung, getrennten und unterschiedenen Ganzheit« zu bezeichnen (ebd.).

Zu einem ziemlich fortgeschrittenen Zeitpunkt in seiner Behandlung begann Kramers Patient von einem Teil seiner selbst abwechselnd als von dem »kleinen Männchen« und, weniger häufig, als von dem »kleinen König« oder dem »kleinen Lord« zu sprechen. Auf den ersten Blick schien der Bezug auf das »kleine Männchen« seine Art zu sein, ein primitives, archaisches und strenges Überich zu beschreiben; aber es war wesentlich für dieses Phänomen, daß es sich um einen isolierten Teil des Ichs handelte, »einen Bereich kondensierter narzißtischer Reaktion auf die frühe Wahrnehmung der eigenen Schwäche und Hilflosigkeit des Patienten« (S. 59). Dieses Ichsegment enthielt zunächst nicht die Art von Identifikationen, die zur Überich-Konstituierung gehören; diese wurden erst später hinzugefügt. Auf diese Weise wurden Züge des primitiven Überichs in dem »kleinen Männchen« kondensiert. Während des ganzen Lebens des von Kramer beschriebenen Patienten erlebte das »kleine Männchen« keine grundlegende Modifizierung, da dieses Ichsegment vom übrigen Ich abgetrennt war und offenbar im klinischen Bild sichtbar wurde, als der Patient sich des Widerstandes bewußt wurde, den dieses Segment gegen die Behandlung zeigte.

Kramer berichtet über die traumatischen Ereignisse in der Kindheit seines Patienten. Dieser hatte während seines ersten Lebensjahres eine schwere organische Krankheit durchgemacht (doppelseitige Lungenentzündung); die Geburt eines Geschwisters, als er zwanzig Monate alt war, hatte Wut gegen die Mutter und ihr neugeborenes Kind hervorgerufen.

Sie erzwang eine Unterbrechung der Einheit, die zwischen ihm und seiner Mutter bestanden hatte, und verhinderte, daß die Auflösung dieser Einheit allmählich vor sich gehen konnte. Der Patient hatte seine Ablösung durch ein Geschwister als Beweis der Feindseligkeit der Mutter ihm gegenüber »interpretiert«. Von diesem Zeitpunkt an verlief die Entwicklung beschleunigt; ein frühreifes Ich, »extrem beschränkt in seinem Volumen und begrenzt in seiner Fähigkeit zu weiterem Wachstum«, wurde geformt. Beobachtungen zeigten, daß das »kleine Männchen« entstanden war »als Teil der Entdeckung des Patienten, daß er von seiner Mutter getrennt wurde zu einem Zeitpunkt, als die Mutter noch nicht als äußeres Objekt empfunden, sondern als eins mit dem Kind wahrgenommen wurde«. Das »kleine Männchen« löste sich vom übrigen Ich des Patienten, als dieser sein drittes Lebensjahr vollendete und verschiedene Phasen der Libidoentwicklung durchlief, von denen jede ihr spezielles Trauma mit sich brachte; Aspekte dieser Traumata trugen erkennbar zur Ausbildung des »kleinen Männchens« bei. Die Hauptfunktion des »kleinen Männchens« war jedoch, dem übrigen Ich ein Äquivalent für die Mutter zu liefern, von dem es sich niemals trennen mußte. Für die Wiederherstellung und Erhaltung der Omnipotenz, die in der Kindheit verlorengegangen war, wurde jedoch ein Preis bezahlt. Der Preis für diesen Erfolg war offensichtlich ein sehr hoher, »wie es so oft der Fall ist, wenn, um eine Formulierung Freuds zu entlehnen, eine prähistorische Ichstruktur als Fossil in der Gesamtheit des Ichs erhalten bleibt, das dessen fortgeschritteneren und differenzierteren Elementen fremd bleibt« (S. 69).

»...Die isolierte Existenz dieses Ichsegments störte die Entwicklung eines wirklich integrierten Ichs und schwächte seine Synthesefunktion. Auf diese Weise entstand ein Gehäuse, das innerhalb des Ichs selbst abgeteilt war, und der Gesamteffekt war der eines schwachen, hilflosen, verarmten und begrenzten Ichs, obwohl das »kleine Männchen«, das doch in Wirklichkeit ein Teil davon war, offenkundig große Macht besaß. Hier war es nicht nur das Überich, das dem Ich als strenger Zensor gegenübertrat, sondern ein isolierter Teil des Ichs selbst, der nicht das Ergebnis einer Identifizierung mit den Eltern war, sondern ein Segment, das abgespalten worden war infolge der Notwendigkeit, das Leben aufrechtzuerhalten, dem plötzlich ein Halt verlorengegangen war« (S. 71).

Zwei Beiträge von Niederland (1956, 1965) und einer von mir (1965) folgten auf den Beitrag von Kramer und untermauerten die Existenz des Phänomens des »kleinen Männchens«. In einem der Fälle von Niederland (1956) tauchte es zum erstenmal in einem Traum auf, in dem der Patient ein häßliches und deformiertes kleines Männchen in einem schmutzigen Keller sah. Seine Assoziationen brachten den Patienten auf den Zwerg Alberich, der in der Nibelungensage den Goldenen Hort bewacht, und andere Zwerge in Mythologie und Literatur, wie Rumpelstilzchen in Grimms Märchen und Victor Hugos Buckligen von Notre Dame.

Schließlich zeigte der Patient in seinen Assoziationen die Erkenntnis der Tatsache, daß er selbst das »kleine Männchen« war, und identifizierte sich allmählich immer mehr mit »dem Zwerg«, wann immer er irgendeine fragwürdige Handlung erwähnte, an der er beteiligt gewesen war. Wie Kramers Patient lernte dieser Mann im Laufe der Zeit, zwischen dem »Zwerg«-Segment seines Ichs und dem eigentlichen Ich zu unterscheiden.

In diesem Fall wie in dem Fall von Kramers Patient trat das Phänomen des »kleinen Männchens« in Erscheinung als Endergebnis einer Folge narzißtischer Kränkungen auf jedem Niveau der frühen Entwicklung. Diese Kränkungen umfaßten schwere Ernährungsstörungen seit der Geburt, Trennung von der Mutter während ihres längeren Krankenhausaufenthaltes und die Geburt eines Geschwisters, die alle das Gefühl der infantilen Omnipotenz unterminierten. Entsprechend hatte das »kleine Männchen« die Illusion der Omnipotenz und bildete keine wirklichen Objektbeziehungen »im Sinne einer Besetzung des Objekts mit genitaler oder zielgehemmter libidinöser Energie« (Kramer, 1955). Niederlands Patient hatte im frühen Kindesalter eine schwere Rachitis gehabt, die aber keine physischen Spuren hinterlassen hatte, außer vielleicht einem im Verhältnis zu seinem Körper außergewöhnlich großen Kopf, der seine Klassenkameraden in der Schule veranlaßt hatte, ihn »Wasserkopf«, »Ungeheuer« oder »Kleiner« zu nennen. Entsprechend schilderte dieser Patient seinen »Zwerg« als eine Kreatur, die weniger als dreißig Zentimeter groß war, häßlich und bucklig, mit einem großen, eckigen Kopf, der auf einem Körper ohne Knochen und Muskeln saß.

Das »kleine Männchen«, wie diese Autoren es beschrieben haben, ist in erster Linie ein autonomes »Fossil«, das vom übrigen Ich abgetrennt ist. Seine primäre Funktion besteht darin, mit der Trennungsangst fertig zu werden; später jedoch, wenn, nach der Analphase, phallische Komponenten hinzukommen, dient es als Abwehr der Kastrationsangst. Niederlands Patient (1956) war in der Integrierung und Entwicklung seines Körperichs schwer gestört. »Die zumindest partielle Blockierung des skeletomuskulären Abfuhrsystems in einer Phase, in der solche Abfuhrwege höchst dringend gebraucht wurden, hatte weitreichende Folgen. Das Kind trat in die phallische Phase ein mit ein paar unbedeutenden körperlichen Defekten, aber mit einem schwer gestörten Körperschema« (S. 387). Der Zwerg wurde nun als »internalisierter Fetisch« (S. 385) benutzt. So erschien er, um Freuds Formulierung (1927) über den Fetischismus zu benutzen, wie ein Zeichen des Triumphes über die Kastrationsdrohung und ein Schutz gegen sie.

Das »kleine Männchen« in Mythologie und Literatur

»Kleine Männchen« sind in Folklore und Mythologie verbreitete Erscheinungen. Murray (1960) fragt sich, warum unsere Vorfahren sich so vor der Macht von Feenwesen fürchteten, da doch alles an ihnen winzig ist und es für einen Sterblichen kaum beunruhigend sein könnte, einem solchen Wesen zu begegnen, einem Wesen, das er zwischen Daumen und Zeigefinger zerquetschen könnte. Um dieses Rätsel zu lösen, verfolgt sie Feen und Elfen — die »kleinen Menschen« der Folklore — zurück bis auf den Gehörnten Gott, den ältesten aller bekannten Götter, eine allmächtige Gottheit.

Niederlands Patient erwähnte in den Assoziationen zu seinen Träumen von dem »Zwerg« unter anderen magischen kleinen Wesen auch Rumpelstilzchen. Heuscher (1963), der die Märchen aus psychologischer Perspektive untersuchte, bringt dieses häßliche und mächtige Männlein mit dem »neuen Ich« in Verbindung und meint, daß die neue Bedeutung, die er vorschlägt, nicht notwendigerweise im Widerspruch zu einer einseitigeren psychoanalytischen Interpretation zu stehen brauche, die in dieser Geschichte ein persönliches Drama des heranwachsenden Mädchens sehen würde.

Abse (1966) schreibt, daß die frühen Stadien der Veränderung des Körperschemas während des Heranwachsens — und des Alterns — durch Projektion und Kondensierung einen symbolischen Bezug zu mythologischen Gestalten enthalten können. Er zitiert den ägyptischen Glauben, daß jeder Mensch einen *Ka* habe, ein genaues Ebenbild seiner selbst in Gesichtszügen, Haltung und Kleidung. Ägyptische Denkmäler stellen die Konfrontation zwischen dem König und der Gottheit dar, und in jeder dieser Darstellungen steht hinter dem König ein kleiner König. Die Ähnlichkeit des Männchens mit dem Mann — d. h. der Seele mit dem Körper — ist so genau, daß dicke, dünne, große oder kleine Körper jeweils von dicken, dünnen, großen oder kleinen Seelen begleitet werden. Der *Ka* kündigt den Homunculus der späteren Folklore an, den Zwerg mit magischen Kräften. Aber die exakte Verdoppelung, die im *Ka* zum Ausdruck kommt, beweist eine zentrale psychische Gültigkeit ohne Vieldeutigkeit oder Ausschmückung. Ein Kern realer Wahrheit steckt hinter der projektiven Verdichtung einer abergläubischen Überzeugung, genau wie in den eigentümlichen Täuschungen, die für seelische Krankheiten symptomatisch sind. Der *Ka* ist die Repräsentation einer Vorstellung, d. h. er repräsentiert die psychische Vorstellung vom Körper, das sogenannte Körperschema, einen wesentlichen Teil des Ichs. So ist es nur logisch, daß das »kleine Männchen« von Niederlands Patient deformiert war, da es nach dem Körperschema eines rachitischen Kindes geformt worden war.

Alice

An dieser Stelle will ich den Fall meiner Patientin Alice anführen, um das Phänomen des »kleinen Männchens« etwas detaillierter zu illustrieren. Alice war ein Einzelkind; der Altersunterschied zwischen ihren Eltern war so groß, daß ihr Großvater mütterlicherseits, das »omnipotente« Haupt der Familie, genauso alt war wie ihr Vater. Sie nannte ihn auch tatsächlich »Papa«. Er und die Mutter des Kindes arbeiteten gemeinsam in seinem Geschäft auf dem Lande, und er war ein wesentlicher Teil im Leben seines einzigen Enkelkindes. Er starb, als sie fünfzehn war, und sein Tod beschleunigte ihre psychische Krankheit. Zwei Jahre nach dem Tod ihres Großvaters wurde Alice von einem jungen Mann abgewiesen, mit dem sie eine platonische Liebesbeziehung unterhielt. Innerhalb eines Monats verlor sie 23 Pfund an Gewicht, bei gleichzeitiger Amenorrhö. Die Diagnose lautete Anorexia nervosa, und sie kam ins Krankenhaus. Die Behandlung im Krankenhaus, die eine Kräftigungstherapie und 68 verschiedene Insulinbehandlungen innerhalb von vier Monaten umfaßte, half ihr wenig. Sie halluzinierte — d. h. sie sah ihren toten Großvater — und blieb selbstmordgefährdet. Ihr Gewicht, das täglich kontrolliert wurde, schwankte zwischen 80 und 97 Pfund; ihre Pflegerinnen stellten jedoch bald fest, daß ihr Gewicht sich bei 90 Pfund stabilisierte, indem sie die Nahrung verweigerte, wenn sie mehr wog, und sich vollstopfte, wenn sie unter dieses Gewicht kam. Die Bedeutung dieses Manövers entging ihren Ärzten und wurde erst klar, als sie zu mir in die Behandlung kam, nachdem sie das Krankenhaus — immer noch sehr krank — verlassen hatte.
In der Behandlung stellte sich dann folgendes heraus: Nachdem der Großvater, ein mächtig gebauter Mann, während der Krankheit, die seine letzte sein sollte, zur Pflege ins Krankenhaus aufgenommen worden war, hatte die Familie das Kind vor dem Schock, ihn dort zu sehen,

»beschützt«. So war Alice vollkommen unvorbereitet, als sie seinen eingeschrumpften Körper im Sarg liegen sah, von dem jemand sagte, daß er nur noch 90 Pfund wiege. Sie wurde ohnmächtig und war, wie sie in den ersten Therapiesitzungen sagte, »winzig« geworden, ehe sie das Bewußtsein verlor. Obwohl sie also von einem winzigen Wesen gesprochen hatte, das am Beginn ihrer Schwierigkeiten stand, kam die Bedeutung des Phänomens des »kleinen Männchens« erst während des ersten Jahres ihrer Behandlung allmählich zum Vorschein.

Angeborene oder früh erworbene Mißbildungen

Die Mutter brachte Alice nach einer achtundvierzig Stunden dauernden Geburt zur Welt, und während ihrer ganzen Schwangerschaft hatte sie unter Erbrechen gelitten. Die heranwachsende Alice erfuhr alles über diese mütterlichen Qualen im Detail. Ihre eigenen Ernährungsschwierigkeiten hatten in der Woche begonnen, als ihre Mutter erfolglos versucht hatte, sie zu stillen, und dann gezwungen war, aufzugeben und zur Flasche überzugehen.

Während der ersten sechs Monate litt das Kind an Dehydradation, Konstipation und Koliken. Zu allem Überfluß war es auch noch mit einem Nabelbruch geboren worden, den man während der ersten neun Monate behandelte, indem man die Bauchdecke mit Pflaster beklebte. Die Mutter hatte sich um diesen Nabelbruch krankhafte Sorgen gemacht und erzählte ihrer Tochter oft von ihrer Angst, noch lange, nachdem der Bruch verheilt war. So hatte Alice nicht nur einen Körper, der bei der Geburt einen Defekt hatte, sondern ihre Mutter hielt ihre defekte Körpervorstellung auch lebendig, da Alice die Vorstellung, die sich bei ihrer Mutter vom frühen Körperschema ihres Kindes herauskristallisiert hatte, internalisierte.

In diesem Fall wie in dem Fall von Niederlands rachitischem Patienten und dem Patienten von Kramer, der eine doppelseitige Lungenentzündung gehabt hatte, war der Körperdefekt von großer Bedeutung. Niederlands Untersuchung (1965) über narzißtische Ichschädigungen bei Patienten mit frühen physischen Deformierungen zeigt, daß die Entwicklung des Körperichs bei Patienten, deren physischer Defekt entweder schon bei der Geburt bestand oder während des ersten Lebensjahres auftrat, buchstäblich von Anfang an durch diesen beeinflußt wird. Niederland meint, obwohl viele Arten psychischer Kindheitstraumata im Laufe der späteren Entwicklung überwunden werden können, hinterlasse ein früher Körperdefekt, weil er so konkret sei und auch aufgrund seiner Dauer und seiner Bedeutung für die Besetzungsvorgänge, oft einen Bereich ungelösten Konflikts. Seine Untersuchung ergänzt damit die ausführlichen Arbeiten von Greenacre zu diesem Gegenstand (1952, 1953, 1958). Greenacre weist auf die primitive »Angst vor körperlicher Desintegration« hin, die bei ernsten Störungen des frühen Körperschemas auftritt, und meint, daß eine mangelhafte Entwicklung des Körperschemas erheblich zum Fetischismus beitrage. Interessanterweise sehen sowohl Kramer als auch Niederland das »kleine Männchen« als »inneren Fetisch« oder als »Fossil«.

Ich möchte hier mit Nachdruck auf die Rolle der Mutter bei der Formung des kindlichen Bildes vom eigenen Körper hinweisen. Die Wahrnehmung der physischen Mißbildung eines Kindes durch die Mutter kann weiterbestehen, auch nachdem die Mißbildung schon lange behoben ist. Sie kann dem Kind auf diese Weise innerhalb der Interaktion in der Mutter-Kind-Einheit erneut vermittelt werden. Einer meiner Patienten, Ricky, auf den ich in Kapitel 6 noch ausführlicher zurückkommen werde, war mit einer Mißbildung einer seiner Hände und der Finger geboren worden. Die Rolle, die die Mutter dabei spielte hinsichtlich seiner Möglichkeiten, mit dieser Mißbildung fertig zu werden, zeigt sich darin, daß sie ihm seit seinem vierten Geburtstag jedes Jahr einen goldenen Ring — ähnlich einem Trauring — schenkte, der immer zu groß war, als daß das Kind ihn auf seinen ziemlich verkümmerten Fingern hätte tragen können. Die Mutter eines Kindes mit einem körperlichen Defekt kann ihr Kind ständig weiter traumatisieren, nämlich dann, wenn die Mutter-Kind-Einheit nur dürftig funktioniert und sie den Körper des Kindes überschätzt oder verschiedene physiotherapeutische und orthopädische Manöver versucht (A. Freud, 1952).

Eines von Alices Symptomen war ihre exzessive Beschäftigung mit der Schwangerschaft und die fixe Idee, wenn sie schwanger würde, würde ihr der Bauch zerreißen; beide Symptome standen in direkter Beziehung zu ihrer Vorstellung von dem Nabelbruch, mit dem sie geboren war, und den Erzählungen ihrer Mutter, wie sie bei der Anstrengung, Alice zur Welt zu bringen, fast zerrissen worden sei. Nach der Geburt Alices hatte sie zahlreiche somatische Beschwerden entwickelt und war zu einer »polychirurgischen Süchtigen« geworden (Menninger, 1934). Sie unterzog sich sechs Operationen; fünf davon waren Brustoperationen, eine davon eine Brust- und Unterleibsoperation. Die letzte wurde durchgeführt, als Alice in der Pubertät war. Beide, Mutter und Kind, glaubten, daß diese Operationen durch Alices Geburt notwendig geworden waren.

Als kleines Mädchen spielte Alice oft, daß sie schwanger sei, indem sie zur Darstellung der Schwangerschaft ein Kissen unter ihr Kleid stopfte und phantasierte, daß sie Dutzende von Kindern hätte. Die kontraphobische Natur dieses Verhaltens ist offensichtlich. Als sie schon fast zwanzig war, glaubte sie, daß ein Penis während des Geschlechtsverkehrs sie zerreißen würde, und die Idee, auf genitalem Wege schwanger zu werden, jagte ihr Grauen ein. Sie zeigte, wie es bei nervöser Anorexie (Meyer und Weinroth, 1957) üblich ist, eine stark oral geprägte Vorstellung von der Sexualität. Während ihrer Behandlung traten Phantasien über orale Konzeption auf. Wie in der Literatur (Waller, Kaufman und Deutsch, 1940; Jessner und Abse, 1960; Volkan, 1974 a) gezeigt worden ist, besteht eine der Möglichkeiten, die Anorexia nervosa zu erklären, darin, sie als acting out des Wunsches nach einer Schwangerschaft zu betrachten. Einerseits will die Patientin eine Schwangerschaft durch Amenorrhö (beim Mann Impotenz), Konstipation und übermäßiges Essen beweisen. Andererseits weist sie immer dann, wenn Angst oder Schuldgefühle in bezug auf eine solche Befriedigung entstehen, den Gedanken an eine Schwangerschaft durch Hungern zurück.

Einige Aspekte von Alices Art, mit den Konsequenzen ihrer angeborenen Hernie umzugehen, ähneln der eines Patienten, den Niederland beschrieben hat (1965). Dieser Patient, dessen Bauchdeckenmuskulatur nicht normal funktionierte, lebte Phantasien einer magischen oralen Inkorporation aus, um das angeborene Körperschema zu reparieren, indem er Fotos von muskulösen Männern aus Sportmagazinen beleckte und sogar aß. Dies wurde als magischer Versuch einer narzißtischen Ergänzung angesehen. Er gewöhnte sich auch an, stundenlang zu baden, ehe er zu Bett ging, und wiederholte diese Handlung auch morgens. Er hoffte, daß durch diese Inszenierung seiner Wiedergeburtsphantasie sein Mangel verschwinden würde.

Angeborene oder frühe Körperdefekte können, wie in Alices Fall, zur Entwicklung des Phänomens des »kleinen Männchens« beitragen. Das autonom bestehende abgespaltene Ichsegment, das »infantile Züge von Unverwundbarkeit, Grandiosität, Zeitlosigkeit, magischer Kraft und anderen narzißtischen Attributen« enthält (Niederland, 1965), wird zum Reservoir, zu einem »inneren Fetisch«, der die Trennungsangst überwindet — d. h. die Angst vor Körperdesintegration (Greenacre, 1953) am einen und Kastrationsangst am anderen Ende des Spektrums.

Ich habe an anderer Stelle einen vollständigen Bericht über Alice gegeben (Volkan, 1965). Auf einer Ebene scheint ihre Bemerkung, sie sei zu einem »Strichmännchen« (einer winzigen Person) geworden, ehe sie beim Anblick des eingeschrumpften Körpers ihres Großvaters ohnmächtig wurde, ein Versuch zu sein, sich mit diesem Körper zu identifizieren. In seinem Briefwechsel mit Fließ (1887—1902) schrieb Freud 1897 über den hysterischen Patienten, der die Totenstarre imitiert und die Imitation mit tonischen Krämpfen aufrechterhält. Für Alice, für die der Großvater nicht »in Frieden ruhte«, war es notwendig, mit ihm in Verbindung zu bleiben, indem sie ihn sowohl internalisierte als auch seine Gegenwart halluzinierte. Es wurde bald deutlich, daß der alte Mann, als Haupt seiner traditionell orientierten Familie, das Reservoir der infantilen Omnipotenz Alices gewesen war. Er war für Alice derjenige, der einfach alles »in Ordnung bringen« konnte, und es war ihr unmöglich, diesen hilfreichen und beschützenden Riesen dem Tode zu überlassen.
Als Alice aufgrund der Sicherheit, die ihr die Behandlung gab, in den Prozeß des Trauerns einzutreten versuchte, blieb dieser in der Initialphase der Verleugnung stecken. Ich konstatierte ihre intensive Trennungsangst, wie sie sowohl in der Übertragung als auch in ihren Kindheitserinnerungen an die vielen Krankenhausaufenthalte ihrer Mutter zum Vorschein kam. Immer wenn sie sich im Verlauf ihrer Behandlung hilflos und schwach fühlte, sprach sie von dem »kleinen Männchen«, um ihre Hilflosigkeit abzuwehren.
Als sie noch ein Kind gewesen war, hatte man ihr erzählt, daß Jesus »gestorben und wiederauferstanden« sei. Sie glaubte deshalb, daß sie niemanden aus ihrer Familie an den Tod zu verlieren und niemals ganz von ihrer Mutter getrennt zu sein brauche. Als sie ungefähr sechs Jahre alt war, hatte ein Wanderprediger ihr erklärt, daß ein totes menschliches Wesen wie ein »kleines Samenkorn« sei, und daß Samenkörner, die man in die Erde legte, als schöne Blumen lebendig würden. Für Alice begannen das »Strichmännchen« und das »kleine Samenkorn« auswechselbar zu werden. Sie erinnerte sich an den Tod von Haustieren in ihrer Kindheit, die im Garten hinter dem Haus begraben worden waren. Sie hatte Rosen auf ihre kleinen Gräber gepflanzt, um sie vor dem »Sterben« zu bewahren. Als sie sich daran erinnerte, sagte sie, ihr »Strichmännchen« sei aus Rosenholzstöckchen geformt.
Einige Zeit später brachte sie in der Behandlung Assoziationen zu dem »kleinen Samenkorn«. Als sie in der ersten Klasse gewesen war, hatte man ihr ein Diagramm eines Fötus im Mutterleib gezeigt. Da diese Auf-

klärung ihr ungefähr zur selben Zeit gegeben wurde, als man mit ihr über den Tod und das »kleine Samenkorn« gesprochen hatte, versuchte Alice, sich selbst als »kleines Samenkorn« im Schoße ihrer Mutter zu sehen. Weitere Assoziationen zeigten, daß die Hauptfunktion dieser winzigen Alice die Verleugnung der Trennung war — auf der einen Ebene der Trennung vom Großvater, der das Reservoir ihrer projizierten Omnipotenz war, und auf einer anderen Ebene der Trennung von der frühen Mutter. Alice stellte gewissermaßen fest, daß die Freiheit, die durch die Trennung von der Mutter in Frage gestellt war, wieder erreichbar wurde, wenn sie auf eine Phase regredierte, in der keine intrapsychische Trennung gefordert wurde, eine Phase, die durch die Vereinigung des »kleinen Samenkorns« — ihrer selbst — mit der Mutter symbolisiert wurde. Diese Patientin zeigte, wie der von Kramer behandelte Patient, auf symbolische Weise, daß das Phänomen des »kleinen Männchens« auftreten konnte als Bestandteil der Entdeckung des Getrenntseins von der Mutter »zu einem Zeitpunkt, als die Mutter noch nicht als äußeres Objekt empfunden, sondern als Einheit mit dem Kind wahrgenommen wurde« (Kramer, 1955, S. 63). In der Folge tauchten weitere Beweise dieser Bedeutung auf, als sie die charakteristischen Merkmale dieses »Strichmännchens« beschrieb.

Einer ihrer Träume stellte offenbar die Spaltung in ihrem Ich dar: Sie träumte von zwei Mädchen, von denen eines den Aspekt des »kleinen Samenkorns« personifizierte, während das andere eine reife Frau war, die mit verheirateten Männern flirtete. Das erste dieser beiden Mädchen lag krank im Bett. Ihr Haar war um sie herum ausgebreitet, »als ob sie aus dem Sande heraufwuchs« — wie eine Pflanze, die aus einem Samenkorn wächst. Assoziationen hierzu machten deutlich, daß das Segment »kleines Samenkorn« auch dazu beitragen konnte, Konflikte aus der ödipalen Phase zu bewältigen, und daß sie durch Regression auf die Einheit mit der Mutter von der ödipalen Schuld, verheiratete Männer von ihren Partnerinnen zu trennen, befreit wurde. Als sie diesen Traum während der zweiten Hälfte ihres ersten Behandlungsjahres durcharbeitete, gestand Alice mit einiger Ängstlichkeit, daß ihre Transformation in ein »Strichmännchen« bei dem Begräbnis ihres Großvaters kein isolierter Vorfall war, sondern daß sie seit dieser Zeit die Gewohnheit hatte, sich immer wieder in ein »kleines Samenkorn« oder ein »Strichmännchen« zu verwandeln, manchmal für wenige Minuten, manchmal auch für mehrere Stunden hintereinander.

Aus ihrem Bericht kristallisierten sich die besonderen Kennzeichen des »kleinen Männchens«, des »kleinen Samenkorns« oder »Strichmännchens« heraus. Wenn sie in einen Spiegel sah, sah sie sich selbst nicht größer als zwei bis fünf Zentimeter. Die winzige Kreatur, die sie sah, war eine genaue Miniatur ihrer selbst, ein bißchen wie der ägyptische *Ka*. Wenn sie in Wirklichkeit auf einem Stuhl saß und in den Spiegel sah, sah sie den Stuhl in seiner realen Größe, sich selbst aber verkleinert; die Verkleinerung ihrer Person machte alles andere im Vergleich zu ihr riesengroß. Wenn Alice ein »kleines Samenkorn« war, schrumpfte alles, was sich ihr näherte, noch ehe es sie berührte. Wenn das nicht der Fall war, wurde sie von Panik erfaßt, aus Angst, unter etwas Riesigem zermalmt zu werden, vielleicht unter einem riesenhaften Fuß.

Wenn sie sich in diesem Zustand der Winzigkeit befand, änderte sich auch ihr Gefühl für Entfernungen, so daß sie das Gefühl hatte, es würde sehr lange dauern, auch nur eine kurze Strecke zu gehen. Trotzdem bewegte sie sich vorwärts, wenn es notwendig war, Schutz zu suchen. Gewöhnlich suchte sie diesen Schutz in ihrem Schlafzimmer, wo sie sich einschloß und zum »kleinen Samenkorn« im Mutterschoß wurde, omnipotent und fähig, sich ihre Wünsche auf magische Weise zu erfüllen. Sie hatte nichts zu fürchten, da sie als »kleines Samenkorn« in seiner Hülle ihren toten Großvater zum Leben erwecken und die Trennung leugnen konnte.

Ferenczi beschrieb einmal (1913, S. 127) die Omnipotenz als »die Empfindung, daß man alles hat, was man will, und man nichts zu wünschen übrig hat. Die Leibesfrucht könnte ... das von sich behaupten, denn sie hat immer alles, was zur Befriedigung ihrer Triebe notwendig ist, darum hat sie auch nichts zu wünschen; sie ist bedürfnislos.« Ferenczi fügte hinzu: »Der ›Kindergrößenwahn‹ von der eigenen Allmächtigkeit ist also zumindest kein *leerer* Wahn.« Das Kind verlangt nichts Unmögliches; es verlangt nur »die *Wiederkehr* eines Zustandes, der einmal bestanden hat«. Während er damit von einer ersten »bedingungslosen Allmacht« gesprochen hat, die so lange dauert, wie kein Objektbegriff besteht, wird »die Allmacht des menschlichen Lebewesens bei Zunahme der Kompliziertheit der Wünsche an immer mehr ›Bedingungen‹ geknüpft ... Die sich mit der Entwicklung immer spezieller gestaltenden Wünsche erfordern entsprechend spezialisierte Signale« (S. 130).

Wie Freud gezeigt hat (1930), bleiben Spuren des Glaubens an eine unbegrenzte Omnipotenz (des ozeanischen Gefühls) aus der objektlosen Phase in vielen Menschen lebendig. Bei manchen von ihnen könnte eine Regression auf diese Omnipotenz eine Abwehr narzißtischer Kränkung sein; bei anderen — denjenigen, bei denen sich das Phänomen des »kleinen Männchens« zeigt — ist das Primärziel des isolierten Ichsegments die Wiederherstellung der verlorenen frühinfantilen Omnipotenz, ihre Fortsetzung und Erhaltung.

Die Gestalt in der Dachkammer

Als Alice imstande war, zwischen ihrer »lebendigen« archaischen Struktur und ihrem übrigen Ich zu unterscheiden, konnte ich ihr die Funktion des »kleinen Männchens« interpretieren, vor allem die Art und Weise, wie es sie davor beschützte, Trennungen akzeptieren zu müssen. Sie verstand nun, daß das »kleine Männchen« ihr Großvater war, ihr Beschützer vor narzißtischen Kränkungen; und sie verstand, daß sie, als sie seinen toten Körper im Sarg gesehen hatte, das »kleine Männchen« re-internalisiert hatte und selbst das »Strichmännchen« geworden war. Sie begriff die Schwierigkeit zu trauern, was notwendig war, um sich von dem alten Mann zu lösen. Nun war sie so weit, daß sie sich ganz der Trauer hingeben konnte, und durchlebte noch einmal die Erinnerungen an ihr gemeinsames Leben. Aus eigener Initiative ging sie in die Dachkammer ihres Hauses und verbrachte Stunden damit, sich in sein Sammelalbum und seine Photographien zu vertiefen. Diese äußere Suche war durch die Therapie hervorgerufen worden, und während dieser Suche fand sie das Original des »Strichmännchens« in einem alten Schulübungsheft aus der ersten Klasse. Es war eine Abbildung eines Strichmännchens, das ein Schild hielt, auf dem zu lesen war: »Hallo! Sieh mich an! Ich kann dir helfen! Achte auf mein Zeichen (+). Ich werde dir sagen, wo du anfangen mußt.«

Diese Abbildung hatten die Schüler von ihrem Lehrer bekommen. Das Strichmännchen erschien als allmächtiger Helfer, es zeigte immer auf die richtigen Antworten und half das ganze Jahr hindurch bei den Schulaufgaben. Die Zeichnungen in dem Übungsheft zeigten, daß die Schüler jeden Tag viele Strichmännchen gezeichnet hatten. Das Ichsegment, das sich bei Alice herausgebildet und abgespalten hatte und das die Vorstellung des eigenen omnipotenten Selbst einschloß, die so lange auf den Großvater projiziert worden war, hatte ganz offensichtlich seinen Namen von dieser symbolischen Gestalt, die aus der Erinnerung verdrängt worden war. Ein anderes Symbol — das »kleine Samenkorn« — hatte sich ungefähr zur selben Zeit mit diesem Begriff verbunden.

Als die magische Kraft des »kleinen Samenkorns« oder des »Strichmännchens« in der Behandlung durch Rekonstruktionen, Interpretationen und die Durcharbeitung meines eigenen Omnipotenzverlustes in der Übertragung gebrochen war, schien Alice aktiv die Trennung von ihrer Mutter zu erproben. Bestimmte physische Trennungen repräsentierten ihre noch ängstlichen Bemühungen, die intrapsychische Trennung zu vollziehen. Während Alices Krankenhausaufenthalt hatte ihre Mutter eine therapeutische Beziehung zu einem sensiblen und warmherzigen Schwesternausbilder aufgenommen, mit dem sie fast während der ganzen Zeit, in der ich mit Alice arbeitete, regelmäßig Kontakt hatte. Meiner Meinung nach war diese bedeutungsvolle Beziehung die Ursache dafür, daß die Mutter bereit war, ihrem nun beinahe achtzehnjährigen Kind Zeit zu geben, sich ohne äußere Einmischung eine integriertere Individuation zu erkämpfen.

Kurz vor ihrem achtzehnten Geburtstag ging Alice, zum erstenmal seit mehreren Jahren, wieder in ihre Kirche. Dort hörte sie eine Predigt darüber, wie am Ende der Welt alle Toten die Auferstehung erwarteten, wobei alle Sünder mit einer siebenjährigen Wartezeit gestraft würden, ehe sie Gott wohlgefällig wären. Diese Lehre stand im Widerspruch zu dem, was sie als Kind von dem Prediger gehört hatte, der den Tod mit einem Samenkorn verglichen hatte, das man in die Erde legt, und der versprochen hatte, daß die Tore des Himmels allen Toten offen stünden. Dieser Kirchenbesuch lieferte den Tagesrest für folgenden Traum:

Ich war gerade gestorben und lag auf einem Bett. Ich sah zwei Prediger. Einer von ihnen stand am Kopfende des Bettes, der andere am Fußende. Der erste erweckte meine Seele, indem er ständig den Gedanken wiederholte, daß man nach dem Tode zuerst ein Samenkorn und dann eine Blüte würde. Der andere stieß mich in den Tod zurück. Beide wechselten einander ab.

Ihre Assoziationen wiesen auf ihren inneren Kampf hin, den Glauben an die Omnipotenz aufzugeben oder festzuhalten.

Als sie achtzehn wurde, bekam Alice 1000.— Dollar aus einer Versicherung. Ein paar Tage lang gab sie sich »exzessiven Gefühlen hin, wobei sie abwechselnd lachte und dann wieder wütend wurde«. Sie erlebte die Art von starken Emotionen, die in der Vergangenheit stets Anlaß für sie gewesen waren, sich in ein »kleines Samenkorn« zu verwandeln. Sie erklärte, das »Strichmännchen« sei tot. »Ich habe wohl das Gefühl, daß mir innerlich etwas fehlt«, sagte sie. »Ich bin ein bißchen traurig darüber, aber dann möchte ich auch vor Freude in die Luft springen. Ich bin achtzehn Jahre alt. Ich bin erwachsen. Ich kann wütend sein und sexuelle Gefühle erleben.«

Der Tod eines Präsidenten

Eine Schwalbe macht noch keinen Sommer, und so erweckte einige Monate nach dem »Tod« des »kleinen Männchens« ein tragisches Ereignis in der Außenwelt das »Strichmännchen« wieder zum Leben und machte eine erneute Prüfung dieses Phänomens nötig. Als Alice von der Ermordung Präsident Kennedys hörte, stellte sie fest, daß sie geglaubt hatte, er sei, wie das »Strichmännchen« (oder das »kleine Samenkorn«), eine allmächtige Gestalt. Sie hatte sich seine Macht als stark genug vorgestellt, die ganze Welt in Harmonie zusammenzuhalten, so, wie ihr Großvater die Familie zusammengehalten hatte. Und nun war er tot. Und obwohl ihre Reaktion auf seinen Tod sie nicht in ein »Strichmännchen« verwandelte, hatte sie doch einen Traum, der an ihre früheren Träume vom Begräbnis ihres Großvaters erinnerte, nur daß nun Kennedy anstelle des alten Mannes im Sarg lag. Mit Hilfe dieses Traumes prüfte sie aufs neue den Verlust ihrer projizierten Omnipotenz, die in dem Phänomen des »Strichmännchens« repräsentiert gewesen war. Beim Begräbnis ihres Großvaters hatte sie ihre projizierte Omnipotenz sehr schnell internalisiert, und nun zeigte sie die Neigung, sich langsam den allmächtigen Präsidenten einzuverleiben. In der Behandlung sprach sie von einem zu lokalisierenden Schmerz im Kopf und wurde schläfrig. Dann fiel ihr eine Schlägerei zwischen ein paar Kindern ein, die sie kannte, und sie erinnerte sich, daß eines von ihnen ein Spielzeugmaschinengewehr gehabt hatte. Es wurde deutlich, daß der Schmerz in ihrem Kopf mit der Kopfwunde des Präsidenten zu tun hatte, und sie sprach davon, »einzuschlafen«, wie er es getan hatte. Ich interpretierte ihren Versuch, sich mit dem toten Präsidenten zu identifizieren, den sie, wie ihr Traum gezeigt hatte, mit ihrem Großvater und ihrer eigenen projizierten Omnipotenz assoziierte.

Das Durcharbeiten ihrer Reaktionen auf diese Ereignisse befähigte Alice, laut zu weinen — etwas, wozu sie seit mehreren Jahren nicht mehr fähig gewesen war —, um beide, den Präsidenten Kennedy und ihren Großvater. »Ich bin sehr traurig über den Tod des Präsidenten«, erklärte sie, »aber ich bin sehr stolz darauf, daß ich es mir gestatten kann, diesen Schmerz zu fühlen.« Nach dieser Erfahrung kreisten ihre Träume zum größeren Teil um ödipale Konflikte, wie diese in der Übertragungs-

neurose reflektiert wurden. In ihren Träumen rivalisierte sie mit ihren Freundinnen.
Zwei Monate nach dem Mord besuchte sie Washington zusammen mit einer Freundin und freute sich, daß sie eine solche Reise ohne ihre Eltern unternehmen konnte. Diese Reise provozierte noch einen Traum über das »Strichmännchen«:

Ich war im Weißen Haus und sah Präsident Kennedy in einem Sarg liegen. Ich hatte keine Angst. Ich war irgendwie traurig, aber ich war sehr stolz, daß ich den Leichnam sehen durfte.

Ohne Hilfe des Therapeuten assoziierte sie Kennedy mit dem »Strichmännchen«. »Das ›Strichmännchen‹ ist seit ungefähr drei Monaten tot«, sagte sie und sprach dann über Probleme, die mit ihren sexuellen Empfindungen zusammenhingen.

Was ist aus Alice geworden?

Ich habe hier absichtlich nur die prägenitalen Aspekte von Alices »Strichmännchen« behandelt, auf die sie während des ersten Jahres ihrer Behandlung konzentriert war. Nachdem sie die Fähigkeit erlangt hatte, präzise zwischen der pathologischen Ichbildung und ihrem übrigen Ich zu unterscheiden, war sie — endlich — auch fähig, ein integrierteres Ich zu konstituieren. Es wurde ihr möglich, sich auf Konflikte einer höheren Ebene zu konzentrieren. So wurde schließlich Alices Penisneid sichtbar; auf dieser höheren Ebene war es ihr Penis, den das »Strichmännchen« repräsentierte.
Nach zweijähriger Behandlung war Alice eine verhältnismäßig gut integrierte junge Frau. Sie verliebte sich und heiratete. Obwohl ich der Ansicht war, eine weitere Behandlung würde ihr guttun, zog sie fort, und ich hörte nie wieder direkt etwas von ihr. Zwei Jahre nach Beendigung ihrer Behandlung erfuhr ich jedoch von ihrem Gynäkologen, daß es ihr, ihrer Ehe und ihrem neugeborenen Kind gut ging.

2

Internalisierte Objektbeziehungen

Es ist unmöglich, in der täglichen klinischen Praxis den Charakter »freigesetzter« Ichsegmente eines Patienten zu erfassen, ohne dabei die Selbst- und Objektvorstellungen zu berücksichtigen, die sie gebildet haben, und die affektive Wechselwirkung zwischen ihnen. Dieses Kapitel behandelt die verschiedenen Entwicklungsstadien der Internalisierung von Objektbeziehungen. Die Internalisierung von Objektbeziehungen spielt die wichtigste Rolle bei der Entwicklung von Ich und Überich. Man kann sagen, sobald sich ein stabiler Selbstbegriff und stabile Objektvorstellungen konstituiert haben, sind die internalisierten Objektbeziehungen ausgereift und haben eine höhere Ebene erreicht.

Die Objektvorstellungen sind nicht von Anfang an von den Selbstvorstellungen differenziert. Und selbst wenn die Differenzierung zwischen Selbst- und Objektvorstellungen erreicht ist, werden die internalisierten Objektbeziehungen als primitiv *angesehen, wenn: 1. Besetzungsprozesse, an denen Objekt- und Selbstvorstellungen beteiligt sind, in introjektiv-projektiver Bezogenheit reflektiert werden; 2. die primitive Spaltung, die eher durch die Verleugnung als durch die Verdrängung aufrechterhalten wird, der dominierende Abwehrmechanismus ist; und 3. wenn die Präsenz der primitiven Spaltung auf die Unfähigkeit hindeutet, Ambivalenztoleranz zu erlangen. Die Realitätsprüfung ist inadäquat. Patienten, die primitive internalisierte Objektbeziehungen während ihrer Behandlung reaktivieren, können eine Übertragungspsychose entwickeln und neigen zu einer Überflutung durch das Gefühl.*

Noch ein Großvater stirbt

Das erste Kapitel behandelt eine »lebendige« archaische Struktur, die sich im Laufe der Therapie manifestierte. Aus solchen Phänomenen kann man viel lernen; sie tragen zum klinischen Verständnis z. B. der im ersten Kapitel beschriebenen »Inseln« bei. Die isolierte Insel, die Alice das »kleine Männchen« nannte, enthielt eine omnipotente Selbstvorstellung, die sich zu einer Zeit konstituiert hatte, als noch keine endgültige Differenzierung zwischen dem Kind und der Mutter stattgefunden hatte. Ihr Primärzweck war, eine solche Differenzierung zu leugnen. Das

»kleine Männchen« enthielt anfänglich keine »echten« Objektbeziehungen außer zu den Objekten, die Niederland (1965) narzißtische Pseudo-Objekte genannt hat. In Kohuts Terminologie (1971) wären sie Selbst-Objekte. Kohut ist der Auffassung, daß die Existenz von Objektbeziehungen Narzißmus nicht ausschließt, daß sogar manche der intensivsten narzißtischen Erfahrungen mit Objekten verbunden sind. Die Objekte jedoch, die Kohut Selbst-Objekte nennt, werden ihrerseits als Teile des Selbst erfahren (zur näheren Erläuterung von Kohuts Ausführungen siehe Kapitel 9).

In der täglichen klinischen Praxis ist der Charakter von »Inseln« unmöglich zu erfassen ohne die Berücksichtigung der Internalisierung der frühen Objektbeziehungen durch den Patienten. Um die psychische Strukturierung und Entwicklung mit Erfolg zu erforschen, müssen wir untersuchen, welcher Art die Erfahrung mit den Objekten gewesen ist. Als Freud (1923) auf den äußeren Ursprung des Überichs hinwies, das schließlich zu einer inneren Struktur wird, äußerte er sich auch über das Wesen des Ichs: »Uranfänglich in der primitiven oralen Phase des Individuums sind Objektbesetzung und Identifizierung wohl nicht voneinander zu unterscheiden ... Vielleicht erleichtert oder ermöglicht das Ich durch ... Introjektion ... das Aufgeben des Objekts. Vielleicht ist diese Identifizierung überhaupt die Bedingung, unter der das Es seine Objekte aufgibt. Jedenfalls ist der Vorgang zumal in frühen Entwicklungsphasen ein sehr häufiger und kann die Auffassung ermöglichen, daß der Charakter des Ichs ein Niederschlag der aufgegebenen Objektbesetzungen ist, die Geschichte dieser Objektwahlen enthält« (S. 257).

Die Erfahrung mit Objekten hinterläßt Gedächtnisspuren, die für die Denkfähigkeit nutzbar gemacht werden können und die das effiziente Funktionieren der Psyche, sowohl auf der Gedächtnisebene als auch im motorischen Bereich, erleichtern. Die Interaktion mit der Umgebung fördert die Fähigkeit zur Realitätsprüfung.

Es ist natürlich absurd, psychische Konstrukte konkret aufzufassen, so, als ob sie im physischen Sinne berührt und gemessen werden könnten, obwohl manche Patienten — Gable und Alice aus dem ersten Kapitel z. B. — die ihrigen beschreiben, als ob sie konkrete Realität besäßen. Jedoch hat der Psychoanalytiker das gleiche Recht, die Technik des »Kartenzeichnens« anzuwenden, um ein Konzept zu vermitteln, wie der Geschäftsmann, der seine Angestellten mit Hilfe eines Fließbildes instruiert, oder der Demograph, dessen steigende Kurve auf einer Kurventabelle die gegenwärtige Situation und die Altersentwicklung von Bevölkerungsgruppen repräsentiert. Das bedeutet jedoch nicht, daß der Psychoanalytiker Zugang zu allen Stücken des Puzzles hätte, dessen

Segmente Gestalt und Form annehmen, wenn er mit den Enthüllungen seines Patienten arbeitet; er muß mit ständig sich ändernden dynamischen Kräften und affektiven Prozessen arbeiten. Wenn der Patient sich selbst enthüllt durch das, was Bychowski (1956) »das Freiwerden innerer Bilder« nennt, so erscheint die Information über seine inneren archaischen Strukturen in komplexen Formen, wofür die Abwehrmanöver gegen die drohende Angst in der Übertragungssituation ein Beispiel sind. Wenn wir Grenzen um Ichsegmente ziehen, ihnen einen Namen geben und andeuten, daß sie Konstituenten enthalten wie z. B. das »frei gewordene Bild der stillenden Mutter« oder das »frei gewordene Bild projizierter infantiler Omnipotenz«, nehmen wir Zuflucht zu Symbolismen und Metaphern, um eine an sich keineswegs einfache Situation zu vereinfachen und sie sinnvoll mit unserer theoretischen Kenntnis zu verbinden.

Ein klinisches Porträt mag dies illustrieren. Die Geschichte dieses Patienten ähnelt in vielem der Geschichte von Alice und fordert zum Vergleich heraus. George, ein extrem narzißtischer Mann Anfang zwanzig, nannte sich selbst »den letzten Renaissance-Menschen«. Wie Alice hatte er seine Mutter während einer ungewöhnlich lange dauernden Geburt »zerrissen«, und man hatte ihm so oft davon erzählt, daß er ein Bild seiner Phantasie von diesem quälenden Ereignis internalisiert hatte. Seine Kastrationsangst war mit seiner Angst vor körperlicher Desintegration verschmolzen, und kontraphobische Äußerungen dieser Angst erschienen in einer Reihe von Unfällen, deren Opfer er war.

Als Kind war er Zeuge brutaler körperlicher Auseinandersetzungen zwischen seinen Eltern gewesen, die sich in der Folge scheiden ließen. Ein blendender, »omnipotenter« Großvater lieferte einen äußeren Anhaltspunkt für die infantile Omnipotenz des Kindes, die es absolut bewahren mußte, wenn es die Belastungen seines Lebens und deren Internalisierungen bewältigen sollte. Der Großvater unterhielt den kleinen Jungen, indem er mit ihm telefonierte, wobei er vorgab, ein national gefeierter Filmstar zu sein; das Kind wußte und wußte zugleich nicht, daß der Anrufer einer seiner Helden war. Eines Tages, als die beiden einen Zirkus besuchten, sah das Kind »leibhaftig« einen der Helden, mit dem es sich angeblich am Telefon unterhalten hatte. Der Name des Mannes wurde über den Lautsprecher angesagt, er erschien zu Pferde und rief ein »Aha-Erlebnis« bei dem kleinen Jungen hervor, das die Kristallisation seiner narzißtischen Charakterstruktur symbolisierte. Er hatte Zugang zu omnipotenten Helden — ja, er selbst gehörte dieser seltenen Spezies an! Angesichts der schweren Familienprobleme schlossen das Kind und der Großvater sich aneinander an und taten so, als ob

sie Übermenschen wären. Der Junge sah auch tatsächlich gut aus, er war hochintelligent, kreativ und erfolgreich in gefährlichen Sportarten. Seine narzißtische Sicht seiner selbst war also keine gänzlich falsche Widerspiegelung seines alltäglichen Lebens.
Als George einundzwanzig war, wurde sein Großvater von einem Unbekannten ermordet. Der Junge erlitt einen psychotischen Zusammenbruch und geriet unter den Einfluß von Rauschgift. Obwohl er seine narzißtische Lebensweise später bis zu einem hohen Grade reorganisieren konnte, war er nicht fähig, seinen täglichen Verpflichtungen nachzukommen. Als er in die Analyse kam, war sein Großvater bereits seit einigen Jahren tot. Alice hatte sich mit Hilfe des Phänomens der »winzigen Alice« das »eingekapselte« omnipotente Ichsegment von ihrem toten Großvater zurückgeholt. Es war so real, daß sie fast mit dem Finger darauf zeigen konnte. Das freigesetzte Bild des Großvaters, das der »letzte Renaissance-Mensch« hegte, war im Vergleich dazu komplexer und fließender, aber nichtsdestoweniger ganz typisch für diese Art Phänomen. Nach acht Monaten Analyse geriet George aufgrund einer mehrwöchigen Sommerunterbrechung der Behandlung in einen Zustand der Desorientiertheit und Hilflosigkeit. Beim Durcharbeiten dieser Hilflosigkeit trat das Bild des Großvaters zutage (das seine eigene projizierte infantile Omnipotenz ebenso wie sein Bild von der »guten Mutter« und sein Ichideal umfaßte). In der Übertragung war ich die frühe »böse« Mutter, die seine Spannungen nicht lösen konnte. Er sagte eine Sitzung ab und flog in eine andere Stadt wegen eines »unglaublichen« Geschäftsabschlusses, bei dem es um den Kauf und Verkauf afrikanischer Perlen ging, ein Unternehmen, von dem er erwartete, daß es die 900.— Dollar, die er dabei investierte, verdreifachen würde, das aber auch ein finanzielles Risiko enthielt. Oberflächlich betrachtet, ergab diese merkwürdige Spekulation keinen Sinn; aber während der nächsten Sitzung begann mein Patient spontan über die Jahre der *Depression* zu sprechen. Er schien seine Hilflosigkeit abgelegt zu haben, und seine Erinnerungen an das Leben seines Großvaters in den schwierigen dreißiger Jahren kamen an die Oberfläche, ohne daß er bewußt irgendeine Verbindung zwischen dem Perlengeschäft und einer ungewöhnlichen Leistung seines Großvaters, die in der Familie legendarisch geworden war, hergestellt hätte. Sein Großvater war wegen eines ungeklärten Vergehens kurze Zeit im Gefängnis gewesen. Dort gewann er beim Spiel dem Sheriff seinen Revolver ab; dann erwarb er von einem Mithäftling einige Pelze, die er später mit solchem Gewinn verkaufte, daß diese Transaktion die Grundlage eines großen Vermögens wurde.

Nun verstand ich, daß mein Patient durch sein Verhalten, durch eine dominierende Identifizierung, die sein gegenwärtiges Verhalten bestimmte, ein Segment seines Ichs »freisetzte«, zu dem das Bild des Großvaters gehörte, der sich am eigenen Schopf aus der »Depression« gezogen hatte. Die Kraft dieser Erinnerung zeigte sich darin, daß der Patient »sich im Handeln erinnerte«, in seiner Reaktion auf seine Hilflosigkeit, sowie darin, daß er den Analytiker als Mutterfigur gebrauchte, die ihm keine Befriedigung gewährte. Ganz offenkundig hatte das entsprechende Ichsegment die Oberhand gewonnen, wenn auch ohne die Konkretheit, die für das »kleine Männchen« charakteristisch war. (Georges Fall und seine Analyse werden ausführlich in Kapitel 9 behandelt.)

Selbst- und Objektvorstellungen

Während eine der Hauptfunktionen des Ichs darin besteht, Beziehungen zu Objekten herzustellen (sie entweder zu suchen oder zu meiden [Balint, 1955]), sind die Objektbeziehungen ihrerseits entscheidend für die Entwicklung des Ichs und des Überichs. Das Wesen dieser Strukturen wird im höchsten Grade durch die Internalisierung von Objektbeziehungen determiniert. Hartmann (1950) unterscheidet das Ich (als psychisches System im Gegensatz zu anderen Substrukturen der Persönlichkeit) vom Selbst (als der eigenen Person im Unterschied zum Objekt). Objektvorstellungen und Selbstvorstellungen sind anfänglich nicht differenziert. Der Terminus »Vorstellung« wird benutzt, um »ein dauerhaftes Schema« (Moore und Fine, 1968) zu benennen, das vom Ich aus einer Vielzahl von Eindrücken, realistischen oder verzerrten Bildern von Selbst und Objekt, konstruiert wird.

So umfaßt die Selbstvorstellung z. B. »dauerhafte Vorstellungen von allen erlebten Körperzuständen und allen erlebten *Trieben* und *Affekten,* die das Individuum in sich selbst zu verschiedenen Zeitpunkten in Reaktion auf sich selbst und die Außenwelt bewußt wahrgenommen hat. Zusammen mit den Objektvorstellungen ergibt die Selbstvorstellung das Material für alle Adaptations- und Abwehrfunktionen des Ichs« (Hartmann, S. 88). Objektvorstellungen bestehen im wesentlichen aus einem Komplex von affektiven und denkerischen Komponenten. In den frühen Objektvorstellungen herrschen affektive Aspekte vor, da die frühen Objektbilder und ebenso das dauerhafte Schema, in dem sie erscheinen, innerhalb der Konstituierung einer in erster Linie affektiven Beziehung zwischen dem Kleinkind und der Mutter etabliert werden

(Novey, 1961). Jacobson (1964) schreibt dazu: »Die Bedeutung der Konzepte des Selbst und der Selbstrepräsentanzen im Unterschied zu dem des Ichs wird klar, wenn wir uns daran erinnern, daß die Errichtung des Systems Ich mit der Entdeckung der Welt der Objekte und der zunehmenden Unterscheidung zwischen dieser und dem eigenen physischen und psychischen Selbst einsetzt. Aus den stetig sich vermehrenden Erinnerungsspuren lustvoller und unlustvoller triebhafter, emotionaler und funktioneller Erlebnisse und aus den Wahrnehmungen, mit denen sie assoziativ verknüpft werden, erwachsen Imagines der Liebesobjekte wie auch des körperlichen und seelischen Selbst. Anfänglich vage und veränderlich, erweitern sie sich allmählich und entwickeln sich zu konsistenten und mehr oder weniger realistischen intrapsychischen Repräsentanzen der Welt der Objekte und des Selbst« (dt. S. 30).
Kernberg (1966) vertritt die Ansicht, daß das Ich zu existieren beginnt — in dem Sinne, in dem Freud (1923) es beschrieb, nicht in dem Sinne eines primären autonomen Apparates (Hartmann, 1939) —, wenn die Internalisierung von Objekten (Introjektion) zu Abwehrzwecken benutzt wird, besonders in einer frühen Abwehrorganisation gegen überwältigende Angst.
Da die integrierende Funktion des Ichs und die Differenzierung zwischen Selbst- und Objektvorstellungen sich wechselseitig entwickelnde und gegenseitig fördernde Prozesse sind, wäre es zweckmäßig, jede von Gables Inseln als dissoziierte Ichsegmente zu definieren, die ein bestimmtes primitives, vom Ich konstruiertes Selbstbild enthalten, das mit einem komplementären Objektbild und mit der affektiven Disposition verbunden ist, die zu dem Zeitpunkt dieser spezifischen Internalisierung gerade vorherrschte. Zudem wird in der Psychose nicht zwischen Selbst- und Objektbildern differenziert, und die Inseln sind fragmentiert. Die Inseln von Patienten mit einer Borderline-Persönlichkeitsorganisation neigen dazu, sich zu bündeln, wobei die »nur guten« sich zusammentun und die »nur bösen« sich in eigene Gruppen abspalten. In diesem Zusammenhang benutze ich den Terminus »Spaltung« im Sinne Kernbergs (1966, 1967, 1970b, 1972b), der ihn in eindeutig engerer Bedeutung anwendet als die Kleinianer.
Von Kernberg stammt die These, daß bei Patienten mit einer Borderline-Persönlichkeitsorganisation eine pathologische Fixierung einer frühen Ichkonstellation vorliegt, und daß die von ihnen unter dem Einfluß des Libidotriebes geformten Objekt- und Selbstbilder und die unter dem Einfluß des Aggressionstriebes geformten nicht integriert sind. Diese Spaltung im Ich war zuerst ein einfacher Defekt in der Integrierung von »Introjektionen« und Identifizierungen gegensätzlicher

Qualität. In der Folge wurde sie dann zu Abwehrzwecken benutzt. Um diesen Typ der Spaltung von anderen Anwendungen dieses Terminus in der psychoanalytischen Literatur (Lichtenberg und Slap, 1973) zu unterscheiden, werde ich sie *primitive Spaltung* nennen, wie ich sie in Kernbergs Schema (1967, 1970b) von einer *niedrigeren* und einer *intermediären* Organisationsebene im Gegensatz zu einer *höheren* sehe.

Die Konzeption von den fragmentierten Inseln, die sich zu Konstellationen zusammenfügen, die ihrerseits primitiv voneinander gespalten sind, erinnert an Jacobsons Beschreibung (1964) eines bestimmten Zeitpunkts in der Kindheit: »Libido und Aggression werden fortwährend vom Liebesobjekt ab und auf das Selbst gewendet und vice versa, oder von einem Objekt auf das andere, während die Selbst- und Objektimagines wie auch die Imagines verschiedener Objekte vorübergehend miteinander verschmolzen werden, sich trennen und sich wieder vereinigen. Zugleich besteht eine Tendenz, eine solche zusammengesetzte Einheit von Imagines ausschließlich mit Libido zu besetzen, während die gesamte Aggression auf eine andere gerichtet wird, bis die Ambivalenz ertragen werden kann. Diese Besetzungsvorgänge spiegeln sich in introjektiven und projektiven Vorgängen wider, die auf den unbewußten Phantasien des Kindes von Inkorporation und Ausstoßung des Liebesobjekts basieren« (dt. S. 54).

Dies ist eine Beschreibung der primitiven internalisierten Objektbeziehungen, die bei erwachsenen Patienten im klinischen Rahmen sichtbar werden, wenn solche Beziehungen reaktiviert werden. Während in der Psychose die Objektvorstellungen nicht von den Selbstvorstellungen oder voneinander differenziert werden, kann der Patient mit einer Borderline-Persönlichkeitsorganisation durchaus zwischen Vorstellungen von Selbst und Objekt differenzieren, außer in *intimen* Beziehungen, in denen die Differenzierung verwischt ist oder ganz verschwindet. In der narzißtischen Persönlichkeit ist die Spannung zwischen dem eigentlichen Selbst, dem Ideal-Selbst und dem Ideal-Objekt durch die Verschmelzung all dieser Bilder zu einem überhöhten Selbst-Bild eliminiert (siehe Kapitel 9 und 10). In sexuellen Perversionen werden Objektvorstellungen festgehalten, beschützt und mit libidinöser und aggressiver oder neutralisierter Energie besetzt, trotz eines verschmolzenen Körperschemas oder verschmolzener Genitalvorstellungen (Bak, 1971). Primitive internalisierte Objektbeziehungen im Transsexualismus, der eine der Formen sexueller Perversion ist, werden in Kapitel 11 besprochen.

Die folgende Zusammenfassung der Besetzungsverschiebungen und -veränderungen einer jungen Borderline-Patientin, wie sie während der Behandlung in ihren introjektiven und projektiven Mechanismen reflektiert wurden, veranschaulicht, wie primitive internalisierte Objektbeziehungen im klinischen Rahmen sichtbar werden können. Ich werde Janes Fall im einzelnen in Kapitel 6 darlegen. Hier will ich nur die Oberflächenmanifestationen des klinischen Materials aus dem dritten Jahr ihrer Behandlung beschreiben. Außerdem will ich dieses Oberflächenmaterial nur unter dem Gesichtspunkt der introjektiv-projektiven Bewegung ihrer libidinös und aggresiv besetzten Selbst- und Objektbilder oder -vorstellungen untersuchen. Ich werde nicht auf den Symbolcharakter dieses Materials eingehen, den es auf einer höheren Ebene hat, und werde auch nichts über seine genetische Untermauerung sagen. Es wird sich zeigen, daß eine deutliche Manifestation der primitiven Spaltung eine Spaltungsübertragung ist. Der Patient perzipiert den Analytiker, der für die libidinös und aggressiv besetzten Selbst- und Objektbilder oder -vorstellungen steht, abwechselnd als »nur gut« oder »nur böse«. Wenn der Analytiker »nur gut« ist, wird die »nur böse« Einheit mit einem anderen äußeren Objekt verbunden oder im Patienten zurückgehalten; wenn der Patient den Analytiker als »nur gut« wahrnimmt, betrachtet er ihn als in der Hauptsache damit beschäftigt, ihn, den Patienten, vor den »bösen« Einheiten zu schützen.

Meine Patientin begann eine Sitzung mit der Mitteilung, daß »böse« Luft in ihrem Körper eingeschlossen sei und daß ihr Analytiker sie mit einem Eispickel stechen solle, um das wütende »Böse« herauszulassen. Am Ende der Sitzung hörte sie meine Stimme als innere Halluzination, während sie mich als »gutes«, beruhigendes Objektbild in sich aufnahm, das das »Böse« in ihrem Innern bekämpfen würde. In der Sitzung am nächsten Tag berichtete die Patientin, daß sie sich innerlich tot fühle. Ihre Selbst- und Objektbilder waren nicht mehr differenziert; sie schienen ihr zu einem autistischen Abwehrmanöver zu dienen. Dann sagte sie, sie wäre gerne Chirurg, und ihre Assoziationen wiesen auf den Wunsch hin, die wütenden Bilder aus ihrem Innern herauszuschneiden. Im Verlauf der Sitzung wurden »nur böse« Bilder auf mich projiziert; darauf wollte die Patientin mich ermorden, da meine Vernichtung zu ihrem Schutz notwendig geworden war. Aber dieses Ziel verursachte ihr gleichzeitig Angst, weil mein Tod auch ihren eigenen Tod bedeuten würde, mindestens zum Teil, insofern als ich einen Teil ihres eigenen Selbstbildes repräsentierte. Schließlich entspannte sich die Patientin, als sie sich daran erinnerte, daß sie einen Wunsch nach »guter Musik« an die örtliche Radiostation geschickt hatte. Dies bedeutete die Möglichkeit auditorischer Introjektion »guter« Objektbilder, um sie vor ihrem Analytiker zu schützen, den sie als externalisiertes »Böses« sah.

Jane füllte die nächste Sitzung mit detaillierten und farbigen Beschreibungen der Einrichtungsgegenstände in ihrem Zimmer zuhause. (Sie hatte am Beginn ihrer Analyse eine Reihe von Träumen gehabt von einem Zimmer ohne Struktur, das für sie aber trotzdem als Zimmer erkennbar war. Während ihrer »Einsteck«-Phase, wie sie sich ausdrückte, tauchten Steckdosen in dem Zimmer auf, die Elektrizität lieferten. Später hatte das Zimmer, obwohl es leer war, eine erkennbare Decke, Wände und einen Fußboden. Mit dem Fortschritt der Therapie erschienen auch Möbel.) Ich begriff, daß ihre Veränderung der Zimmereinrichtung die Verschiebungen ihrer Selbst- und Objektbilder aus der inneren in die äußere Welt und wieder zurück und von der einen Seite der primitiven Spaltung auf die andere repräsentierte; diese Verschiebungen zeigten sich in ihrer Anstrengung, jede Eruption primitiver affektiver Zustände zu beherrschen.

Am nächsten Tag war ich »nur böse« und sie schien von panischem Schrecken erfüllt. Zu einem fortgeschrittenen Zeitpunkt in der Sitzung sagte sie, sie habe den Wunsch, dick zu sein, und ihre Assoziationen machten deutlich, daß sie die Vorstellung hatte, das Dicksein würde sie gegen ein Eindringen des »bösen« Analytikers schützen. Am darauf folgenden Tage jedoch berichtete sie, daß ihre Muskeln mit Bösem angefüllt seien. Und wieder bat sie inständig, »aus ihrem Körper herausgenommen zu werden«.

Systematisierung der Stadien, in denen Objektbeziehungen internalisiert werden

Kernberg (1972a) unterteilt den Prozeß der Internalisierung von Objektbeziehungen in vier Stadien und untersucht dann die Psychopathologie, die für eine Fixierung in jeweils einem dieser Stadien charakteristisch ist. Seine Gedankengänge stimmen mit denen von Greenson (1954) und Jacobson (1964) überein, die die Introjektionen und Identifizierungen entsprechend den verschiedenen Lebensabschnitten differenzieren, zu denen sie gehören. Mit Hilfe dieser Differenzierung können sie die relative Reife von Mustern internalisierter Objektbeziehungen im Verlauf der Entwicklung zeigen.

Kernberg versucht, eine Brücke zwischen der traditionellen psychoanalytischen Triebtheorie und der psychoanalytischen Objektbeziehungstheorie zu schlagen. Erstere betrachtet die Objektbesetzung als sekundär neben der Äußerung libidinöser oder aggressiver Triebbedürfnisse; letztere — besonders Vertreter wie Fairbairn (1954) und Bowlby

(1969) — betont das Primat der Bindung des Kleinkindes an das Objekt (die Mutter). Kernberg meint, es sei möglich, diese beiden Standpunkte zu verbinden, wenn man eine zusätzliche Dimension der frühen Entwicklung berücksichtigt, nämlich: »...die Differenzierung von ›belohnenden‹ (libidinös befriedigenden) und ›strafenden‹ (schmerzlichen, frustrierenden, beängstigenden, Aggression auslösenden) Erfahrungen innerhalb der frühen Interaktion zwischen Mutter und Kind in frühe intrapsychische Strukturen, die in einer Gruppe von Strukturen kulminieren, die ihrerseits ›innere Objektbeziehungen‹ repräsentieren ... Triebe werden *zuerst* als angeborene Verhaltensmuster geäußert, die in einer ›durchschnittlich zu erwartenden Umgebung‹ (Hartmann, 1939) bemutternde Funktionen und zwischenmenschliche Interaktionen auslösen, und die sich *später* als internalisierte Objektbeziehungen äußern, die wiederum ein wesentlicher Organisator aller anderen psychischen Strukturen sind« (S. 233).

Nach Kernberg ist das erste Stadium der Internalisierung von Objektbeziehungen durch Gedächtnisspuren der lustvollen, befriedigenden Erfahrungen charakterisiert, die dem Kleinkind in der Interaktion mit der Mutter zu einem Zeitpunkt vermittelt werden, da die primäre, nicht differenzierte Selbst-Objekt-Konstellation noch nicht etabliert ist. Wenn die Beziehung des Kleinkindes zur Mutter unbefriedigend ist, kann daraus eine autistische Psychose oder eine bösartige Form eines »affektionslosen Charakters« resultieren; die Persönlichkeitsstruktur kann asozial werden. Die Mutter muß für adäquate Stimulierung und Befriedigung der psychophysiologischen Bedürfnisse des Kindes sorgen, wenn das Kind mit Erfolg in das zweite Stadium eintreten soll, das etwa zwischen der vierten und zwölften Lebenswoche beginnt.

Im zweiten Stadium werden als Ergebnis der vielfältigen Wahrnehmungen, die durch das bedürfnisbefriedigende Verhalten der Mutter aktiviert werden, primäre, nicht differenzierte Selbst-Objekt-Vorstellungen des Typs »nur gut« etabliert. Zugleich konstituieren alle schmerzlichen psychophysiologischen Erfahrungen entsprechend »nur böse« nicht differenzierte Selbst-Objekt-Vorstellungen. Es ist wahrscheinlich, daß die Fixierung der internalisierten Objektbeziehungen auf dieser Ebene die später entstehende Fähigkeit zur Realitätsprüfung beeinträchtigt und das Erfassen der Ichgrenzen ausschaltet. Kernberg benutzt hier den Terminus »Ichgrenze« in Bezug auf diejenige Funktion der Persönlichkeit, die den Ursprung intrapsychischer Erfahrungen danach differenziert, ob sie aus der inneren Phantasie oder dem Gedächtnis kommen oder aus einer Wahrnehmung der äußeren Realität.

Während Kernbergs Stadium I auf die sich entwickelnde Fähigkeit bezogen ist, zwischen signifikanten und nicht signifikanten und zwischen »nur guten« und »nur bösen« Reizen zu unterscheiden, impliziert Stadium II eine fortgeschrittenere Differenzierung von »gut« und »böse« und die fortgeschrittenere Aufgabe, zwischen Selbst und Nicht-Selbst und Menschlichem und Nicht-Menschlichem zu unterscheiden.

Eine Fixierung in diesem oder Regression auf dieses Stadium führt zu einer symbiotischen Kindheitspsychose und »akuten Formen von Schizophrenie beim Erwachsenen«. In diesem Stadium tritt eine exzessive primitive Spaltung und eine abwehrende Desorganisation des kognitiven Prozesses auf. Primitive projektive Mechanismen führen zu paranoider Verformung anderer wichtiger Mechanismen. Da eine Fixierung in Stadium II zu einer symbiotischen Kindheitspsychose führt, muß sie der Symbiose entsprechen, wie Mahler (1968) sie beschreibt. Giovacchini (1972 a) stellt die Frage, ob man die »symbiotische Phase« als eine Phase der Objektbezogenheit oder eine Phase der »Prä-Objektbezogenheit« betrachten soll. Er argumentiert folgendermaßen: »Da das Kind in einer Beziehung ›gebunden‹ ist (obwohl es mit einer anderen Person verschmolzen ist), hat man diesen Zustand als eine primitive Form von Objekt- oder Partialobjektbeziehung betrachtet. Man kann dahingehend argumentieren, daß der Prozeß der Verschmelzung irgendeinen (wenn auch vagen) Begriff von etwas außerhalb des Selbst voraussetzt, um eine Verschmelzung damit überhaupt möglich zu machen« (S. 153).

Modell (1963, 1968) schlägt für diese Phase den Terminus »Übergangsobjektbeziehung« statt »symbiotische Objektbeziehung« vor, da die Benutzung des Begriffs »Symbiose«, der aus der Biologie stammt, irreführend ist, denn er impliziert eine emotionale Bindung des Objekts an das Subjekt. Er weist darauf hin, daß »die emotionale Haltung des Objekts gegenüber dem Subjekt ganz irrelevant sein kann« (S. 41). In seiner Beschreibung der »Übergangsobjektbeziehung« stützt sich Modell auf Winnicotts Beschreibung (1953) des Übergangsobjekts, das keine Halluzination ist, sondern materiell in der Umgebung existiert. In ihm schafft sich das Kind ein Substitut für die Mutter und besetzt es mit den Qualitäten des Lebens. Es ist nicht nur der erste Besitz des Kindes, es ist auch sein erster (wenn auch noch nicht totaler) Nicht-Ich-Besitz. Modell schreibt: »Nach Winnicotts Beobachtungen ist das unbelebte Übergangsobjekt — ein Objekt, das ein Substitut für die mütterliche Umgebung, jedoch selbst geschaffen und mit Leben besetzt ist, einem Leben, dem durch die eigene innere Welt des Kindes Gestalt gegeben wird — bestimmten Formen erwachsener Liebesbeziehungen analog ... (S. 33). Die Beziehung des Subjekts zum Objekt ist eine primär ausnützende, das Subjekt fühlt kein Interesse für die Bedürfnisse des Objekts und kann nicht erkennen, daß das Objekt Eigenständigkeit und Individualität besitzt. Die Übergangsobjektbeziehung ist dyadisch — sie läßt keine anderen zu« (S. 40).

Auch Kernberg meint, daß »die spielerische Kontrolle nicht-menschlicher Objekte wichtige Funktionen in der Differenzierung von Selbst und Nicht-Selbst haben kann« (S. 240). In Kapitel 8 werde ich einige Aspekte der Benutzung nicht-menschlicher Objekte ausführlicher behandeln.

Kernbergs Stadium III, vom sechsten bis achtzehnten Lebensmonat, kündigt sich an durch die Differenzierung von Selbstvorstellung und Objektvorstellung. Sie tritt zunächst innerhalb des »nur guten« nicht differenzierten Kernes auf, später innerhalb des »nur bösen«. Die Differenzierung innerhalb des »nur bösen« Kernes wird kompliziert »durch die Entwicklung früher Projektionsformen, d. h. intrapsychischer Mechanismen, mit deren Hilfe versucht wird, die ›böse‹ Selbst-Objekt-Konstellation zu externalisieren, und die wahrscheinlich die Intensität der ›Angst vor Fremden‹ zwischen dem sechsten und zehnten Lebensmonat determinieren« (S. 235).

In diesem Stadium, in dem »gute« und »böse« Selbst- und Objektvorstellungen durch primitive Spaltung voneinander getrennt sind, existiert noch kein integriertes Selbstbild. Trotzdem stabilisieren sich die Ichgrenzen, da die Selbstbilder jetzt von den Objektbildern getrennt sind und darum das Selbst vom Nicht-Selbst unterschieden wird. In diesem Stadium ist eine integrierte Konzeptualisierung anderer menschlicher Wesen noch nicht möglich, da »gute« und »böse« Konstellationen, die sich auf dasselbe Objekt beziehen, getrennt bleiben. Dementsprechend spricht Kernberg von »Partialobjektbeziehungen«, wie Klein sie bezeichnet hat (1946). Die Unfähigkeit, dieses dritte Stadium mit Erfolg zu durchlaufen, kann die Ursache für eine Borderline-Persönlichkeitsorganisation werden. Die Integrierung des Überichs wird nicht vor dem vierten Stadium erreicht. Zudem schafft eine überspannte »Ideal-Selbst«-Vorstellung ohne jede Beziehung zur Realität Schwierigkeiten.

Im letzten Stadium formt sich eine integrierte Selbstvorstellung und die Trennung von »guten« und »bösen« Selbstvorstellungen wird aufgehoben. Dieser Prozeß beginnt irgendwann zwischen dem Ende des ersten und der zweiten Hälfte des zweiten Lebensjahres und setzt sich während der ganzen Kindheit fort. Die Integrierung der Selbstvorstellungen begleitet die Integrierung der Objektvorstellungen, sobald die »Objektbilder sich zu realistischeren Vorstellungen signifikanter anderer, die als integrierte Individuen gesehen werden, zusammenfügen. Eine integrierte Selbstvorstellung, die sozusagen ›umgeben‹ ist von einer inte-

grierten Vorstellung der anderen, konstitutiert, bei fortdauernder Modifizierung dieser Selbstvorstellung und der Vorstellung von anderen durch den Prozeß der zwischenmenschlichen Beziehungen, die ›Ichidentität‹ im weitesten Sinne« (Kernberg, 1972 a, S. 236).
Die Psychopathologien, die ihren Ursprung in Stadium IV der Entwicklung der internalisierten Objektbeziehungen haben, umfassen Neurosen und die »höhere Ebene« (Kernberg, 1970 b) der pathologischen Charakterorganisation, d. h. den hysterischen, den zwangsneurotischen und den depressiv-masochistischen Charakter. Auf dieser Ebene verbinden sich das frühere überspannte Ideal-Selbst und sadistisch verzerrte Bilder der Elterngestalten und formen eine neue Struktur, das Überich mit einem gleichzeitig gezähmten Ichideal. In Stadium IV beherrschen eher infantile genitale und ödipale als prägenitale Konflikte das klinische Bild.

Die Realitätsprüfung

Sobald sich die Ichgrenzen stabilisieren, kann die Realitätsprüfung — die Differenzierung zwischen Innen- und Außenwelt (Freud, 1940; Nunberg, 1955) — einsetzen. Diese Fähigkeit wird in Stadium III erreicht; darum sind Patienten mit einer Borderline-Persönlichkeitsorganisation in beträchtlichem Maße zur Realitätsprüfung fähig. Jedoch wird diese Funktion erst im letzten Stadium voll entwickelt. J. G. Jacobson (1973) weist der Realitätsprüfung eine breitere Bedeutung zu als die hier gegebene formale Definition. Er nennt vier Aspekte der Realitätsprüfung: »1. Die Wahrnehmung der Differenzierung zwischen Selbst und Objekt und die breitere Unterscheidung von innen und außen; 2. die Wahrnehmung differenzierter Objekte; 3. die Wahrnehmung differenzierter Stadien des Selbst; und 4. die Wahrnehmung affektiver Erfahrungen in der inneren Welt, besonders jener Derivate, die den Trieben selbst nahekommen« (S. 399). Diese Funktionen, stellt er fest, haben zwei Entwicklungslinien; die erste ist »die primäre autonome Linie, die Entwicklung des Wahrnehmungsapparates, der rohe Wahrnehmungsdaten liefert«. Die zweite entsteht aus »der emotionalen Bedeutung, dem gefühlsmäßigen Glauben an die Wahrnehmungen« innerhalb der Matrix von Trennungs- und Individuationserfahrungen. Innerhalb eines jeden dieser vier Aspekte der Realitätsprüfung können Schwierigkeiten auftreten. Die Synthese aller vier ergibt einen fünften Faktor, »die Fähigkeit, die Gegenwart von der Vergangenheit zu unterscheiden« (ebd.). Ich glaube, daß die vier sich ergänzenden Funktionen, die zur Realitätsprüfung gehören, nicht zu einer Synthese gebracht werden können, ehe

das vierte Stadium erreicht ist, und daß deshalb bis zu diesem Stadium die Tendenz besteht, daß die Vergangenheit die Gegenwart durchdringt. So kann man z. B. oft folgendes feststellen: Wenn die Wahrnehmung differenzierter Objekte nicht fest etabliert ist, kann ein relativ indifferentes Objekt einen Reiz liefern, der eine starke affektive Reaktion im Ich auslöst. Novey (1961) spricht vom »Prinzip der Angemessenheit der Vorstellungen«, um dieses Phänomen zu erklären. Er meint damit, daß die starke Wirkung des relativ indifferenten Objekts auf seiner affektiven Koinzidenz mit einem internalisierten Objekt auf der Basis dieses Prinzips beruht.
Der folgende Fall illustriert zahlreiche Aspekte der verschiedenen Stadien der internalisierten Objektbeziehungen, abgesehen von Stadium IV. Er zeigt, wie eine Ambivalenzintoleranz und der damit zusammenhängende Mechanismus der primitiven Spaltung den Kern des klinischen Bildes ausmachen.

Eine Katzenfrau

Ich nenne Samantha eine »Katzenfrau«. Damit übernehme ich den Ausdruck, den Sanford (1966) in ihrer fesselnden Beschreibung ihrer Patientin Elsie benutzte, die so eng mit ihren Schoßkatzen verbunden war und so sehr durch diese lebte, daß sie in den Notizen ihrer Analytikerin immer als »das Katzenmädchen« erschien. Elsie zeigte nicht nur selbst katzenhafte Eigenschaften, sondern stattete ihre Katzen mit bedeutsamen psychischen Rollen aus und wies gelegentlich sogar ihrer Analytikerin die Rolle einer Katze zu.
Samantha war eine verheiratete Frau von einunddreißig Jahren, deren Fall ich andernorts ausführlich beschrieben habe (1964). Hier will ich nur diejenigen Aspekte beleuchten, die illustrieren, wie man die klinischen Manifestationen primitiver internalisierter Objektbeziehungen verstehen kann. Sie war das erstgeborene Kind in einer musikalischen und etwas »kapriziösen« Familie, in der der Vater nur eine Randfigur darstellte, da er passiv und ziemlich farblos war. Die Mutter erwog eine professionelle Karriere als Konzertpianistin, als sie zum erstenmal schwanger wurde; sie war emotional nicht auf die Mutterschaft vorbereitet und zog ihre Tochter nach einem Buch auf, in dem empfohlen wurde, Säuglinge in Ruhe zu lassen und sich unnötiger Berührung oder liebevollen Spielens zu enthalten. Für sie war das Kind eine hübsche Puppe, die ihre Mutter im Laufe der Zeit belohnen würde, indem sie eine berühmte Musikerin werden würde. Während das Kind in seiner

Wiege lag oder in seinem Laufställchen spielte, ohne Stimulierung durch Berühren und ohne körperlichen Kontakt, spielte die Mutter endlos Klavier, vielleicht in dem Gefühl, daß sie durch ihre Musik mit ihrem Kind kommunizierte. Es fehlte ihr so sehr an praktischer Kompetenz im Umgang mit dem Kind, daß es im Alter von einigen Monaten unter langanhaltenden Schreianfällen litt; der Arzt, der gerufen werden mußte, meinte, das Kind sei »hungrig«, und riet zur Flaschenfütterung.

Die Mutter setzte ihre »musikalische Kommunikation« fort und versuchte, ihrem Kind schon in sehr frühem Alter das Klavierspielen beizubringen. Der begrenzte musikalische Erfolg des kleinen Mädchens enttäuschte die Hoffnungen der Mutter, und als ein zweites Mädchen geboren wurde, dreizehn Jahre nach dem ersten, übertrug die Mutter ihre musikalischen Interessen und ihren Ehrgeiz auf dieses zweite Kind. Zu dieser Zeit jedoch war die Patientin bereits in einer feindlichen Abhängigkeit von ihrer Mutter gefangen. Als sie mit siebzehn Jahren heiratete, hatte sie Schwierigkeiten, mit den alltäglichen Pflichten einer Ehefrau, Hausfrau und Mutter fertig zu werden, und zog sich deshalb von Zeit zu Zeit mit Streßerscheinungen in das Heim ihrer Mutter zurück, in dessen Nähe sie und ihr Mann das ihrige eingerichtet hatten.

Sieben Jahre, ehe sie mich aufsuchte, war Samantha mit ihrem Mann und ihrem einzigen Kind, einer kleinen Tochter, nach Europa gegangen, wohin der Beruf ihres Mannes die Familie führte. Die Notwendigkeit, in so großer Entfernung von ihrer Mutter zu leben, repräsentierte für Samantha eine intrapsychische Trennung. Der Umzug nach Europa brachte sie jedoch in die, wie sie sagte, »musikalischsten Länder der Welt«. Ihre Nachbarn hatten musikalische Neigungen und spielten viel Klavier. Es ist möglich, daß die musikalische Umgebung in einem fernen Land beschleunigend auf die Entwicklung von Samanthas Psychose — denn darum handelte es sich klinisch gesehen — wirkte.

Die Familie nahm ihre Katzen — Maxie, einen Kater, und Marie Jane, eine Katze — mit nach Europa. Als Samantha sie mir sieben Jahre später beschrieb, nachdem sie als psychiatrische Patientin in die Klinik aufgenommen worden war, frappierte mich ihre Identifizierung mit diesen Katzen, ihr Verhalten als »Katzenfrau«. Wenn sie in sanfter Stimmung war, bewegte sie ihre Hände wie die Pfoten eines Kätzchens, das während des Säugens den Bauch der Mutter knetet. Ihre Aggression drückte sie in Bewegungen aus, die ihre Hände wie Klauen wirken ließen. Einmal versprach sie sich in bezeichnender Weise, als sie sagte, sie »schmecke« [»tasted«] ihre Katzen, während sie sagen wollte, sie jage sie fort [»chased«]. Sanfords (1966) Patientin Elsie, deren Mutter psy-

chotisch war, hatte sich mit der Nachbarskatze getröstet; ich konnte nicht herausfinden, ob Samantha die Mängel ihrer Mutter in ihrer Kindheit auf die gleiche Weise kompensiert hatte.
Sie stattete Marie Jane wie ein menschliches Wesen mit sanften und spielerischen Qualitäten aus, Maxie mit Kraft und Macht. Marie Jane kam zu Tode, indem sie aus einem Fenster stürzte und in Krämpfe verfiel. Es war nicht klar, ob Samantha sie gestoßen hatte oder nicht, obwohl sie in der Therapie das Hausmädchen für den Unfall verantwortlich machte. Als das passierte, weinte Samantha nicht, sondern sie nahm Marie Janes angebliche Ruhe und Ausgeglichenheit an. Sie war sehr besorgt und ängstlich wegen der »Wildheit«, die sie an Maxie beobachtete, nachdem seine Gefährtin tot war. Sie erwog, ihn töten zu lassen, und hatte das Gefühl, daß sie von ihrer eigenen Aggression befreit sein würde, wenn das Tier, das in ihrer Wahrnehmung diese Aggression reflektierte, aus dem Weg geschafft würde. Sie überredete ihren Mann, den Kater töten zu lassen; danach fühlte sie sich selbst »innerlich getötet« und regredierte auf einen Punkt, den sie als »das totale Rückwärts« bezeichnete. In diesem Zustand nahm sie die Stellung eines Fötus an und verweigerte jede Kommunikation, machte also eine autistische Regression zu ihrer Abwehr.

Klinische Manifestationen der internalisierten Objektbeziehungen bei der »Katzenfrau«

Als ich Samantha zum erstenmal sah, klagte sie darüber, zu viele »Selbst« oder »Geistesverfassungen« zu haben, ganz ähnlich wie Abses Patient (1955), den ich im ersten Kapitel beschrieben habe. Diese verschiedenen »Selbst«, die ihre Persönlichkeit bildeten, kamen und gingen, keines blieb längere Zeit bestehen. Sie standen unter zwei »Hauptkontrollinstanzen« — ihrer linken und ihrer rechten Seite —, und sie bezeichnete diese »Seiten« als Komponenten ihrer »doppelten Persönlichkeit«. Sie klagte auch weiterhin darüber, daß sie sich oft in dem Stadium des »totalen Rückwärts« befände, das oben erwähnt wurde.
In der Therapie zeigte sich, daß Samantha, wenn sie von ihrer »linken Seite« beherrscht wurde, sanft sprach und sich verführerisch und liebenswürdig benahm. Wenn die »rechte Seite« dominierte, sprach sie grob und bekam Wutausbrüche, die so weit gingen, daß sie Gegenstände nach ihrem Therapeuten oder auf den Fußboden des Sprechzimmers warf, und wurde ganz allgemein aggressiv. Gelegentlich brachte sie ein Akkordeon ins Sprechzimmer mit und spielte darauf. Ihre Musik konnte

sanft oder aggressiv sein, je nachdem, welche ihrer beiden »Hauptkontrollinstanzen« gerade vorherrschte.

Als die verbale Kommunikation im Verlauf der Therapie sinnvoller wurde, berichtete sie von einer Trennung zwischen ihren beiden »Hauptkontrollinstanzen«; sie nannte diese Trennung »die Schranke«. Um ihre Wahrnehmung der »Schranke« als einer Kluft zu verdeutlichen, erklärte sie: »Es ist kein Platz da, um darauf zu landen.« Ich glaube, daß die »Schranke«, die sie als Abgrund oder Lücke erlebte, die primitive Spaltung repräsentierte, die ihre beiden »Hauptkontrollinstanzen« trennte, und daß eine der beiden »Seiten« ihr aggressiv determiniertes Selbst-Objekt-Konglomerat und die andere deren libidinös determiniertes Gegenstück repräsentierte.

Keine der beiden Seiten war statisch; sie konnte sich auf beiden vorwärts und rückwärts bewegen. Die »Schranke« mußte bei jeder Bewegung nach vorn berücksichtigt werden, da die Patientin Stadium IV nicht erreicht hatte und aufgrund des Andauerns der primitiven Spaltung nur primitive internalisierte Objektbeziehungen aufrechterhalten konnte. Jedoch konnte sie in der Vorwärtsbewegung auf beiden Seiten eine größere Differenzierung innerhalb ihrer Selbst-Objekt-Konstellation erreichen. Die Rückwärtsbewegung führte zu einer generellen Verwischung dieser Unterschiede, und eine solche Regression endete im »totalen Rückwärts«, an der äußersten Grenze der »Schranke«. Dort befand sie sich »im Gleichgewicht« in dem Sinne, daß ihre »Seiten« dann »gleich« und die »guten« und »bösen« Selbst-Objekt-Vorstellungen verschwunden waren. Wenn die Patientin im Stadium des »totalen Rückwärts«, oder, wie sie es auch ausdrückte, »ehe diese doppelte Sache anfängt«, beobachtet wurde, verlor sie die Sprache. Ihre Augenlider wurden schwer, sie lag bewegungslos in der Stellung eines Fötus da und vergaß alle anderen in ihrer Umgebung. Sie exemplifizierte so das erste Stadium der Internalisierung von Objektbeziehungen. Man sollte erwarten, daß eine einunddreißigjährige Frau, die versucht, einen Zustand so extremer Regression wiederzuerlangen, ein beobachtendes Ich — und sei es noch so schwach — aufrechterhalten würde. In diesem Zustand war sie unfähig, sich in Worten auszudrücken, aber sie konnte später etwas von dem, was mit ihr geschehen war, in Worte fassen. Solange sie sich im »totalen Rückwärts« befand, kamen ihre Gedanken nur »in Musik«; Worte standen ihr nicht zur Verfügung.

Einige Jahre, nachdem ich diese therapeutische Beziehung zu Samantha gehabt hatte, schrieb McDonald (1970) ihren Beitrag über »Übergangsmelodien«. Dieser Beitrag basierte auf Winnicotts (1953) Begriff des »Übergangsobjekts«, des ersten »Nicht-Ich«-Besitzes, der als etwas irgendwie Einzigartiges aus den Besitztümern des Kindes ausgewählt wird. Das Übergangsobjekt spricht Auge, Geruchs-, Tast- und Geschmackssinn an. McDonald stellt fest, daß Winnicott in seiner ursprünglichen Feststellung dieses Phänomens auditive Aspekte nicht gänzlich übersehen hat, und weist auf die Übergangsmelodie hin, die «... eine vertraute Melodie [sein muß], die ein wesentlicher Bestandteil der Atmosphäre zwischen Elternteil und Kind ist. Sie muß eine gemeinsame und tröstende Erfahrung enthalten. Dadurch, daß das Kleinkind sie selbst hört, empfindet es diese Melodie anfänglich wahrscheinlich so, als ob sie ein Teil seiner selbst wäre, genauso wie die Mutter selbst zuerst nicht als eine von ihm unterschiedene und getrennte Person existiert. Zuerst fragt es nicht — und es ist auch gar nicht imstande zu fragen — nach dem Ursprung der ›Melodie‹ oder danach, wer sie ›besitzt‹. Wenn es eine Möglichkeit findet, die Melodie zu reproduzieren ... kann es sich selbst als verantwortlich und als Urheber dieser Erfahrung fühlen« (S. 513).

Die Musik bildete für Samantha die Brücke, die sie überqueren konnte, um sich mit der äußeren Welt, der Mutter, vertraut zu machen. Wir sehen Elemente dieses »ersten Objekts« in dem »totalen Rückwärts«, das nicht gänzlich autistisch im eigentlichen Wortsinn war, da es den Vorläufer einer Objektvorstellung einschloß, die von der Selbstvorstellung getrennt werden mußte. Darüber hinaus muß ein Patient auf dieser Ebene wenigstens ein abgespaltenes, schwaches Beobachter-Ich besitzen, um den Zustand später beschreiben zu können. Samantha pflegte, ehe sie am Endpunkt des »totalen Rückwärts« ankam, auf ihrem Akkordeon bestimmte Kinder- oder Volkslieder zu spielen, womit sie die Hypothese bestätigte, daß ihre Objektbezogenheit mit der Musik begann, die viele Jahre früher »ein wesentlicher Bestandteil der Atmosphäre zwischen Elternteil und Kind gewesen war«.

Weitere Beweise für die primitive Spaltung in der Katzenfrau

Für Samantha waren ihre Katzen ihre libidinös bzw. aggressiv besetzten Selbst-Objekt-Vorstellungen geworden in introjektiv-projektiver Bezogenheit; sie konnte sie sowohl »schmecken« als auch externalisieren. Solange sie lebendig waren, konnte sie die Illusion einer ausgewogenen Distanzierung ihrer libidinös besetzten Selbst-Objekt-Vorstellungen von den aggressiv besetzten aufrechterhalten und konnte so ihre Ambivalenzintoleranz bewältigen und die Spannung, die aus ihrer Bisexualität entstand und sie an der vollen Entwicklung einer weiblichen sexuellen Identität hinderte. Sie nahm ihre »rechte Seite« als männlich wahr; wenn diese dominierte, verhielt sie sich männlich. Ihre »linke Seite« war weiblich. Elemente von Bisexualität verdichteten sich für sie später auch in den Katzen, die unterschiedlichen Geschlechts waren. Sie fühlte sich »bösen« Selbst-Objekt-Vorstellungen ausgeliefert — einem aggressiven Affekt (dem Kater) — als ihre »gute« Seite (die als passiv vorgestellte Katze) starb. Da sie sich der Gefährlichkeit ihrer Aggression bewußt war, ließ sie den »wilden« Kater auch töten und regredierte in Abwehr darauf auf einen beinahe objektlosen und nicht differenzierten Zustand, indem sie die separaten Vorstellungen der Katzen ein für allemal zerstörte. Diesen beinahe objektlosen Zustand konnte sie mit Hilfe von Übergangsmelodien erreichen; durch ihr »musikalisches Denken« konnte sie ihn jedoch auch wieder verlassen und sich wieder zu höher entwickelten Stadien der internalisierten Objektbezogenheit hin bewegen. Wie in Modells (1970) Ausführungen über die Anwendungen des Übergangsobjekts war die Übergangsmelodie Samanthas »Wasserscheide« (vgl. zur Erläuterung dieses Gedankens Kapitel 8).

Samanthas Reaktivierung primitiver Objektbeziehungen zeigte sich in anderer Weise auch in ihrem täglichen Leben. Sie sprach zwar davon, eine »doppelte Persönlichkeit« zu haben, die sich in ihren beiden »Seiten« repräsentierte, in Wirklichkeit hatte sie jedoch viele Persönlichkeiten, da zu den beiden Seiten ihrer »Schranke« auch ihre vielen »Selbst« oder »Geistesverfassungen« gehörten, wobei jede davon verschiedene Grade der Differenzierung zwischen Selbst- und Objektbildern und separate affektive Dispositionen aufwies — ihre »Hochs« und »Tiefs«, wie sie sie nannte. Daß ihre »multiplen Persönlichkeiten« einander »kannten«, bewies, daß es sich eher um eine Unfähigkeit zur Integrierung (also um primitive Spaltung) als um Verdrängung handelte. Diesen Typ der »multiplen Persönlichkeit« kann man von der hysterischen »multiplen Persönlichkeit«, die auf einer höheren Ebene erscheint, insofern unterscheiden, als es bei der letzteren möglich ist, daß eine oder mehrere der verschiedenen Persönlichkeiten aufgrund der Verdrängung die Existenz der anderen gar nicht wahrnehmen.

Zeitweise schloß Samantha ihre körperliche Selbstvorstellung in ihre primitive Spaltung ein. Es kam ihr vor, als ob verschiedene Seiten ihres Gesichts hervor- oder zurücktraten, und sie versuchte, ihr Gesicht oder ihren Kopf vor dem Zerspringen zu schützen, indem sie mit den Händen an ihren Haaren zog oder die Muskeln ihres Gesichts zu beruhigen versuchte. Ihr einziger Ausweg aus den Spannungen, die sich so zeigten, war die Abwehrregression auf das »totale Rückwärts«. Elemente primitiver Spaltung zeigten sich auch in ihren täglichen Beschäftigungen. In einem seit ihrer Kindheit immer wiederkehrenden Traum sah sie Zwillinge, die sie mit ihren »Seiten« assoziierte. Als sie während ihres zehnmonatigen Krankenhausaufenthaltes in der Beschäftigungstherapie einen Teppich gearbeitet hatte, war deutlich eine fehlerhafte Linie zu sehen, die den Teppich in zwei Hälften teilte. In ihrem Zimmer bewahrte sie eine Zeitschrift auf, auf deren Titelseite ein in zwei Hälften geteiltes Gehirn abgebildet war; sie erklärte ihr Interesse daran mit der Feststellung, daß ihr eigenes Gehirn genauso geteilt sei, und daß sie immer nur von jeweils einer der Hälften gestützt würde. Da sie Ambivalenz nicht tolerieren konnte, klammerte sie sich an die Wahrnehmung, daß ihre »linke« und ihre »rechte« Seite nicht zusammen, sondern separat existierten.

Primitive internalisierte Objektbeziehungen

Mein zentrales Interesse innerhalb dieses Buches gilt der Erforschung der klinischen Aspekte primitiver internalisierter Objektbeziehungen, mit besonderem Bezug auf die Stadien II und III. Dies führt mich zur Betrachtung von Patienten, die keine Ambivalenztoleranz entwickelt haben; für diese Patienten bleibt es unmöglich, sich gleichzeitig in Liebe und Haß auf dasselbe Objekt zu beziehen. Sie haben diesen »entscheidenden Punkt« (Klein, 1946) nicht erreicht. Klein, die nicht zwischen äußeren Objekten und endopsychischen Objektvorstellungen unterschied, deren Studium internalisierter Objekte wir jedoch viel verdanken, schreibt: »Die Synthese der geliebten und gehaßten Aspekte des totalen Objektes läßt die Trauer- und Schuldgefühle entstehen, die wesentliche Fortschritte im emotionalen und intellektuellen Leben des Kleinkindes implizieren. Dies ist auch ein *entscheidender Punkt* [Hervorhebung vom Autor] für die Alternative Neurose oder Psychose« (S. 100). In Stadium II der internalisierten Objektbeziehungen sind Selbst- und Objektvorstellungen nicht differenziert. Selbst wenn Objektvorstellungen von den Selbstvorstellungen und voneinander differenziert sind (Stadium III), werden die internalisierten Objektbeziehungen als *primitiv* bezeichnet, wenn sie mit den folgenden Konditionen einhergehen: Reflexion der Besetzungsprozesse von Objekt-

und Selbstvorstellungen in introjektiv-projektiven Mechanismen und Trennung von »nur guten« und »nur bösen« Objektvorstellungen mit Hilfe primitiver Spaltung; Trennung der Selbstvorstellungen nach demselben Muster. Wenn primitive internalisierte Objektbeziehungen reaktiviert werden, ist der Hauptabwehrmechanismus eher die primitive Spaltung als die Verdrängung. Darüber hinaus kommen andere primitive Abwehrmechanismen wie Leugnung und globale Beherrschung äußerer Objekte der primitiven Spaltung zu Hilfe.

Es gibt noch andere damit verbundene »Konditionen«. Der Patient kann, wenn er Stadium III erreicht hat, eine Fähigkeit der Realitätsprüfung entwickeln, die nicht verfeinert und in *intimen* Beziehungen wirkungslos ist. Patienten in diesem und in niedrigeren Stadien der Entwicklung neigen zu Manifestationen einer Übertragungspsychose. Da sie die Derivate libidinöser und aggressiver Triebe einander nicht durchdringen lassen können, sind sie während der Behandlung anfällig für eine Überflutung durch das Gefühl. In den folgenden Kapiteln werde ich verschiedene »Konditionen« untersuchen, die, wenn sie in klinischem Rahmen auftreten, die Existenz reaktivierter *primitiver* internalisierter Objektbeziehungen reflektieren.

3

Internalisierungen und »analytisches Introjekt«

Dieses Kapitel beschreibt Aspekte der Verschmelzung von Selbst- und Objektvorstellungen sowie introjektiv-projektive Mechanismen, die mit differenzierten Selbst- und Objektvorstellungen zusammenhängen. Die Termini Internalisierung, Inkorporation, Introjektion und Identifizierung werden definiert. Als Introjekt wird eine spezifische, bereits differenzierte Objektvorstellung bezeichnet, die nach Aufnahme in die Selbstvorstellung strebt, damit eine Identifizierung erreicht werden kann. Das Introjekt ist funktional und kann eine Rolle in der Konstituierung oder Veränderung der psychischen Struktur spielen. Obwohl Patienten von ihren Introjekten wie von konkreten Fremdkörpern sprechen, wäre es falsch, wenn der Analytiker oder Psychotherapeut sie in diesem Licht sehen würde, da eine solche Perspektive zu »mechanischen« Behandlungsmanövern führen kann, die leicht zu lenkenden Eingriffen werden können.

Die Ich- oder Überichbildung bei Patienten, die in der Behandlung vorwiegend ihre primitiven internalisierten Objektbeziehungen reaktivieren, wird auf Ebenen wiederaufgenommen, die denen ihrer frühen Kind-Eltern-Beziehungen ähnlich sind. Während die Introjektions-Projektions-Zyklen die pathologische frühe Objektbeziehung perpetuieren, öffnet die allmähliche Differenzierung des analytischen Introjekts von den archaischen Introjekten den Weg zu therapeutischen Resultaten. In der Identifizierung mit dem analytischen Introjekt werden die spezifischen Funktionen des Analytikers zur charakterologischen Modalität seines Patienten; sie bauen so auf der bestehenden psychischen Struktur des Patienten auf und verändern sie.

Verschmelzung (Fusion) und introjektiv-projektive Bezogenheit

Im vorigen Kapitel habe ich die »Konditionen« aufgezählt, die den Ausschlag dafür geben, internalisierte Objektbeziehungen primitiv zu nennen. In diesem Kapitel will ich Aspekte dieser Konditionen untersuchen: die Verschmelzung wie die Prozesse der introjektiv-projektiven Bezogenheit, an denen Selbst- und Objektvorstellungen beteiligt sind. Wenn keine Differenzierung zwischen Selbst- und Objektvorstellungen vorhanden ist, reflektiert die Situation eine Verschmelzung dieser Vorstellungen. Wenn eine geringfügige Differenzierung auftritt, werden Besetzungsprozesse, die diese segmentierten Vorstellungen betreffen, in introjektiv-projektiver Bezogenheit reflektiert. Es kann sehr schwierig sein, den Punkt in der normalen Entwicklung zu bestimmen, an dem die introjektiv-projektive Bezogenheit des Kindes endet, aber es scheint sicher, daß sie die dominierende Form der Bezogenheit während des ersten Lebensjahres ist.

Das »Ich« des Neugeborenen ist in der Es-Ich-Matrix eingebettet und hat, auf diese Weise nicht differenziert, keine Objektwelt. Das Kleinkind wird vor der Masse der Reize durch den Reizschutz (Freud, 1920) abgeschirmt. Dieser ist durch den noch nicht entwickelten Zustand des Nervensystems und durch den primitiven Zustand des seelischen Apparates gegeben, der jedoch die Fähigkeit hat, zwischen lustvollen und unlustvollen Zuständen zu unterscheiden. Die lustvollen und unlustvollen Empfindungen werden mit der Entwicklung der perzeptiven Funktionen und der eng damit verbundenen motorischen Aktionen (Freud, 1925) langsam durch Erinnerungsspuren mit befriedigenden oder frustrierenden (Partial-)Objekten verbunden.

Fenichel (1945) faßt die primitive Reaktion auf die »ersten Objekte« folgendermaßen zusammen: »... der Säugling möchte sie in den Mund nehmen. Hunger, der wiederholt den friedlichen Schlaf unterbrochen hatte, zwang zur ersten Kenntnisnahme der Außenwelt. Die Erfahrung der Sättigung, die zuerst diese Spannung löste, wurde später zum Modell für die Bewältigung äußerer Reize im allgemeinen. Die erste Realität ist das, was man hinunterschlingen kann. Ursprünglich bedeutet, die Realität zu erkennen, ein Urteil darüber abzugeben, ob etwas Spannungen schafft oder Befriedigung gibt, ob man es ausspucken muß oder hinunterschlingen kann. In den Mund stecken oder ausspucken ist die Grundlage für alle Wahrnehmungen; in Regressionszuständen kann man beobachten, daß alle Sinnesorgane im Unbewußten als mundartig wahrgenommen werden« (dt. S. 59).

Diese Fähigkeit des In-den-Mund-Nehmens oder Ausspuckens liegt den Mechanismen von Introjektion und Projektion zugrunde, die zunächst den Trieben dienen und später die Bezogenheit des Kleinkindes auf seine frühesten äußeren Objekte erleichtern, und sie begleitet den Gebrauch dieser Mechanismen durch das Ich als Abwehr- und Adaptationsfunktionen oder geht ihm voraus. Wenn wir semantisch präziser wären, würden wir vor der Etablierung eines Bewußtseins von äußeren Objekten, wie verschwommen dieses Bewußtsein auch sein möge, nicht von introjektiv-projektiver Bezogenheit sprechen; es wäre genauer, die

Beziehung zwischen nicht differenzierten Selbst- und Objektvorstellungen vor dem Bewußtsein jeglicher Differenzierung als Verschmelzung oder Fusion zu beschreiben. Das Ich des Kindes perzipiert und erfährt seine Eindrücke von äußeren Objekten durch Fusion und dann in erweiterter und reicherer Weise, indem es in eine introjektiv-projektive Bezogenheit zu ihnen tritt. Wie stark sie durch die Besetzung mit Trieben und Phantasien auch verändert sein mögen, so konstruiert das Ich doch aus solch vielfältigem Erkennen und den damit verbundenen Erfahrungen Objektvorstellungen, die ein »dauerhaftes Schema« (Moore und Fine, 1968) von Objekten neben dem Selbst konstituieren.

Der Zustand, in dem das Ich dem Objekt gleicht und nicht von ihm differenziert ist, wird gewöhnlich als primäre Identifizierung bezeichnet; dieser Zustand existiert vor der Entdeckung und Besetzung von Objekten in der Außenwelt. Aufgrund der Mehrdeutigkeit dieses Begriffs vermeidet Jacobson (1964) diese Definition und zieht es vor, stattdessen von »primitiven affektiven Identifizierungen« zu sprechen. Sie schreibt: »Die Tatsache, daß die Mutter in der Lage ist, mit ihren eigenen affektiven Äußerungen unmittelbar Affekte beim Kind hervorzurufen — eine Tatsache, auf der Sullivans Angsttheorie aufbaut — ist allgemein bekannt, aber schwer zu erklären« (dt. S. 53). Sie meint, daß diesen Ereignissen ein »Aufeinanderabstimmen« der Muster affektiver Abfuhr von Mutter und Kind vorausgeht, welches das erwachende emotionale Leben und die erwachenden Ichfunktionen des Kleinkindes vorbereitet. Sie fährt fort: »Wir dürfen vermuten, daß die kindliche Nachahmung der elterlichen Gefühlsäußerungen auf dieser Basis entsteht und daß frühe wechselseitige affektiv-motorische Identifizierungen zwischen Mutter und Kind den kindlichen Imitationen des zweckgerichteten Handelns der Eltern vorangehen und sie ankündigen« (dt. S. 53).

Winnicott (1953) beschreibt das Aufeinanderabstimmen zwischen Mutter und Kind mit »ihrer anfänglich fast hundertprozentigen Anpassung« an die unmittelbaren Bedürfnisse des Kindes. Dies verhilft dem Säugling zu der »Illusion«, daß die Brust der Mutter nicht nur ein Teil seiner selbst sei, sondern sich gewissermaßen unter seiner magischen Kontrolle befinde: »Die Brust wird durch das Kleinkind immer von neuem geschaffen aus seinem ... Bedürfnis heraus ... Die Mutter gibt die reale Brust gerade dann, wenn das Kleinkind bereit ist, sie zu schaffen, und im richtigen Augenblick.«

Im Lauf der Zeit verringert sich die fast vollkommene Anpassung der Mutter an die Bedürfnisse des Kindes in zunehmendem Maße. Das Kind erfährt Frustrationen, die ihrerseits eine wichtige Rolle in den frühesten Versuchen der Realitätsprüfung spielen. Winnicott sagt dazu: »*Wenn*

alles gut geht, kann das Kleinkind sogar einen Gewinn aus der Erfahrung der Frustration ziehen, da unvollständige Anpassung an das Bedürfnis dazu führt, daß die Objekte real, d. h. sowohl gehaßt wie geliebt werden« (S. 94 f.).
Wenn die Grenzen zwischen Innen- und Außenwelt etabliert sind, dient die introjektiv-projektive Bezogenheit dazu, ein enges Band zu den Objekten aufrechtzuerhalten. Introjektion kann zu Identifizierung führen, die dazu dient, die Selbstvorstellung der Objektvorstellung gleichzusetzen, aber unabhängig von ihr zu machen. Obwohl eine der frühesten Aufgaben des neuen Ichs die Differenzierung zwischen Selbst- und Objektvorstellungen ist, liefern frühe Identifizierungen, in denen ein Teil der Selbstvorstellung der bereits differenzierten Objektvorstellung gleichgesetzt wird, die Grundlagen für die Adaptations- und Abwehrfunktionen des Ichs und ermöglichen es dadurch dem Ich zu wachsen. Anna Freud (1936) wies darauf hin, als sie sagte: »Die Introjektion aus der Außenwelt ins Ich andrerseits bekomme erst dann die Bedeutung einer Bereicherung des Ichs, wenn vorher die Trennung des Besitzstands zwischen Ich und Außenwelt geklärt sei. Aber die Verhältnisse liegen gar nicht so einfach« (dt. S. 42).

Inkorporations- und Internalisierungsmuster der Introjektion und Identifizierung

Ich muß noch etwas über Identifizierung sagen, obwohl ich nicht die Absicht habe, alle Verzweigungen dieses Begriffs Revue passieren zu lassen. Unter den kritischen Betrachtungen zu diesem Gegenstand befinden sich die gemeinsame Arbeit von Miller, Pollock, Bernstein und Robbins (1968) und die Reihe der Beiträge von Meissner (1970, 1971). Knight (1940) stellte die Behauptung auf, daß der Terminus »Identifizierung« wahrscheinlich in mehr verschiedenen Bedeutungen benutzt worden sei als irgendein anderes psychoanalytisches Etikett, und Koff (1961) meinte warnend, daß jedes individuelle Mitglied der Familie »Identifizierung« sowohl mit seinem Vor- als auch mit seinem Nachnamen vorgestellt werden sollte. Man kann manche Formen der Identifizierung als Abwehrmechanismen des Ichs betrachten, andere sind hysterische (symptomatische) Manifestationen, die auftreten, wenn das Symptom die Erfüllung des Wunsches darstellt, jemand anderem in irgendeiner Weise zu ähneln — und zugleich die Strafe für diesen Wunsch. Ich will mich hier auf diejenigen Identifizierungen beschrän-

ken, die man aus der Perspektive der Entwicklung betrachten kann — insbesondere in bezug auf frühere Entwicklungsstadien.
Obwohl Freud 1896 und 1897 in seinen Briefen an Fließ über (hysterische) Identifizierung sprach, gab er doch vor den *Drei Abhandlungen zur Sexualtheorie* (1905) keine theoretische Formulierung der Identifizierung; dort bezeichnete er die Erfahrung des Saugens als eine wesentliche Befriedigung, die an die Oralzone gebunden und mit der Funktion der Nahrungsaufnahme verbunden ist. Das Sexualziel der Oralphase, die orale Einverleibung des äußeren Objektes, wurde zu einem Prototyp der Identifizierung. (Hier begann Freud die Identifizierung auch vom Standpunkt der Entwicklung zu sehen.) Nachdem Ferenczi (1909) den Terminus »Introjekt« benutzt hatte, wandte Freud (1917) die Vorstellung, die er bezeichnete, auf die Analyse der Trauer und der Melancholie an. Dies signalisierte die Anfänge der Erforschung der internalisierten Objektbeziehungen. Eine libidinöse Beziehung kann nicht aufgegeben werden, wenn das Objekt verloren ist, da das Ich sich mit dem verlorenen Objekt identifiziert. Darüber hinaus gibt der Verlust eines Liebesobjektes jeglicher Ambivalenz, die die Beziehung charakterisiert hatte, Gelegenheit, an die Oberfläche zu gelangen und sich mit einiger Stärke fühlbar zu machen. 1923, als Freud den äußeren Ursprung des Überichs beschrieb, das letztlich durch die Einverleibung zu einer inneren Struktur wird, nannte er das Ich einen Niederschlag aufgegebener Objektbesetzungen. Hendrick (1951) beschrieb die fundamentalen Unterschiede zwischen Identifizierungen, die für die Bildung des Ichs verantwortlich sind, und denen, die das Überich erklären. Zu den Identifizierungen, die zur Bildung des Überichs führen, gehört die gereiftere Objektbezogenheit eines Kindes, das die Auflösung des Ödipuskomplexes durchmacht, Ich-bildende Identifizierungen dagegen resultieren aus den primitiveren Beziehungen zum Objekt, die im frühen Kleinkindalter und in der Kindheit vorkommen. »Im Gegensatz zur Bildung des Überichs werden die frühen Ichidentifizierungen weitgehend abgeleitet von der Art und Weise, wie die Mutter Dinge tut, und nicht so sehr von den Verboten dessen, was das Kind tun möchte. Ichidentifizierungen tragen darum in hohem Maße zu der wachsenden Fähigkeit bei, die äußere Welt effektiv zu bewältigen« (S. 56). Darüber hinaus erinnert Hendrick daran, daß die frühesten Ichidentifizierungen nur partielle Funktionen des kindlichen Ichs umfassen, da das Kind auf dieser Ebene gezwungen ist, nur mit partiellen Objektwahrnehmungen und partiellen Funktionen umzugehen, da es noch nicht in der Lage ist, sie zu integrieren und das Totalobjekt zu besetzen. »Ichidentifizierung kann entweder die Fähigkeit hervorbringen, selbst die Macht auszuüben, die

ursprünglich einem anderen zugeschrieben wurde, z. B. einen Löffel so zu benutzen, wie die Mutter ihn benutzt, so daß das Kleinkind die Frustration vermeiden kann, wenn sie sich mit dem Füttern verspätet; oder, wenn die physiologische Fähigkeit des Kleinkindes, die tatsächliche Funktion zu reproduzieren, inadäquat ist, kann die Identifizierung in der Ausübung partieller Ersatzfunktionen resultieren; dies wird durch Freuds (1920) Beispiel eines Kleinkindes illustriert, das einen Ball wirft und ihn dann wieder zurückzieht, um sich in der Phantasie die Macht zu verschaffen, die Mutter zurückzuholen, wenn diese den Raum verlassen hat« (ebd.). Darüber hinaus stattet das Kleinkind durch seine Phantasien das Objekt mit Omnipotenz aus. Identifizierung mit einem solchen Objekt bringt ein Ich hervor, das ständig auf der Suche nach Omnipotenz ist, und kann im Erwachsenenalter ein nicht adaptives Verhalten verursachen.

Koff (1961) betrachtet »echte« Identifizierungen aus metapsychologischer Perspektive. Vom ökonomischen Gesichtspunkt her gesehen, ist Identifizierung ein Versuch, Libido zu bewahren, indem sie von einem äußeren auf ein inneres Objekt verschoben wird. Vom strukturellen Gesichtspunkt her betrachtet, führt eine echte Identifizierung zu Veränderungen im Selbst, mit dem Ziel, einem Objekt ähnlich zu werden. Dynamisch gesehen, bewahrt sie Libido, indem sie einen Teil des Selbst als Substitut für ein äußeres Objekt opfert. Letzteres wird aufgegeben, und das Ich erfährt die Identifizierung unbewußt als eine Bewegung des Objekts von der Außen- in die Innenwelt. Es mag genauer sein zu sagen, daß das äußere Objekt in manchen Fällen infolge der Identifizierung aufgegeben wird; in diesem Falle ersetzt die Identifizierung die Objektbeziehung. In anderen Identifizierungen, wie denen, die der Bildung des Überichs dienen, erlaubt die Identifizierung mit dem äußeren Objekt die Fortsetzung der Beziehung mit demselben Objekt in einer nun »von Libido und Aggression befreiten« Form (Greenson, 1964).

Einen wesentlichen Beitrag lieferte Hartmann (1939), als er Freuds Gedanken über die Einverleibung eines Teiles der Außen- in die Innenwelt erweiterte. Hartmann stellt fest: »Für die Phylogenese kann man den Satz vertreten, daß die Entwicklung der Lebewesen dahin führt, dem Organismus eine größere Unabhängigkeit von der unmittelbaren Beziehung zur Außenwelt zu geben, so daß Reaktionen, die sich ursprünglich gegenüber der Außenwelt abgespielt haben, in zunehmendem Maße ins Innere des Organismus verlegt werden. Die Entwicklung des Denkens, des Überichs, das Bewältigen einer inneren Gefahr, bevor sie eine äußere wird, usw., sind Beispiele für diesen Prozeß der Verinnerlichung« (dt. S. 38).

Später (1962) stellten Hartmann und Loewenstein fest, eine Internalisierung sei dann existent, wenn Regulative, die in der Interaktion mit der Außenwelt ins Spiel gebracht wurden, durch innere Regulative ersetzt werden. Diese Feststellung beinhaltet, daß die Internalisierung funktional-regulativ ist; diese Aspekte sind weiter ausgearbeitet worden in dem gelehrten Werk von Schafer (1968), der schreibt: »Internalisierung bezeichnet all diejenigen Prozesse, durch die das Subjekt reale oder imaginierte regulative Interaktionen mit seiner Umgebung und reale oder imaginierte Charakteristika seiner Umgebung in innere Regulative und Charakteristika transformiert« (S. 9). Schafer betrachtet die Identifizierung als Subkategorie der Internalisierung. Später (1973) argumentierte er, daß Internalisierung eine »pseudo-räumliche« Metapher sei, »die so vollkommen unvollständig und unbrauchbar ist, daß wir am besten daran täten, sie in der psychoanalytischen Konzeptualisierung zu vermeiden ... sie bezeichnet eine Phantasie und nicht einen Prozeß« (S. 434). Ich werde mich weiterhin auf seinen Beitrag von 1968 beziehen, da das Konzept der Internalisierung als Prozeß, der einem Prozeß der Externalisierung gegenübergestellt wird, zum Verständnis klinischer Manifestationen beitragen kann und ein Werkzeug zur Planung des technischen Vorgehens darstellt.
Die Termini »Introjektion«, »Inkorporation« und »Identifizierung« sind seit Freud nicht klar definiert worden, ja, sie wurden offenbar als auswechselbar betrachtet. Schafer, wie auch andere Theoretiker (Greenson, 1954), beleuchtet die Unterschiede zwischen diesen Begriffen; er sieht in der Identifizierung und der Introjektion zwei verschiedene Typen der Internalisierung. Introjektion bezeichnet den Prozeß, durch den Objektvorstellungen zu Introjekten werden, und in dieser Vorstellung besteht eine innere Beziehung zu dem Objekt weiter; Identifizierung dagegen bezeichnet die Modifizierung des subjektiven Selbst oder Verhaltens, oder beider, um die eigene Ähnlichkeit mit einem zum Vorbild genommenen Objekt zu vergrößern. Der Terminus »Inkorporation« andererseits wird nicht als Synonym für Internalisierung gebraucht. Schafer benutzt ihn, um eine spezifische, wunscherfüllte *primärprozeßhafte* Einverleibung des Objekts durch den Mund oder andere Körperöffnungen zu bezeichnen. Solche Ideen drücken dann entweder den Wunsch aus, die Beziehung zu der anderen Person im eigenen Selbst fortzusetzen (sie zu introjizieren), oder den Wunsch, bestimmte Aspekte ihres Wesens zu assimilieren (sich damit zu identifizieren). Solche Ideen sind gewöhnlich begleitet von Phantasien der Inkorporation durch andere — wie denjenigen, die in Lewins (1950) bekannter Triade von essen, gegessen werden und einschlafen erscheinen — oder der Aussto-

ßung einverleibter Objekte in Faeces, Erbrochenem usw. (Abraham, 1924).

Ich stimme Schafers (1968) Standpunkt zu, daß die primärprozeßhafte Inkorporation nicht nur in Zuständen wie Trauer und Melancholie erscheint, sondern »Grund zu der Annahme besteht, daß die primitiven infantilen Identifizierungen — diejenigen, in denen Selbst- und Objektvorstellungen direkt verschmelzen — gewünscht und erfahren werden als Inkorporation des Objekts durch das Selbst oder des Selbst durch das Objekt. Dies trifft aber nicht notwendigerweise oder gänzlich für die späteren Identifizierungen zu — jene z. B., die das Überich bilden« (S. 22). Ich werde diesen Typ primitiver Identifizierung in Kapitel 4 behandeln und dabei zeigen, wie er sich in der realen klinischen Erfahrung manifestiert.

Verbindende Objekte und Introjekte in ihrer Beziehung zu Selbst- und Objektvorstellungen

Ehe ich fortfahre, muß ich den Terminus »Introjekt« definieren, wie ich ihn benutze. Unter den zeitgenössischen psychoanalytischen Autoren besteht wenig Übereinstimmung darüber, was diese Entität eigentlich ist. Einige von ihnen, vor allem Jacobson (1964, 1971) und Kernberg (1967), vermeiden in geradezu auffälliger Weise die Anwendung dieses Terminus, wo andere ihn für angebracht halten würden. Für Giovacchini (1972a) scheint der Begriff Introjekt gleichbedeutend mit Objektvorstellung zu sein, und er benutzt abwechselnd beide Begriffe, obwohl er eine ziemlich spezifische Definition dessen gibt, was er unter einem Introjekt versteht, nämlich »Erfahrungen und Objekte, die ein Teil des Ichs geworden sind, aber eine eigene Struktur haben, die sie vom übrigen Ich unterscheidet« (S. 157).

Ich schlage vor, den Begriff des Introjekts zunächst von einem klinisch-deskriptiven und dann vom theoretischen Standpunkt her zu betrachten. Meine Arbeit mit Erwachsenen (Volkan, 1970, 1971, 1972, 1974b), die pathologisch auf den Tod eines ihnen nahestehenden geliebten/gehaßten Menschen reagieren, zeigt, daß Personen, die einen Verlust zu betrauern haben, in sich eine Vorstellung des Menschen, den sie verloren haben, tragen und zurückbehalten. Manche sagen sogar, sie hätten den Verstorbenen in ihrer Brust begraben. Eine solche Vorstellung hat in dem Patienten, der in einer pathologischen Trauer fixiert ist, eine unabhängige Existenz, die über Jahre hinaus fortbestehen und ihm die Möglichkeit zur Fortsetzung der vergangenen Beziehung geben kann.

Obwohl diese Beziehung zwangsläufig nur innerlich forgeführt werden kann, schließt sie doch — in der Wahrnehmung des Patienten — in jeder Hinsicht eine Interaktion zwischen zwei Menschen (bzw. ihren repräsentativen Teilen wie Gesicht, Kopf usw.) auf ambivalenter Ebene ein.

Einer meiner Patienten, dessen Halbbruder ertrunken war, behielt eine innere Vorstellung vom Gesicht und von der Stimme des toten Jungen und führte innerlich Gespräche mit ihm, während er zur Arbeit fuhr. Andere Patienten, die wegen pathologischer Reaktionen auf einen Verlust durch Tod behandelt wurden, beschworen das Bild des Toten, das als Fremdkörper in ihnen weiterlebte, zu verschwinden: »Verschwinde! Verschwinde!« (Volkan, 1971, 1972; Volkan, Cillufo und Sarvay, 1974). Es ist üblich, die inneren Vorstellungen in solchen Fällen »Introjekte« zu nennen. Der Psychoanalytiker versteht dieses Phänomen in metapsychologischen Kategorien, aber Patienten, die in einer pathologischen Trauer fixiert sind, beschreiben sie als konkrete Entitäten, als Fremdkörper. Der Patient empfindet das Introjekt mit seinem eigenen Geist und Körper als Teil des anderen Menschen, d. h. als Stimme, Gesicht usw. Kinder und Psychotiker beschreiben solche »inneren Präsenzen« (Schafer, 1968).

Ich stimme Schafers (1968) Meinung zu, daß »Objekte in Krisensituationen zu Introjekten zu werden scheinen (introjiziert werden) — z. B., wenn sie dringend gebraucht werden und nicht erreichbar sind, oder wenn sie in einem Aufruhr ambivalenter Gefühle gefangen sind. Beide, die Entstehung eines Introjekts und seine fortgesetzte Existenz, repräsentieren Versuche, schmerzliche Situationen mit dem äußeren Objekt zu modifizieren« (S. 73). Auf solche inneren Präsenzen bezieht man sich in der psychoanalytischen Literatur, wenn über Episoden berichtet wird, in denen der Analytiker ein Introjekt wird, das mit schon vorher existierenden Introjekten konkurriert oder allmählich in die reifende Überich-Organisation aufgenommen wird. Diesen psychoanalytischen Prozeß werde ich in Kapitel 4 behandeln.

Obwohl ich gesagt habe, daß Menschen, die in einer pathologischen Trauer fixiert sind, ihr Introjekt als Fremdkörper empfinden, der nichts anderes ist als die innere Vorstellung des Toten, ist die Situation doch, wie ich zeigen werde, erheblich komplexer. Eine Betrachtung der »verbindenden Objekte« (Volkan, 1972), die in Wirklichkeit von dem pathologisch Trauernden in magischer Weise benutzte *äußere* unbelebte Objekte sind, soll zum Verständnis des Typs von Introjekt, um den es hier geht, und seiner Beziehung zu den Objekt- und Selbstvorstellungen beitragen.

Ein im Zustand pathologischer Trauer fixierter Erwachsener ist in dem Stadium unkomplizierten Schmerzes »erstarrt«, das Bowlby und Parkes (1970) als »Verlangen, das verlorene Objekt wiederzufinden«, bezeichnen. Dieses Phänomen kann noch Jahre nach dem Eintreten des Verlusts konstatiert werden. Es ist insofern pathologisch, als es von der Furcht begleitet wird, daß ein solches Wiederfinden tatsächlich eintreten könnte (Volkan, 1974b). Der polare Gegensatz zwischen dem Verlangen, den Verstorbenen wiederzufinden, und der Furcht davor reflektiert den Ambivalenzkonflikt, der die Beziehung des Trauernden zu ihm charakterisierte. Ich habe auch beobachtet, daß in einer fixierten pathologischen Trauer beim erwachsenen Patienten die Suche und die Sehnsucht nach (ebenso wie die Furcht vor) der Rückkehr des Toten »unbewußt intensiviert wird und ... gewohnheitsmäßig und spezifisch genug ist, um als Abwehrmechanismus bezeichnet zu werden — Abwehr hauptsächlich gegen die Spannung der Ambivalenz und den Ausbruch von Derivaten jener aggressiven und libidinösen Triebe, die ursprünglich auf den Toten gerichtet waren« (Volkan, 1972, S. 216).
Die Suche und gleichzeitige Furcht des Patienten verbinden sich in seiner Wahl des spezifischen unbelebten Objekts, das er als verbindendes Objekt benutzt, sowie in der Art und Weise, wie er es benutzt. Obwohl der Trauernde ein »Objekt der letzten Minute« wählen kann — etwas, das gerade zur Hand war, als die Todesnachricht kam und das darum den letzten Augenblick festhält, in dem der Verstorbene noch für lebendig gehalten wurde, kommt es doch häufiger vor, daß er etwas wählt, das dem Toten gehörte, vielleicht etwas, das er trug. Das Objekt kann ein gemeinsamer Besitz gewesen sein, in Wirklichkeit oder in der Phantasie. Es kann auch eine symbolische Verkörperung des Verstorbenen sein, wie z. B. eine Fotografie.
Eine Patientin hatte als verbindendes Objekt ein rotes Kleid gewählt, das ihr selbst gehörte, das ihre Mutter jedoch während ihrer letzten Lebensmonate ständig getragen hatte. Diese Patientin, eine unverheiratete Frau, war in den Dreißigern, als ihre Mutter starb, und obwohl sie intellektuell realisierte, daß ihre Mutter nicht mehr am Leben war, leugnete ihr Verhalten diese Tatsache. Sie verlangte nach der Rückkehr ihrer Mutter, aber sie fürchtete sie auch.
Sie war das jüngste von sechs Kindern. Als sie sechs Monate alt war, hatte die Mutter sich schwere Verbrennungen zugezogen. Da sie daraufhin ein Jahr lang ans Bett gefesselt war, konnte sie ihre mütterlichen Funktionen in dieser Zeit nicht erfüllen. Die frühe Mutter-Tochter-Beziehung, die Elemente einer ungelösten Trennung und Individuation enthielt, manifestierte sich in den späteren Jahren als sadomasochi-

stisch. Während ihre Geschwister das Haus verließen, blieb die Patientin bei ihrer Mutter, die verwitwet und während der letzten zehn Jahre ihres Lebens aufgrund einer Diabetes amputiert war. Die Patientin hatte jedes unabhängige gesellschaftliche Leben, ein College-Stipendium und Gelegenheiten zur Heirat aufgegeben, um für ihre Mutter zu sorgen. Obwohl sie manchmal den Tod ihrer Mutter herbeiwünschte, blieb sie Tag und Nacht in regelmäßigen Abständen mit ihr in Kontakt, »um zu sehen, ob alles in Ordnung war«; sie rief sie mehrmals täglich von ihrer Arbeitsstelle aus an, schlief nachts am Fußende ihres Bettes und sah während der Nacht regelmäßig nach ihr.

Nach ihrem Tode erschien die Mutter oft in den Träumen und Phantasien ihrer Tochter, in das rote Kleid gehüllt, in dem sie gestorben war. Die Patientin hatte es während einer ihrer seltenen Ferienreisen für sich selbst gekauft, es jedoch ihrer Mutter auf deren Bitte hin gegeben. Es wurde zu einem verbindenden Objekt, einem mit Ambivalenz belasteten Verbindungsglied, das externalisiert, aber auch beiseite gelegt werden mußte. Die Tochter begann sich tatsächlich davor zu fürchten und bemühte sich, es nicht zu berühren.

Ich habe andernorts (Volkan, 1972, 1974b) die Unterscheidung zwischen einem verbindenden Objekt und einem Fetisch und zwischen verbindenden Objekten und Übergangsobjekten behandelt. (Zur weiteren Klärung dieser Problematik vgl. Kapitel 8). Das verbindende Objekt ist in spezifischer Weise mit einem Verlust assoziiert; sein Primärzweck ist die Bewältigung der Trennungsangst. Obwohl man sagen könnte, es repräsentiere das Wiedererscheinen eines frühen Übergangsobjekts im Leben des Erwachsenen, ist es in einzigartiger Weise »distanziert«, d. h., es wird in einer Kommode weggeschlossen oder in einen Schrank weggehängt, wie weder das Übergangsobjekt in der Kindheit noch der Fetisch im erwachsenen Alter es jemals erfordern. Der Trauernde besteht darauf, zu jeder Zeit zu wissen, wo es sich befindet, obwohl er gleichermaßen Interesse daran haben kann, es zu meiden, wie ihm seine Aufmerksamkeit zu widmen. Es verursacht unheimliche Gefühle und wird selten so benutzt, wie man gewöhnlich ein Andenken trägt oder benutzt, mit dem ein kontrollierbares Gefühl verbunden ist.

Meine Untersuchungen über das verbindende Objekt haben mich davon überzeugt, daß es einen äußeren Bezugspunkt schafft, an dem ein Teil der projizierten Selbstvorstellung des Patienten außerhalb seiner selbst mit einem Teil der projizierten Objektvorstellung von dem Verstorbenen zusammentreffen kann. Dieses Zusammentreffen ergibt ein Verbindungsglied, in dem die ambivalente Objektbeziehung nicht aufgegeben ist, sondern »erstarrt«. Obwohl es sein kann, daß der Patient sich große Mühe gibt, das Verbindungsobjekt aus seinen Augen zu verbannen, ist es für ihn sehr wichtig, jederzeit zu wissen, wo es sich befindet; die Ambivalenz, der Wunsch, den Verstorbenen auszulöschen, und die gleichzeitige Sehnsucht nach ihm, verdichtet sich in diesem Gegenstand; er liefert einen äußeren Bezugspunkt für die schmerzliche und unvollendete Trauerarbeit. Er macht es möglich, daß die internalisierten Objektbeziehungen mit dem Toten äußerlich fortgesetzt werden können.

Einer der interessantesten Aspekte des Konzepts eines verbindenden Objekts ist die Verschmelzung von Teilen projizierter Selbst- und Objektvorstellungen. Die Art von Introjekt, die oben als typisch für eine pathologische Trauer beschrieben wurde, dient weitgehend demselben Zweck; vom Standpunkt des Patienten aus ist der Fremdkörper in seinem Herzen ein Punkt (in diesem Fall ein innerer), an dem Selbst- und Objektvorstellungen zusammentreffen können. Abgesehen von vorübergehenden Erfahrungen der Verschmelzung mit dem Toten, besteht die innere Verbindung eines in pathologischer Trauer gefangenen Menschen mit dem Toten hauptsächlich durch das Introjekt, die äußere Verbindung durch das verbindende Objekt.

Natürlich hatte der pathologisch Trauernde in der Zeit, als der Tote noch lebte, eine Objektvorstellung von ihm, aber diese Vorstellung wurde nach seinem Tod und Verlust mit sehr viel mehr psychischer Energie besetzt. Unkomplizierte Trauer kann nicht nur den allmählichen Abzug der Besetzung von der Objektvorstellung des Toten implizieren, sondern auch eine nicht spaltende Identifizierung mit Teilen von ihr. Greenson (1954) vertritt die Auffassung, daß man bei depressiven Patienten die Introjektion des ambivalent erlebten Objekts ohne eine Transformierung, die auf eine Identifizierung hinweisen würde, beobachten kann. Dies ist der Zustand, den ich pathologische Trauer nenne, in der Überzeugung, daß der typische Patient, der an einer pathologischen Trauer leidet, keine totale Identifizierung erreicht. Auch Pollock (1961) hat diesen Umstand beschrieben. Ich glaube, daß in der Depression eine totale Identifizierung besteht und die Selbstvorstellung sich durch die Identifizierung mit jenen Teilen der Objektvorstellung (von dem Verstorbenen) ändert, die spaltende Elemente enthalten; in dieser Weise manifestiert sich klinisch die Selbstanklage des Trauernden. Der Erwachsene, der in einer pathologischen Trauer gefangen ist, befindet sich in einer kontinuierlichen, aber unstabilen Position zwischen den in der Depression stattfindenden Prozessen und den Prozessen unkomplizierter Trauer, da er seine Introjekte aufrechterhält.

Obwohl der Patient selbst sein Introjekt als eine Vorstellung eines Teiles des Verstorbenen wahrnimmt und beschreibt, zeigt sich bei genauerem Hinsehen, daß es — auch wenn es in der Tat vorwiegend eine Objektvorstellung ist — doch Elemente der Selbstvorstellung enthält. Tatsächlich ist es eine spezifische Art einer differenzierten Objektvorstellung, die nach Aufnahme in die Selbstvorstellung strebt, um eine Identifizierung zu erreichen, sowie nach einer hervorragenden Stellung unter vielen anderen Objektvorstellungen. Nicht alle Objektvorstellungen sind Introjekte. Das Introjekt ist funktional, da es diejenige Objektvorstellung ist, die sich in eine Identifizierung verwandelt, während sie diese insofern noch nicht erreicht, als sie sowohl Charakteristika einer Objektvorstellung als auch eine gewisse Getrenntheit beibehält — in Schafers Terminologie eine spezifische »innere Präsenz« —, eine Getrenntheit von anderen Selbst- und Objektvorstellungen.

Der psychotische und der pathologisch Trauernde kann über »innere Präsenzen« sprechen und diese als konkrete Entitäten behandeln; der Analytiker sollte das, was der Patient ihm beschreibt, jedoch nicht als konkret betrachten — oder phantasieren. Zweifellos aus diesem Grunde vermeidet Jacobson (1971) die Benutzung des Terminus »Introjekt« und zieht es vor, stattdessen von »Introjektion« zu sprechen, da dieser Begriff abstrakter ist. Wie ich bereits erwähnt habe, sind die »Karten«, die der Analytiker von der Bewegung der inneren Präsenzen anlegt, sehr gut geeignet, Situationen mitzuteilen, die eigentlich unbeschreibbar sind; der metaphorische Charakter des Terminus »Introjekt« sollte jedoch nicht vergessen werden, wie konkret auch immer der Patient das Introjekt beschreiben mag und wie gut der Begriff des Introjekts als eines Fixpunktes, auf dem die Identifizierung aufgebaut werden kann, theoretischen Zwecken dienen mag. Das Introjekt bleibt eine Abstraktion der Wahrnehmungen des Patienten, die uns mitzuteilen er sich bemüht. Die theoretische Natur dieses Begriffs wird noch deutlicher, wenn wir damit einen Vorläufer der psychischen Kraft im frühen Lebensalter bezeichnen, der Identifizierungen und schließlich die Bildung einer umfassenderen psychischen Struktur ermöglicht.

Wir wissen immerhin, daß es nicht die internalisierte Replik eines anderen Individuums (oder irgendeines seiner Teile) ist, die jene effektive Identifizierung fördert, die strukturelles Wachstum oder strukturelle Veränderung bewirkt. Wie Kohut (1971) betont, tritt, wenn der psychische Apparat erst einmal bereit ist zur Bildung von Strukturen, eine Auflösung jener Aspekte des Objektbildes ein, die internalisiert werden. Diese Auflösung geht dem Abzug der Besetzung von dem Objekt voraus. Dann tritt eine Depersonalisierung der integrierten Aspekte des Objektbildes ein. Der Schwerpunkt verschiebt sich vom totalen menschlichen Kontext der Persönlichkeit des Objekts auf spezifische Funktionen. So erreicht die innere Struktur die Fähigkeit, die Funktionen zu erfüllen, für deren Ausführung das Kind vorher vom Objekt selbst abhängig war.

Über den therapeutischen Prozeß

Loewald (1960) setzt die psychoanalytische Behandlung in Beziehung zum Prozeß der normalen Persönlichkeitsentwicklung. Ich stimme seiner Annahme zu, daß in den therapeutischen Prozessen der Psychoanalyse die Ichentwicklung wiederaufgenommen wird. Loewald verdeutlicht seine Auffassung, indem er sich auf Eriksons (1956) Konzept der Identitätskrisen bezieht. Obwohl zu dem Zeitpunkt, da der Ödipuskomplex untergeht, eine erkennbare Konsolidierung der Ichorganisation eintritt, ist die Ichentwicklung ein Prozeß, der sich, ohne daß irgendein Endpunkt gegeben wäre, fortsetzt, wenn er nicht von einer Psychose oder einer Neurose gestört wird. Wenn eine solche Störung ausbleibt, gelangt der psychische Apparat zu einer fortschreitenden höheren Integrierung und Differenzierung. Weitere Konsolidierungsperioden kommen hinzu, eine gegen Ende der Adoleszenz, andere in verschiedenen Phasen des Lebenszyklus. Eine Konsolidierung tritt immer nach einer Periode der Regression des Ichs ein, da eine Reorganisation immer von einer relativen Desorganisation eingeleitet wird. Erikson nennt diesen Vorgang Identitätskrise, und Loewald betrachtet das Fortschreiten der Übertragungsneurose in der Psychoanalyse als Induktion einer Desorganisation und Reorganisation des Ichs — mit einem Wort, als Motor der Ichentwicklung. Die Wiederaufnahme der Ichentwicklung in der Psychoanalyse ist abhängig von der Beziehung zu einem »neuen Objekt«, dem Analytiker. Seine »Neuheit« hängt nicht davon ab, daß er ein Objekt ist, dem man bis jetzt noch nicht begegnet ist, sondern »die Neuheit besteht in der Wiederentdeckung der frühen Wege der Entwicklung der Objektbeziehungen durch den Patienten, die zu einer neuen Art der Objektbezogenheit und einer neuen Art, man selbst zu sein, führt. Durch alle Übertragungsverzerrungen hindurch läßt der Patient zumindest Rudimente jenes Kerns [seiner selbst und seiner ›Objekte‹] erkennen, der verzerrt worden ist. Dieser Kern ist es, wie rudimentär und undeutlich er auch sein mag, auf den der Analytiker sich in der Interpretation der Übertragungen und der Abwehr bezieht, wenn er den Patienten erreichen will, und nicht ein abstrakter Begriff von Realität oder Normalität« (Loewald, 1960, S. 20).

Die Beziehung zwischen Kind und Elternfigur liefert ein Modell. Loewald erinnert daran, daß das Kind, wenn es Aspekte der Mutter internalisiert, gleichzeitig auch das Bild internalisiert, das die Mutter von ihm hat, wenn sie es sieht, fühlt, riecht, hört und berührt. So werden frühe Ichidentifizierungen nicht nur durch Einverleibung des Wesens der Mutter aufgebaut, sondern auch durch Einverleibung der Art und Weise, wie die Mutter ihr Kind sieht. »Das Kind beginnt sich selbst als eine zentrierte Einheit zu erfahren dadurch, daß man sich auf es konzentriert... Wenn die Analyse ein Prozeß sein soll, der zu strukturellen Veränderungen führt, müssen Interaktionen vergleichbarer Art stattfinden« (Loewald, 1960, S. 20).

Diese Gedankengänge erscheinen auch in Stracheys (1934) klassischem Beitrag über die therapeutische Wirkung der Psychoanalyse und die Bedeutung der Beeinflussung des Überichs. Es ist wahrscheinlich, daß die Wiederaufnahme der Ichentwicklung, die Modifizierung des Überichs und die Beherrschung der Triebe voneinander abhängige Prozesse innerhalb des gesamten psychoanalytischen Prozesses sind. Strachey meinte, daß das Überich durch die Einführung des Analytikers als eines neuen Objekts, das er als Hilfs-Überich bezeichnete, verändert werden könne. Sein Konzept mutativer Interpretationen umfaßt zwei Schritte: Der erste besteht in einer qualitativen Modifizierung des Überichs des Patienten, der zweite besteht darin, daß der Analytiker den Patienten auf die Diskrepanz hinweist zwischen seiner Sicht des Analytikers als eines archaischen Objekts (einer archaischen Objektvorstellung) und seiner gleichzeitigen Wahrnehmung des Analytikers als eines äußeren Objekts in der realen Welt: »Das ursprüngliche Überich des Patienten ist... ein Produkt der Introjektion seiner archaischen Objekte, verzerrt durch die Projektion seiner infantilen Es-Impulse. Ich habe auch darauf hingewiesen, daß unser einziges Mittel, das Wesen dieses strengen ursprünglichen Überichs zu verändern, in der Vermittlung eines Hilfs-Überichs besteht, das das Produkt der Introjektion des Analytikers als Objekt durch den Patienten ist. Der Prozeß der Analyse kann von diesem Standpunkt aus als Infiltration des strengen und unbeugsamen ursprünglichen Überichs durch das Hilfs-Überich mit seinem engeren Kontakt zum Ich und zur Realität angesehen werden. Diese Infiltration ist das Ergebnis der mutativen Interpretationen; und sie besteht in einem wiederholten Prozeß der Introjektion von Imagines des Analytikers — d. h. von Bildern von einer realen Person und nicht einer archaischen und verzerrten Projektion —, so daß die Qualität des ursprünglichen Überichs allmählich verändert wird« (S. 157).

Später (1956) stellte Heiman fest: »Was wirklich das archaische Über-

ich verändert und ihm seinen dämonischen oder gottähnlichen Charakter nimmt, sind Prozesse im Ich: sein bewußtes Erkennen seiner Impulse, das Akzeptieren seiner Verantwortlichkeit für diese Impulse und der Abzug seiner Projektionen von seinem äußeren und introjizierten Objekt ... Mit der Modifizierung des Ichs verändert auch das Überich seinen Charakter« (S. 308).
Was Loewald (1960) beschrieb — die Kind-Eltern-Beziehung, die sich in dem therapeutischen Prozeß von Borderline-Patienten und Psychotikern entwickelt — tritt ein »auf Ebenen, die denen der frühen Kind-Eltern-Beziehung relativ nahestehen und ähnlich sind. Je weiter wir uns von Fällen mit einem schweren Ichdefekt entfernen, desto stärker spielen sich diese integrierenden Prozesse auf höheren Ebenen der Sublimation und in Formen der Kommunikation ab, die sehr viel komplexere Organisationsstadien zeigen« (S. 21).
Solche Beobachtungen werden auch von anderen Analytikern gemacht. Cameron (1961) z. B. meint, daß ein Vorgehen auf archaischen Ebenen, obwohl es Probleme mit sich bringt, Patienten wie denen, die hier zur Diskussion stehen, erlaubt, »das Äquivalent früher Partialidentifizierungen auf eine Weise zu benutzen, wie ein reifer entwickeltes psychisches System es nicht könnte. Es mag sogar möglich sein ... noch im Erwachsenenalter mit archaischer Vollständigkeit massiv zu introjizieren und dann fähig zu sein, das neue Introjekt zu assimilieren, wie ein Kleinkind es tun würde, so daß das Introjekt als solches verschwindet, einige seiner Eigenschaften jedoch bleiben« (S. 95). Giovacchini (1972b) benutzt den Terminus »analytisches Introjekt«, wenn der Analytiker einverleibt wird, um dem Patienten eine analytische Haltung zu verschaffen, die er als eigene charakterologische Modalität benutzen kann.

Wie man in der Übertragungspsychose zum »analytischen Introjekt« wird

Strachey (1934) hat darauf hingewiesen, wie wichtig es ist, daß der Patient seinen Analytiker als »reale Gestalt« kennenlernt. Anna Freud (1954) stellt fest, daß viele Analytiker der Auffassung sind, die phantasierte Beziehung eines Patienten zu seinem Analytiker — die Übertragung — sei zu Beginn der Behandlung am stärksten. Dann arbeite er mit Hilfe von Interpretationen seine Übertragungsneurose durch, und erst am Ende seiner Behandlung komme eine reale Beziehung zustande. Anna Freud räumt ein, daß dies für Psychotiker und Borderline-Patienten zutreffen mag, für den gewöhnlichen Neurotiker jedoch das Gegenteil gilt. Der Patient beginnt die Analyse mit einer realistischen Einstellung in bezug auf den Analytiker, diese tritt jedoch in den Hintergrund, wenn sich die Übertragungsneurose voll entwickelt. Wenn diese durchgearbeitet ist, kann die Gestalt des Analytikers wieder auftauchen. Aber »soweit der Patient über einen gesunden Teil seiner Persönlichkeit verfügt, ist seine reale Beziehung zum Analytiker niemals gänzlich verschüttet«.

Greenson (1969) konstatiert, daß das Zulassen der »realen« Beziehung in der Psychoanalyse nicht-analytisch, aber nicht anti-analytisch ist. Seiner Ansicht nach ist es eher die »reale Beziehung« als die positive Übertragung, die der Kern des Arbeitsbündnisses zwischen dem Patienten und seinem Analytiker ist. Im Grunde, fügt Greenson hinzu, sind nur Patienten mit der Fähigkeit zu übertragungsfreien (realen) Reaktionen analysierbar. Wenn der Patient nicht zu übertragungsfreien Reaktionen fähig ist, braucht er eine vorbereitende Psychotherapie, um Objektbeziehungen bilden zu können, die auf zuverlässigen Wahrnehmungen basieren. Wenngleich immer die Gefahr des Mißbrauchs der »realen« Beziehung besteht — d. h. sie kann eine Befriedigung mit Verführungscharakter enthalten —, sollte man ihre Bedeutung, besonders für psychotische Patienten und Borderline-Fälle, doch nicht vergessen.

Der Ausdruck »reale Gestalt« kann insofern irreführend sein, als er sich auf den Analytiker als soziale Person mit eigenem Namen, eigener Versicherungsnummer und einem eigenen Lebensstil bezieht — als Modell, das der Patient zu kopieren hat. Kernberg (1972b) nimmt das Thema der »realen Person« im Zusammenhang mit der Behandlung von Borderline-Patienten auf: »Wenn der Ausdruck ›reale Person‹ sich auf die direkten und offenen Eingriffe des Therapeuten bezieht, seine Bestimmung von Struktur und Grenzen und seine aktive Weigerung, sich in regressive Gegenübertragungsfixierungen zwingen zu lassen, dann wäre der Therapeut wirklich eine reale Person. Wenn ›reale Person‹ jedoch bedeutet, daß der Therapeut auf die regressiven Übertragungsreaktionen der Borderline-Patienten — auf ihre übermäßigen Forderungen nach Liebe, Aufmerksamkeit, Schutz und Geschenken — reagieren sollte, indem er mehr ›gibt‹, als es eine objektive, professionelle Beziehung zwischen Psychotherapeut und Patient erlaubt, dann muß man dagegen sein, daß der Therapeut zu einer ›realen Person‹ gemacht wird« (S. 273).

Es ist eine klinische Tatsache, daß die von diesem Typ von Patienten manifestierte exzessive Abhängigkeit aus der Reaktivierung primitiver internalisierter Objektbeziehungen in der Übertragung stammt. »Das Durcharbeiten der negativen Übertragung, die Konfrontation der Patienten mit ihrem Mißtrauen und ihrem Haß sowie mit der Art und

Weise, wie dieses Mißtrauen und dieser Haß ihre Fähigkeit zerstören, sich auf das zu verlassen, was der Psychotherapeut wirklich geben kann, kommen ihren Bedürfnissen besser entgegen« (ebd.).

Eine der klinischen Manifestationen der Reaktivierung primitiver internalisierter Objektbeziehung ist der Versuch des Patienten, im Übertragungsprozeß mit seinem Therapeuten zu verschmelzen oder ihn in seine introjektiv-projektive Bezogenheit einzuschließen. Während das Einschließen des Therapeuten in die introjektive Bezogenheit des Patienten auf einer Ebene als Eingesogenwerden des Therapeuten in die Pathologie des Patienten betrachtet werden kann, wird der Therapeut gerade durch die Wiederholung solcher introjektiv-projektiven Mechanismen als zunächst nur flüchtiges, am Ende jedoch stabiles Introjekt einverleibt. Es ist behauptet worden, daß aufgrund psychotischer Übertragungsverzerrungen die Objektvorstellung und das Analytiker-Introjekt zunächst nach archaischen Objektvorstellungen oder archaischen Introjekten gebildet werden. Der Analytiker wird in der Tat zu verschiedenen Zeitpunkten in multiplen fragmentierten oder gespaltenen Vorstellungen einverleibt. Es ist die »Realität« des Analytikers, wie Kernberg sie beschrieben hat, die schließlich den Charakter des Analytiker-Introjekts beeinflußt, indem sie es zu einem funktionalen analytischen Introjekt macht, dessen erhoffte Assimilierung eine strukturelle Veränderung herbeiführt. Darum ist im allgemeinen jedes Manöver des Analytikers, mit dem er sich seinem Patienten selbst als Vorbild anbietet, ein verführender Eingriff, der Angst hervorruft und die Möglichkeiten der Ichbildung verringert. Trotzdem hat man Techniken anzuwenden versucht, die die Introjektion des Therapeuten durch den Patienten und seine Identifizierung mit ihm begünstigen sollten (Rosen, 1953; Scheflen, 1961). Diese Techniken mögen aus der fälschlichen Auffassung des Therapeuten herrühren, daß die introjektiven Prozesse mechanische Vorgänge und das Introjekt und die Objektvorstellung etwas Konkretes seien.

Es sollte noch angemerkt werden, daß die in der Übertragungspsychose auftretende Internalisierung eher den Versuch anzeigen kann, eine primitive Beziehungsform zu erhalten, als daß sie der Bildung von Ich und Überich dient. Searles (1951) wies in einem frühen Beitrag darauf hin, daß die »Einverleibungsprozesse« innerhalb der Übertragungs-Gegenübertragungsbeziehung, wenn sie als Angstabwehr benutzt werden, »manchem schwer zu überwindenden Stillstand in der psychoanalytischen Therapie zugrunde liegen können«. Kernberg äußert sich ähnlich warnend (1972b). Der Analytiker würde die Internalisierung seiner selbst als eines »Vorbilds« forcieren, wenn er viele persönliche Informationen über sich selbst geben oder in einem Austausch, den ich nur anti-psychoanalytisch nennen kann, mitteilen würde, wie er sein eigenes Leben bewältigt. Der Analytiker muß versuchen, genau zu verstehen, was er repräsentiert, wenn er von seinem Patienten einverleibt wird; dieses Verständnis wird ihm zeigen, welche spezifischen Funktionen das Analytiker-Introjekt zu bestimmten Zeitpunkten erfüllt.

Wie kann ein Analytiker sich darauf vorbereiten, seinem Patienten bei der Bildung eines analytischen Introjekts zu helfen, während er eine Übertragungspsychose durcharbeitet? Die Fähigkeit des Analytikers dazu basiert auf seiner Erfahrung in seiner eigenen Analyse und der dort geleisteten Auflösung regressiver Aspekte, auf seiner überwachten und nicht überwachten Arbeit mit neurotischen Patienten, seiner intellektuellen Kenntnis der frühen psychischen Entwicklung und auf seiner gegenwärtigen Fähigkeit, die analytische Position aufrechtzuerhalten. Dennoch hat die Beziehung innerhalb einer psychotischen Übertragung auch für den Analytiker eine gewisse »Neuheit«; die Intensität der Bezogenheit, die der Patient zu erreichen strebt (indem er die Beziehung der Intensität der frühen Mutter-Kind-Einheit nachbildet), die abrupten Verschiebungen in der Art, wie sein Patient ihn wahrnimmt — all dies ist der gewöhnlichen Existenz des Analytikers fremder als die Form der Bezogenheit und die Probleme, mit denen er sich als Therapeut bei neurotischen Patienten auseinandersetzen muß. Außerdem ist die Distanz zwischen der beobachtenden Haltung des Therapeuten auf höherer Ebene und der Regression, die er durchmacht, um dem anderen zu helfen (Olinick, 1969), nicht nur größer als die Distanz zwischen ihm und dem neurotischen Patienten, sondern auch anhaltender. Bevor der Analytiker nicht ein »Arbeits-Ich« (Olinick u. a., 1973) für diese Art von Aufgabe gefunden hat, wird es ihn ungeheure Energie kosten, sich effektiv mit den Übertragungsmanifestationen eines Patienten auseinanderzusetzen, der als dominierendes Element des größeren Teils seiner Behandlung seine primitive internalisierte Objektbeziehung reaktiviert.

4

Introjektion des und Identifizierung mit dem Therapeuten und die Veränderung der psychischen Struktur des Patienten

Dieses Kapitel beschreibt Patienten, die sich ständig um ihre Ich- (und Überich-)bildung bemühen. Ihre Beziehung zum Therapeuten wird von einer introjektiv-projektiven Bezogenheit beherrscht. Wenn der Therapeut sich in diesen Teufelskreis hineinziehen läßt, bringt diese Erfahrung dem Patienten mit einer Übertragungspsychose keinen therapeutischen Gewinn, da dieser anfänglich den Therapeuten nicht von archaischen Selbst- und Objektvorstellungen oder archaischen Introjekten differenzieren kann. Dieser Kreislauf kann sogar die triebhaften Bedürfnisse des Patienten befriedigen und so dem therapeutischen Durcharbeiten erheblichen Widerstand entgegensetzen. Erst wenn der Patient den Therapeuten vom archaischen Bild differenziert, kann die Introjektion der Funktion des Therapeuten und die Identifizierung mit ihr der Veränderung schon bestehender und/oder der Bildung neuer Strukturen dienen. Es werden klinische Beispiele angeführt, die spezifische Illustrationen der Internalisierung des Therapeuten durch Patienten dieses Typs bieten; in diesen Beispielen geht der Prozeß der Internalisierung einher mit primärprozeßhaften Vorstellungen von Inkorporation. Die Internalisierungen werden grob symbolisiert als Einverleibung von etwas, das aus der Außenwelt kommt, durch Körperöffnungen. Die bewußte Auswahl dieser Beispiele wird hoffentlich — deutlicher als eine Reihe subtilerer und komplizierterer Beispiele von Introjektion und Identifizierung — die Art der Vorstellung illustrieren, wie der Therapeut einverleibt wird, mit welchen Ergebnissen, unter verschiedenen Bedingungen und in verschiedenen Phasen der Behandlung. Die Untersuchung primitiver Identifizierungen innerhalb des klinischen Rahmens kann dem Analytiker das Handwerkszeug liefern, mit dem er die frühe Strukturbildung und -veränderung erforschen kann.

Grob symbolisierte Internalisierungen

Das empirische Beweismaterial aus der Psychoanalyse zeigt, daß die Akzeleration des Introjektions- und Identifizierungsprozesses gewöhnlich von zahlreichen oralen — oft kannibalischen — Phantasien begleitet wird (Hendrik, 1951). Die Primärprozeß-Vorstellung der Einverleibung des Objekts durch den Mund, andere Körperöffnungen oder die Haut drückt entweder den Wunsch aus, die Beziehung zum andern im eigenen Inneren fortzusetzen (ihn zu introjizieren), oder den Wunsch, einzelne Aspekte seines Wesens zu assimilieren (sich mit ihnen zu identifizieren). Die klinische Erfahrung zeigt, daß sehr primitive Identifizierungen von Einverleibungsideen begleitet und als Einverleibungen von Objektvorstellungen erfahren werden. Schafer (1968) erinnert daran, daß die Situation bei späteren Identifizierungen, wie etwa denen, die zur Konstituierung des Überichs gehören, anders ist. Es wäre z. B. zu simplifizierend, das Überich als einverleibte väterliche Phallus-Imago zu betrachten. Schafer bemerkt, daß in diesem Beispiel das einverleibte Objektbild nicht eine Reihe von moralischen Imperativen mit sich bringt und daß es nicht notwendigerweise nach seiner Einverleibung diejenigen Qualitäten des Selbst annimmt, ohne die keine Identifizierung stattfinden kann. Bei späteren Identifizierungen tritt eine Depersonalisierung der integrierten Aspekte der Objektvorstellung und eine Verschiebung des Schwerpunkts vom menschlichen Kontext der Persönlichkeit des Objekts auf bestimmte seiner spezifischen Funktionen ein (Kohut, 1971).

Die Untersuchung primitiver Identifizierungen in klinischem Rahmen kann dem Analytiker Instrumente liefern, mit deren Hilfe er die frühe Strukturbildung und -veränderung erforschen kann. Dieses Kapitel beschäftigt sich mit solchen erwachsenen Patienten, die eher das zeigen, was man eine Übertragungspsychose nennen würde, als die für den analytischen Prozeß klassische Übertragungsneurose. Ich beziehe mich dabei nur auf Aspekte der Behandlung, die vor einer signifikanten Veränderung des psychotischen Kerns auftreten. Typischerweise bringen diese Patienten einige nicht-psychotische Seiten in die Behandlung, die in der Art der Übertragungsneurose reagieren. Obwohl deshalb gelegentlich auch neurotische Symptome Beachtung verlangen (Boyer, 1967), darf man nicht vergessen, daß kein Versuch, die Probleme des Patienten mit Hilfe der Interpretation von Aspekten der Übertragungsneurose durchzuarbeiten, ausreichen wird, den wirklich psychotischen Kern zu modifizieren, der auf äußere Objekte mit der Reaktivierung primitiver internalisierter Objektbeziehungen reagiert.

Diese Patienten, die entweder schizophren sind oder eine Borderline-Struktur haben, werden hier beschrieben, weil sie in ihrer zeitweiligen Unfähigkeit, Symbole auf einer höher entwickelten Ebene zu benutzen, offen den introjektiv-projektiven Aspekt primitiver internalisierter Objektbeziehungen, der mit körperlichen Funktionen wie Essen und Ausspucken assoziiert ist, manifestieren. Bei diesen Patienten steht die primitive Symbolik, den Analytiker — oder einen Teil von ihm — zu essen, nicht nur für die auf ihn gerichteten Einverleibungsideen, sondern für die Internalisierung des Analytikers selbst. Was in dem einfachen Prozeß des Essens oder Ausspuckens ins Spiel gebracht wird, kann Einblick in weit subtilere Prozesse geben, in denen Patienten im Laufe der Übertragung das Analytikerbild einverleiben oder ausstoßen. Die Benutzung dieses physischen Modells zur Symbolisierung der Internalisierungsvorgänge in ihrer einfachsten Form sollte jedoch, so brauchbar es auch sein mag, nicht zu einer allzu vereinfachenden Auffassung eines komplexen psychologischen Prozesses führen.

Der Patiententyp, von dem hier die Rede ist, wird aus seinen Erfahrungen mit äußeren Objekten wenig Neues gewinnen, da seine primitive Form der Objektbezogenheit ihn dazu führt, alles, was er internalisiert, als Verkörperung archaischer, ihrerseits ursprünglich durch Triebe und Phantasien verzerrter Introjekte anzusehen. Statt die Konstituierung der Ichintegrität und einer integrierten Selbstvorstellung durch die Assimilierung neuer Introjektionen zu fördern, begibt sich der Patient in einen Kreislauf der Re-Produktion und Re-Introjektion von etwas, das kaum von dem schon Vorhandenen zu unterscheiden ist.

Auch der Analytiker wird in diesen Kreislauf einbezogen, zunächst als Repräsentant der archaischen Objektvorstellungen, der projizierten Selbstvorstellungen oder der archaischen Introjekte des Patienten. So gelingt es dem Patienten nicht, durch die erste Introjektion des Analytikers, die internalisierte Vorstellung von ihm, eine analytische Haltung zu finden, die er als eigene charakterologische Modalität benutzen könnte. Mit anderen Worten, das, was der Patient vom Analytiker introjiziert, ist zunächst kein analytisches Introjekt. Während des Durcharbeitens in der Behandlung differenziert sich der Analytiker jedoch Stück für Stück von den archaischen Objektvorstellungen und archaischen Introjekten, so daß sich die Vorstellung, die der Patient von ihm internalisiert hat, verändern kann; auf diese Weise kann der Patient seinerseits das Wesen seiner archaischen Introjekte verändern. Das primäre Ziel der Therapie bei Borderline-Patienten und Psychotikern ist zunächst die Veränderung oder Ablösung existierender Ich-Überich-Introjekte (Boyer, 1961, 1967, 1971; Volkan, 1968; Volkan und Luttrell, 1971; Giovacchini, 1972a).

Darum ist es die Aufgabe des Analytikers, genau abzuschätzen, was er repräsentiert, wenn er von einem Patienten »einverleibt« wird. Primitive Identifizierungen, die von Einverleibungsideen begleitet werden, helfen dem Analytiker, diesen Prozeß und seine ziemlich offenkundigen

Bedeutungen zu beobachten. Im folgenden werde ich zuerst grob symbolisierte Internalisierungen beschreiben und dann zeigen, wie das analytische Introjekt mit dem archaischen Introjekt konkurriert, nachdem es von ihm differenziert ist, und wie differenzierte analytische Introjekte allmählich das Übergewicht über die archaischen Introjekte bekommen und Integration und Veränderung bzw. die Konstituierung einer neuen Struktur einleiten können.

Klinische Beispiele

Ich lernte Jane, eine junge Frau, nach einer kurzen Periode einer akuten Psychose vor ihrem Staatsexamen kennen. (Einzelheiten über ihren Fall siehe Kapitel 6). Da der Abschluß ihres Studiums für ihre Selbstachtung unerläßlich war, kehrte sie nach neun Monaten, in denen sie vier Stunden wöchentlich mit mir gearbeitet hatte, auf die Universität zurück. Während ihrer dafür erforderlichen sechsmonatigen Abwesenheit war unser Kontakt auf eine Nachmittags- und eine Vormittagsstunde wöchentlich beschränkt, die sie durch eine Übernachtung zuhause möglich machte. Danach hatte sie wieder vier Wochenstunden und unterzog sich schließlich einer Analyse auf der Couch; diese Analyse wurde sechs Jahre nach unserer ersten Begegnung erfolgreich abgeschlossen.
Während der sechs Monate, die sie auf der Universität verbrachte, waren unsere Sitzungen durch ihre introjektiv-projektive Form der Bezogenheit gekennzeichnet. In der Zeit, die sie bei mir verbrachte, begann sie, mich zu introjizieren. Ich spürte dies; wenn sie bei mir war, hatte ich das Gefühl, für ein Bild zu posieren. Sie betrachtete mich mit halb zugekniffenen Augen, als ob sie ihre Augen als fotografische Linse benutzte. Diese ihre Angewohnheit erinnerte mich an einen jungen schizophrenen Patienten, der sich zeitweise für eine Kamera hielt. Luttrell und ich haben seinen Fall beschrieben (1971). Fox (1957) berichtete über den Fall eines Fotografen, der seine Kamera als Organ zur visuellen Einverleibung und zur Befriedigung seiner inkorporativen Strebungen benutzte.
Je näher das Examen kam, desto größer wurde der Streß, unter dem das Mädchen stand. Ihr simuliertes Fotografieren nahm deutlich übertriebene Formen an. Sie bat mich zu lächeln und mein Gesicht dem Licht zuzuwenden. Ich tat ihr diesen Gefallen nicht, aber ich interpretierte auch nicht, was sie tat. Als sie einmal einen Schnappschuß von sich selbst mitbrachte, um ihn mir zu zeigen, sagte ich ihr, ich hätte seit eini-

ger Zeit bemerkt, daß sie »Fotos von mir machte«. Daraufhin berichtete sie von der extremen Angst, die sie auf der Universität, so weit von mir entfernt, ausgestanden hatte, und wie sie diese Angst bewältigt hatte, indem sie in eine Dunkelkammer ging und mich im Geiste herbeirief, indem sie »mein Bild entwickelte«. Auf diese Weise fühlte sie meine Gegenwart und ihre Angst milderte sich. (Dieser Prozeß hatte auch eine Abwehrfunktion, da sie nicht mich introjizierte, sondern meine *Abbildung*.) In diesem Beispiel war der Analytiker eine »gute«, beschützende Objektvorstellung.
Im folgenden Fall externalisierte die Patientin während einer bestimmten Phase ihrer Behandlung aggressive Selbst-Objekt-Bilder auf ihren Analytiker und hatte das Bedürfnis, sich gegen die Internalisierung seiner Person zu wehren. Diese Patientin, Tochter einer narzißtischen Frau und eines schwachen Mannes, war Ende zwanzig. Während ihrer Kindheit hatte man ihre Ängste mit Einläufen behandelt, die ihr beinahe täglich entweder von einem Elternteil oder von einer ihrer beiden älteren Schwestern gemacht wurden. Als sie fünfzehn war, hatte sie ein Stück Faeces in Papier gewickelt und es einer ihrer Schwestern gegeben; nach dieser Episode wurden die Einläufe eingestellt.
Nachdem sie mit fünfundzwanzig Jahren geheiratet hatte, überredete sie jedoch ihren Ehemann, ihr wieder Einläufe zu machen. Zu dieser Zeit war sie auch von Schlaftabletten abhängig. Ihre Analyse begann einige Jahre nach ihrer Heirat. Trotz ihrer körperlichen Schönheit hatte ich zeitweise, wenn sie auf der Couch lag, das Gefühl, daß sie kaum mehr war als ein Magen-Darm-Kanal oder ein »Regenwurm« (Suslick, 1963). Was in ihren Mund und aus ihrem Rektum kam, konnte sie beherrschen. Ihre Erfahrungen mit den Einläufen verdichteten sich mit ihren Urszenen-Phantasien. In der Übertragungssituation versuchte sie, in mir den Wunsch zu wecken, in ihren Körper einzudringen; gleichzeitig fürchtete sie jedoch ein solches Eindringen. Sie erlebte ihre Analyse wie einen Einlauf, da sie das Gefühl hatte, daß der Analytiker in ihren Eingeweiden arbeitete. Darum mußte sie sich davor schützen, mich als das böse, in sie eindringende Objekt zu internalisieren.
Im achten Monat ihrer Analyse, direkt nach meinen Ferien, in denen ich für sie zur gleichgültigen frühen Mutter geworden war, kam sie zur Sitzung und aß »Lifesavers« *, von denen sie jedesmal einen in den Mund stopfte, wenn sie Angst hatte, wobei sie phantasierte, daß mich dies aus ihr heraushalten würde. Zuhause führte sie sich täglich eine Einlaufspritze ein zur Vergewisserung, daß sie alles, was in ihr Rektum

* Markenname einer Art saurer Drops. (Anm. d. Übers.)

eindrang oder aus ihm herauskam, unter Kontrolle hatte. Inzwischen behielt sie »nur gute« Selbst- und Objektvorstellungen in ihrem Innern. Der Gebrauch von »Lifesavers« dauerte einige Monate, danach brachte sie andere Süßigkeiten mit. Ich begriff, daß ihre Angst, mich zu internalisieren, für sie nun keine Frage auf Leben und Tod mehr war, und daß ich mich von den archaischen »bösen« Selbst- und Objektvorstellungen in gewisser Weise unterschied. Einige Monate später, *nachdem* ich gemerkt hatte, daß ich ihr Verhalten adäquat interpretiert hatte, vor allem den aggressiven Aspekt dieses Verhaltens — d. h. die Vorstellung, daß mein »Eindringen« ihre Eingeweide zerstören könnte —, ihr symptomatisches Verhalten jedoch trotz der adäquaten Interpretation andauerte, sagte ich ihr, daß ich effektiver mit ihr arbeiten könnte, wenn sie während der Sitzungen keine Süßigkeiten im Munde hätte. Sie reagierte erwartungsgemäß und zeigte Angst, die ich für die Durcharbeitung nützen zu können hoffte.

Obwohl der Analytiker hier einer Interpretation gemäß handelte, die er für adäquat hielt, um ein bestimmtes Verhalten zu hemmen, anstatt darauf zu warten, daß die Patientin ihr Verhalten von selbst änderte, sollte man diesen Schritt nicht als unvereinbar mit der Aufgabe des Analytikers ansehen, die Projektionen des Patienten lange genug zu tolerieren, um die notwendigen Zusammenhänge mit ihren intrapsychischen Aspekten herstellen zu können, und dem Patienten die Möglichkeit zu geben, sich durch die Re-Internalisierung des Analytikers die gleiche Toleranz »einzuverleiben«. Eine auf diese Weise erworbene Eigenschaft wird möglicherweise beibehalten; man denke an das, was Giovacchini (1967a) in bezug auf Charakterstörungen gesagt hat: »Zu Beginn der Behandlung sollten Interpretationen nicht viel spezifischen Inhalt haben. Der Patient projiziert vom allerersten Gespräch an, wobei manche seiner Projektionen ganz offensichtlich sind, andere subtiler. Wenn man die Projektionen ständig interpretiert, verursacht man eine Konfliktinternalisierung. Die Absicht des Analytikers ist es, sich auf das Intrapsychische zu konzentrieren, und wenn es dem Patienten gelingt, das gleiche zu tun, hat er beträchtliche Sicherheit gewonnen« (S. 224).

Aspekte der Interpretation und die »Realitätsbasis« zu Beginn der Behandlung

Die Interpretation ist das wichtigste Instrument des Analytikers in der psychoanalytischen Behandlung sowohl neurotischer als auch psychotischer Patienten. Boyer (1971) hält die Interpretation in der Behandlung der Schizophrenie für das wichtigste Mittel zur Ichstrukturierung, aber er hält sie nicht für optimal wirksam, ehe nicht die Besetzung »schlecht angepaßter Introjekte« nachgelassen hat und gesündere Introjekte an ihre Stelle zu treten beginnen. Er betont den großen Wert der Begegnung des Patienten mit einem ruhigen, ihn akzeptierenden, objektiven, nicht korrumpierbaren und wesentlich optimistischen Analytiker, der ihm ein Verhaltensmodell gibt, mit dem er sich identifizieren kann. Boyers (1967) »Sprechzimmerbehandlung« schizophrener Patienten »beginnt mit der ständigen, geduldigen Konfrontation des Patienten mit Entstellungen, Widersprüchen und sonstigen Realitätsverleugnungen. Gleichzeitig erhält er Deutungen, die sich gewöhnlich auf die Abwehrfunktion der Produkte seines psychotischen Denkens beziehen« (dt. S. 120). Er schlägt vor, daß der Analytiker sich zu Anfang nicht auf das Material konzentriert, das sich aus den sexuellen Trieben *per se* ergibt, es sei denn, daß eine erotisierte Übertragung aufzutreten droht, die unkontrollierbar werden und seine Interpretation der aggressiven Aspekte des präsentierten Materials hemmen könnte. Darüber hinaus zieht Boyer es vor, sich eher mit depressivem Material zu beschäftigen, als paranoide Ideen zu verfolgen, und fügt hinzu: »Beide Änderungen [in der Technik] sind Ausdruck meiner wachsenden Überzeugung, daß Ich-Introjekte nicht modifizierbar sind, wenn man nicht gleichzeitig auf die Überich-Introjekte mit dem Ziel einwirkt, den archaischen, sadistischen Charakter dieser seelischen Instanz zu mildern« (ebd.).

In der Behandlung des von mir beschriebenen Patiententyps kann die Analyse der ödipalen Konflikte erst nach der Auflösung prägenitaler Konflikte vorgenommen werden. Die Interpretationen sollten den Abwehrcharakter der Produkte des Patienten hervorheben; ich stimme mit Boyer darin überein, daß diese eher aus der Perspektive der Objektbeziehungen als vom Inhalt her interpretiert werden sollten. Was für den Psychotiker zu Anfang wichtig ist, ist eine systematische Interpretation, die im wesentlichen zu einer Differenzierung des analytischen Introjekts von seinen archaischen Objekten führt, so zögernd dieser Prozeß auch vor sich gehen mag. Obwohl Interpretationen, wann immer das möglich ist, auf die Oberfläche gerichtet sind, ist es manchmal und bei manchen Patienten schwierig, die Oberfläche zu bestimmen (Giovacchini, 1969). Während der Psychoanalyse eines typischen neurotischen Patienten gibt der Analytiker nach langer vorbereitender Arbeit und nach der Erforschung der Oberflächenwiderstände und anderer Abwehrmechanismen sogenannte »Es-Interpretationen«. Mit dem Terminus »Es-Interpretationen« meine ich die Interpretationen, die direkt auf Es-Impulse wie den Impuls zu verschlingen gerichtet sind. Der

Analytiker kann während der Behandlung des psychotischen oder Borderline-Patienten feststellen, daß bestimmte Es-Interpretationen Oberflächeninterpretationen *sind* (Volkan, 1968).

Was in der voll entwickelten psychotischen Übertragung in der Bezogenheit des Patienten auf seinen Analytiker an der Oberfläche liegt, d. h. kannibalische Phantasien im Zusammenhang mit der Introjektion, sind Manifestationen von etwas, das wir im Fall eines neurotischen Patienten »Tiefenmaterial« nennen würden. Ich glaube, der Analytiker sollte sich nicht scheuen, solche Manifestationen aus der Perspektive der Objektbeziehungen zu interpretieren, da es dem Patienten hilft, wenn man seinen unheimlichen Phantasien und Erfahrungen einen Namen gibt und sie als das bezeichnet, was sie sind, als Ereignisse innerhalb eines Entwicklungsprozesses, statt als groteske Vorkommnisse, die sich außerhalb menschlicher Erfahrung abspielen. Eine solche Interpretation hilft dem Patienten auch, seine aggressiven Impulse zu zähmen, und gibt ihm eine Ahnung von seinen libidinösen Verstrickungen.

Einer meiner Patienten, der wußte, daß ich türkischer Herkunft bin, geriet in Panik bei dem Gedanken, daß seine Teilnahme an einem Turkey-Dinner * mich das Leben kosten würde, und es tröstete ihn zu hören, daß seine kannibalischen Phantasien den Wunsch verrieten, sich mit mir zu verbinden, und darüber hinaus, daß meine Vernichtung auch seine Vernichtung bedeuten würde. Diese Interpretation brachte ihm Klarheit über seine fundamentale Selbstzerstörungsangst.

Wenn wir uns mit Patienten beschäftigen, die die Neigung zur Entwicklung einer psychotischen Übertragung haben, dann sollten wir wissen, daß nicht nur die Interpretation, sondern auch die Erfahrung der »Neuheit« und Stabilität des Analytiker-Objekts, die der Patient macht, von vitaler Bedeutung für ihn ist. Beide Aspekte gehören natürlicherweise zusammen; der Analytiker ist »neu«, da er interpretiert. Trotzdem finde ich es bei dem Patiententyp, über den ich hier spreche, ratsam, eine Realitätsbasis zu etablieren — und zwar sehr früh in der Behandlung. In der Verschmelzung mit dem Analytiker oder in seiner introjektiv-projektiven Bezogenheit auf ihn wird ein solcher Patient den Analytiker nicht als von seinen archaischen Objektbildern differenziert wahrnehmen und von jeder Hilfe profitieren, durch die gleich zu Beginn eine gewisse Differenzierung erreicht werden kann. Wenn wir Neurotiker behandeln, versuchen wir, nicht in die sich entwickelnde Übertragungsneurose einzugreifen, bei Psychotikern aber kann die Etablierung einer »Realitätsbasis« *vor* der vollen Entwicklung der Über-

---

* »Turkey« heißt sowohl Truthahn als auch Türkei. (Anm. d. Übers.)

tragungspsychose nützlich sein, da sie dem Patienten etwas gibt, auf das er zurückgreifen kann, wenn er versucht, die Differenzierung seines Analytikers von seinen archaischen Objektbildern durchzuarbeiten. Die Entwicklung der psychotischen Übertragung und ihre Auflösung aufgrund einer Durcharbeitung mit Hilfe von Interpretationen sind notwendig, wenn man die Behandlung mit Recht psychoanalytisch nennen will.

Bei einem Neurotiker kann man eine »Realitätsbasis« in der analytischen Beziehung schon aufgrund der Tatsache voraussetzen, daß der neurotische Patient *weiß*, daß er den Analytiker bezahlt, und dieser sich darum eindeutig nicht in der Elternrolle befindet. Auf dieser Basis der Realität wird dann die Übertragungsneurose aufgebaut. Im Gegensatz dazu muß der Analytiker dem psychotischen Patienten, der ihn in der psychotischen Übertragung nicht von den Eltern unterscheiden kann, helfen, eine Realitätsbasis zu entwickeln und sie in der Beziehung zu ihm zu berücksichtigen. Eine solche Hilfestellung kann auch das beobachtende Ich des Patienten aktivieren. In dem folgenden Fallbeispiel zeigt sich, wie ein Patient in der dritten therapeutischen Sitzung seine Wahrnehmung des Therapeuten mit seiner archaischen Muttervorstellung verschmolz und sich in eine introjektiv-projektive Bezogenheit auf den Therapeuten verstrickte, der nun von seiner archaischen Objektvorstellung nicht mehr zu unterscheiden war. Die »Einmischung« des Therapeuten diente anfänglich dem Zweck, eine Realitätsvorstellung in sein Bild einzubauen, ehe sich die Übertragungspsychose voll entwickeln durfte.

Der achtzehnjährige Ricky war mit ungewöhnlich kleinen Fingern und Zehen an der linken Hand und am linken Fuß geboren. Seine Mutter hob seit seinem vierten Lebensjahr jeden Geburtstag dadurch hervor, daß sie ihm einen Trauring schenkte, gewöhnlich einen, der für seine deformierten Finger zu groß war. Die Mutter sprach niemals offen mit Ricky über seine angeborene Deformation, die, obwohl sie offensichtlich war, psychologisch zu einem Geheimnis zwischen Mutter und Sohn wurde, wobei letzterer im Schatten einer Mutter aufgezogen wurde, die wir als »verschlingend« zu beschreiben pflegen.

Als in der High School ein Mädchen zu Ricky sagte, seine Stimme hätte sich verändert, interpretierte er dies dahin, daß er nun ein Mann geworden sei, woraufhin er zu fürchten begann, daß die Mädchen aufgrund seiner sichtbaren Deformation annehmen könnten, auch sein Penis sei anormal; bald danach trat seine Psychose offen zutage. Eines seiner Symptome war seine eifrige Lektüre von Büchern über Nazi-Deutschland und seine Identifizierung mit Goebbels, Hitlers »rechter

Hand«. Er unterwarf sich seiner tyrannischen Mutter, wie er glaubte, daß Goebbels sich Hitler unterworfen hatte. Als Ricky sechzehn wurde, schenkte seine Mutter ihm wie üblich zum Geburtstag einen Trauring, und am nächsten Tag gaben seine Eltern ihn in eine Irrenanstalt. Ich lernte ihn zwei Jahre später kennen.

Während seiner dritten Sitzung bei mir sagte er plötzlich nichts mehr, entspannte sich, machte mit den Lippen saugende Bewegungen, eine Geste oraler Introjektion, und sagte, er trinke deutschen Wein. An diesem Tage hatte er einen Augenblick vor meiner Tür gestanden, ehe er in mein Sprechzimmer kam, und war zu dem Schluß gekommen, daß der Name auf der Tür deutschen Ursprungs sei. Diese Folgerung stimmte mit seinem aus meinem Akzent erschlossenen Wissen überein, daß ich Ausländer bin. Er sah in mir einen Mann »so stark wie Hitler«, projizierte das Hitler ähnliche Bild seiner archaischen Muttervorstellung auf mich und ging dann dazu über, mich in dieser Form zu re-introjizieren (Volkan, 1968). Ich reagierte darauf mit der einfachen Erklärung, daß ich Türke sei, und antwortete auf seine Frage nach dem Wein, daß die Türkei, genau wie Deutschland, sowohl süßen als auch sauren Wein produziere. Wäre er Neurotiker gewesen, hätte ich seine Phantasien über mich nicht unterbrochen. Bei ihm mischte ich mich nur ein, um eine Realitätsbasis zu etablieren, da seine voll entwickelte Übertragungspsychose angemessene Interpretationen erforderte. Die Aufklärung meiner nationalen Herkunft ergab sich in dieser Situation *auf natürliche Weise;* die Differenzierung zwischen mir und der archaischen Objektvorstellung schloß nicht die Befriedigung detaillierter Informationen über mich selbst ein. In anderen Fällen sind solche »Einmischungen« für die Etablierung einer Realitätsbasis nicht notwendig; es genügt, daß der Analytiker von Anfang an auf einer analytischen Haltung besteht.

Statt Beispiele von grob symbolisierten Internalisierungen zu geben, wie sie während therapeutischer Sitzungen immer wieder beiläufig und zusammenhanglos auftreten, will ich sie als Vorgänge beschreiben, die innerhalb eines Prozesses der Veränderung alter, liebloser, kalter und schlecht angepaßter Introjekte auftreten und neue Strukturen schaffen. Trotzdem wähle ich wiederum Internalisierungen aus, die vom Patienten in grober symbolischer Form berichtet werden, da das Auftreten dieser groben Symbole es dem Analytiker erlaubt, dem Prozeß der Strukturbildung mühelos zu folgen. Wie bereits erwähnt, kann der Analytiker mit Hilfe dieser Beobachtungen die frühe Strukturbildung erforschen und dadurch Einblick in die weit subtileren und komplizierteren Prozesse gewinnen, die die Introjektion des Analytikers und die

Identifizierung mit ihm begleiten. Aspekte meiner Behandlung eines Methodistenpfarrers, den ich Attis nannte, sollen diesen Punkt verdeutlichen.

Attis

Es gibt mindestens zwei Versionen des Mythos von Attis (Erhat, 1972); aber beide berichten davon, daß ein Teil seines Körpers sich auch nach seinem Tode erhielt, von dem fortgesetzten Wachstum seines Haares und der Lebendigkeit seines kleinen Fingers, der sich selbständig bewegen konnte, obwohl er zu einem toten Körper gehörte.

Nach der Geschichte, wie sie von Kerényi (1960) erzählt wird, nahm der Agdos-Felsen die Gestalt der Ur-Mutter an. Zeus schlief auf dem Felsen ein, und sein Samen bewirkte, daß der Felsen Agdistis gebar, ein bisexuelles Wesen von großer Wildheit. Um Agdistis zu zähmen, verwandelte Dionysos Wasser in Wein, den der durstige Agdistis trank, bis er in einen tiefen Schlaf fiel. Darauf band Dionysos das männliche Glied des schlafenden Agdistis an einen Baum, so daß er, als er aus dem Schlaf aufsprang, sich selbst kastrierte. Die Erde nahm das Blut und das abgetrennte Glied auf, und ein Baum wuchs daraus hervor; Nana, die Tochter des Flußgottes Sangarios, legte die Frucht dieses Baumes in ihren Schoß. Sie empfing ein Kind von ihr, und Sangarios setzte das Kind aus, damit es sterben sollte, aber ein Ziegenbock nahm sich des Kindes an, und es überlebte. Sein Name war Attis und seine Schönheit war so groß, daß Agdistis, nun ohne männliches Glied, sich in es verliebte. Midas, der König von Pessinous, versuchte Attis von Agdistis zu trennen und gab dem Knaben deshalb seine eigene Tochter zur Frau. Agdistis erschien bei der Hochzeit und trieb die Gäste mit den Tönen einer Hirtenflöte zum Wahnsinn, woraufhin Attis sich selbst kastrierte und starb. Reuevoll flehte Agdistis Zeus an, den Knaben wieder zum Leben zu erwecken, aber alles, was das Schicksal gestatten wollte, war das Versprechen, daß sein Körper niemals verwesen, sein Haar weiterwachsen und sein kleinster Finger lebendig und bewegungsfähig bleiben würde. (Für eine gründliche tiefenpsychoanalytische Studie verschiedener Versionen des Mythos von Attis vgl. Weigert, 1938).

Ich nenne meinen Patienten Attis, weil ein älterer Bruder ihm, als er vier Jahre alt war, »aus Versehen« einen Teil eines seiner Finger mit einer Axt abgehackt hatte. Das abgetrennte Fingerglied wurde von der Mutter bis zu ihrem Tode in einer Flasche aufbewahrt. Sie starb ein Jahr bevor Attis mit achtunddreißig Jahren mein Patient wurde. Nach dem Tode der Mutter bewahrte Attis selbst den Finger in seinem Schlafzimmer auf und stellte sich manchmal vor, er wäre lebendig. Obwohl ich nicht in allen Einzelheiten darauf eingehen will, ist offenkundig, daß auch andere Aspekte des Attis-Mythos zu diesem Mann und seinen Präokkupationen paßten. Die Motive der Bisexualität, des Inzests, der Kastration, der Vorherrschaft einer phallischen und schrecklichen Mutter, von Tod und Wiedergeburt waren ganz sicher vorhanden.

Der Finger in der Flasche

Attis war das vierte Kind einer bäuerlichen Familie. Die Familientradition machte viel her von der Tatsache, daß er gerade an Lichtmeß * und während eines schrecklichen Sturms geboren wurde. Als Kind und später als schizophrener Erwachsener glaubte er, daß die Umstände seiner Geburt auf ein unheilvolles Schicksal hinwiesen; gelegentlich identifizierte er sich mit einem Murmeltier und hatte oft das Gefühl, daß ein Verhängnis über ihm schwebte, was auch durchaus nicht im Widerspruch zu seinen Kindheitserfahrungen stand.

Als er zwei Jahre alt war, gebar seine Mutter Zwillinge, einen Jungen und ein Mädchen. Wie der Zufall es wollte, gebaren zwei Frauen in der Nachbarschaft etwa zur selben Zeit ebenfalls Zwillinge, und die drei Frauen gerieten über ihren Nachwuchs in heftige Konkurrenz. Die vorwiegende Beschäftigung der Mutter mit den Zwillingen und mit einem tauben Mädchen, das ein Jahr nach den Zwillingen geboren wurde, war die Ursache dafür, daß Attis in der frühen Kindheit keine adäquate mütterliche Fürsorge erfuhr. Eine Zeitlang wurde er noch wie die kleineren Kinder in Windeln gesteckt, und zwischen seinem dritten und vierten Lebensjahr machte er mehrere schwer traumatische Erfahrungen. Zweimal brach Feuer im Haus aus, einmal, während er mit hohem Fieber krank im Bett lag; beide Male rettete ihn seine Mutter. Diese Vorfälle hinterließen nicht nur tiefe psychische Narben, sondern trugen auch zu seinem Beschäftigtsein mit der Hölle bei und zu der Wahl eines Berufes, in dem er als religiöser Führer hoffen konnte, sich gegen die Gefahr, vom Feuer verschlungen zu werden, zu schützen. Er hatte offenbar keine religiöse Berufung im üblichen Sinne und geriet in starke Konflikte in seiner Beziehung zur Kirche.

Als ihm sein Bruder einen Teil seines Fingers abgehackt hatte, brachte

* »Groundhog-day«, der 2. Februar; »groundhog« = Murmeltier (Anm. d. Übers.)

seine Mutter ihn in größter Eile zu einem Arzt, um das abgetrennte Stück wieder annähen zu lassen. Aus ihren oft wiederholten Berichten darüber, was sich tatsächlich zugetragen hatte, ging hervor, daß sie in ihrer Aufregung »vergessen« hatte, das abgetrennte Stück mitzunehmen, daß der Finger des Kindes jedoch, wenn sie es mitgenommen hätte, wiederhergestellt worden wäre. Stattdessen wurde das abgetrennte Stück in einer Flasche konserviert. Attis glaubte, daß sein Bruder, als er ihm den Finger verstümmelte, im Auftrag der Mutter gehandelt hatte. Er sah in dem Gegenstand in der Flasche seinen Penis, den er als Besitz seiner Mutter betrachtete, so wie sein Leben ihr Besitz gewesen war, als sie ihn aus dem Feuer gerettet hatte. Sie war stolz auf den schrecklichen Gegenstand, den sie im Gästezimmer aufbewahrte und oft ihren Gästen zeigte.

Der Fingerstumpf des Jungen war noch nicht verheilt, als er seine erste Operation hatte — eine Mandeloperation. Viel später, einmal, als er vierundzwanzig, und einmal, als er sechsundzwanzig Jahre alt war, wurden zwei mit der Mandeloperation zusammenhängende chirurgische Eingriffe im Hals notwendig. In demselben Jahr, in dem ihm die Mandeln herausgenommen wurden, fiel er von einer Leiter in einen Behälter mit Baumwollsaat. Diese Erfahrung machte ihn mit dem Grauen bekannt, lebendig begraben zu werden; dieses Gefühl wurde in seiner späteren Phobie, so begraben zu werden, wieder wach.

Die anderen Familienmitglieder hatten den Eindruck, daß er in seiner Kindheit ungewöhnlich stark an den Rockschößen seiner Mutter hing, aber die »Gemeinsamkeit« zwischen den beiden war voller Spannungen und sadistischer Angriffe aufeinander, nicht voller Glück und gegenseitiger Unterstützung. Ich vermutete, daß seine Mutter aufgrund ihrer mangelnden mütterlichen Fürsorge Attis gegenüber unbewußte Schuldgefühle gehabt haben könnte; sie ließ keine Individuation zu, und er trat mit ungelösten prägenitalen Problemen in das ödipale Alter ein. Sein sadistischer Vater tat nichts, um ihm zu helfen, sich von seiner »verrückten« Mutter zu lösen. Attis sah einmal, wie er in einem Wutanfall einem Esel einen Stock in den After bohrte. Der Junge fühlte überall in der Umgebung Bedrohung; eine Zeitlang beschäftigte ihn stark ein Bericht über die Selbstkastration eines Nachbarn, und als er acht Jahre alt war, erlitt er eine Rückenverletzung, die nicht nur eine physische Narbe auf seinen Hüften zurückließ, sondern auch seine Überzeugung verstärkte, daß das Leben voller Gefahren sei. Als Attis in die Pubertät eintrat, wurde dem Vater der Blinddarm herausgenommen, und die Mutter fügte den Blinddarm, den sie in eine Flasche steckte wie Attis' Finger, ihrer morbiden Sammlung von Körperteilen hinzu.

Attis erinnerte sich während der Therapie daran, wie er sie damals angestarrt und festgestellt hatte, daß der Blinddarm größer war als das Stück Finger. Er hatte es als Verkörperung des väterlichen Phallus introjiziert. Er war entsetzt, im Alter von zwanzig Jahren erkennen zu müssen, daß er unfähig war, sein inzestuöses Verlangen nach seiner Mutter gänzlich zu unterdrücken. Zu dieser Zeit wurde ihm selbst der Blinddarm herausgenommen. Zwei Jahre später starb der Vater, aber Attis, der überzeugt war, daß sein Vater lebendig begraben worden war, erwartete, daß dieser zurückkehren und ihn bestrafen würde.

Im Alter von fünfundzwanzig Jahren machte er sein theologisches Abschlußexamen und wurde in der methodistischen Kirche ordiniert. Zwei Jahre später bestieg er einen Berggipfel in der Nacheiferung Jesu. Als er nach drei Tagen, nackt und erschöpft umherwandernd, entdeckt wurde, kam er zum erstenmal in seinem Leben ins psychiatrische Krankenhaus, konnte es jedoch nach kurzer Zeit wieder verlassen und zu seiner Arbeit zurückkehren.

Bald darauf begegnete er einer Frau, mit der seine Mutter einverstanden war, und machte Pläne für die Heirat. Kurz bevor die Hochzeit stattfand, erfuhr er, daß sie eine Affäre mit einem älteren Mann gehabt hatte, gerade so, wie er es von seiner Mutter vermutete, als sie jung war. Trotzdem heiratete er die Frau, in dem Gefühl, daß sich die Ereignisse seiner Kontrolle entzogen. In seinen späteren Wahnzuständen identifizierte er seine Frau mit seiner Mutter. Während des Geschlechtsverkehrs hatte er das Gefühl, sich in einen Frosch zu verwandeln, der seinerseits zu seinem toten Vater wurde. Er hatte das Gefühl, daß sein Vater nach seinem Tod ständig gegenwärtig war, in den Schränken in seinem Haus; er weigerte sich deshalb manchmal, sie zu öffnen. Er entwickelte Rituale, um den Geist seines Vaters auszutreiben. Als er achtunddreißig war, starb seine Mutter. Bei ihrem Tode nahm er die Flasche mit dem Finger mit in sein eigenes Haus und bewahrte sie dort in einer Kommodenschublade auf. Zu diesem Zeitpunkt schwankte er stärker denn je zwischen extremer Abhängigkeit von seiner Frau und extremer Wut auf sie. Es hatte den Anschein, daß er in seiner Funktion als Pfarrer zu einer ungewöhnlich großen Zahl von Begräbnissen gerufen wurde, und er begann sich übermäßig mit Friedhöfen und mit der Rückkehr seiner toten Eltern zu beschäftigen; auch sah er manchmal nachts Lichter, die sich um die Gräber bewegten.

Er war nicht fähig, aus dem Hause zu gehen, ohne die Angst, etwas im Haus brennengelassen zu haben, und kontrollierte deshalb jedesmal, wenn er ausging, zwanghaft den Ofen und die Türschlösser. Er hatte einen immer wiederkehrenden Traum, der seinen Kindheitsunfall re-

flektierte: In diesem Traum sah er eine Tür wie eine Guillotine auf eine Schlange fallen und sie in Stücke zerschneiden.
In dem Jahr nach dem Tode seiner Mutter konnte er diese kaum von seiner Frau differenzieren. Obwohl er seine Frau nicht verlassen konnte, sehnte er sich ständig danach, von ihr »frei« zu sein, und eines Nachts, als sie schlafend neben ihm lag, hatte er den Impuls, sie zu töten. Er ging in den Hof hinter ihrem Haus und holte eine Axt. Er blieb die ganze Nacht draußen, in einer Art Katatonie, die seinen Impuls vereitelte. Die Interpretation dieser Handlung war die, daß er seiner Mutter/Frau antun wollte, was sein Bruder ihm »auf Mutters Befehl« angetan hatte.
Am nächsten Tag kam er ins Krankenhaus, und ich begann mit ihm zu arbeiten. Die fünfjährige Behandlung, die durch mein Wegziehen endete, wurde, abgesehen von einigen kurzen Intervallen im Krankenhaus, ambulant durchgeführt. Während der elf Jahre seit der »Beendigung« seiner Behandlung hat er mich mindestens zweimal jährlich aufgesucht, trotz der großen Entfernung zwischen meinem gegenwärtigen Wohnsitz und dem seinigen.

Aspekte von Attis' Behandlung

Im nächsten Abschnitt werde ich die therapeutischen Prozesse zusammenfassen, die Attis gegen Ende des vierten Jahres seiner Behandlung durchmachte. An dieser Stelle will ich zunächst beleuchten, was sich zuvor abgespielt hatte, um den Lesern eine Perspektive zu verschaffen.
Wie ich bereits gesagt habe, war Attis zu Beginn seines Krankenhausaufenthaltes akut psychotisch, ein bisexuelles »Ungeheuer« wie Agdistis. Obwohl er nicht nur seinen Penis selbst, sondern auch seinen abgeschnittenen Finger, seinen Finger in der Flasche, und den väterlichen Phallus (der sich durch Internalisierung in seinem Leib befand) als männliche Glieder ansah, hatte er auch zwei Vaginen — seine Achselhöhlen. Sowohl seine äußere wie seine innere Welt waren von aggressiven, introjektiv-projektiv besetzten »Ungeheuern« bevölkert. Er schlief unter einem Bettlaken versteckt, eine symbolische Regression in den Mutterschoß. In seinen Träumen fiel das Messer der Guillotine immer und immer wieder auf die Schlange. Seine Selbst- und Objektvorstellungen verschmolzen miteinander, und seine verschiedenen Objektvorstellungen waren auswechselbar. Er konnte mich nicht von seinem toten Vater unterscheiden und seine Frau nicht von seiner Mutter. Während unserer Gespräche redete er offen über inzestuöse Wünsche und andere Aspekte

ödipaler Strebungen. Die Abwehrfunktion der offenen Konfrontation des Therapeuten mit ödipalem Material war von Anfang an offensichtlich; sie diente zur Verdeckung seiner untergründigen mörderischen Wut. Es wäre ein Fehler, wenn der Therapeut, der einem Patienten wie Attis gegenübersteht, davon ausginge, daß man ödipales Material so behandeln müßte, als ob der Patient auf der ödipalen Ebene funktioniere. Ich bin wie Rosenfeld (1966) und Boyer (1971) der Auffassung, daß die Interpretation solch offenbar ödipalen Materials auf libidinöser Ebene die psychotische Erregung fördern kann, wenn es von diesem Patiententyp eingebracht wird; der Patient kann in einer solchen Interpretation nur zu leicht eine verführerische Aufforderung von seiten des Therapeuten sehen. Boyer stellt fest: »Wenn ich solches Material bespreche, tue ich das im Hinblick auf seine aggressiven und manipulierenden Aspekte, oder ich interpretiere es auf einer höheren Ebene ... So antworte ich z. B., wenn der Patient erzählt, er phantasiere offen darüber, Geschlechtsverkehr mit seiner Mutter zu haben, daß er sie sehr lieben müsse. Ich bin überzeugt, daß ein Patient, der unter einer ernsten charakterologischen oder schizophrenen Störung leidet, massive Ängste vor der Unberechenbarkeit seiner aggressiven Impulse empfindet, und daß die Analyse dann am glattesten verläuft, wenn die Aufmerksamkeit sanft, aber beständig auf die Analyse der Abwehrmanöver gelenkt wird, die er anwendet, um seine Angst davor abzuwehren, daß seine Feindseligkeit den Tod des Analytikers oder seinen eigenen zur Folge haben wird« (S. 70).

Attis' Beschäftigtsein mit seinen offen zutage tretenden ödipalen Strebungen und seine reiche Produktion glänzender und bizarrer Phantasien wurden in gewisser Weise zu einer zwanghaften Abwehr, die es ihm ermöglichte, Triebderivate unter Kontrolle zu bringen, sie aus seinem bewußten Ich zu vertreiben oder zu isolieren. Unter seiner zwanghaften Abwehr lagen jedoch primitive Abwehrmechanismen, wie die alternierende Aktivierung von gegensätzlichen Ichzuständen. In einer solchen Situation stört, wie Kernberg (1967) betont, »der Mangel an Interpretation libidinöser und aggressiver Triebderivate die normale Modulation und Differenzierung der affektiven Dispositionen des Ichs, und es bleibt eine chronische Tendenz zum Ausbruch primitiver Affektzustände« (S. 673).

Attis erlebte jeden Ausgleich zwischen den beiden Typen von Vorstellungen als Sieg der »nur bösen« Einheiten über die »nur guten«. Ihr Standort wechselte: Wenn die »nur bösen« sich in ihm selbst befanden, *war* er ein Ungeheuer, gefährlich für sich selbst und für die Objekte in der Außenwelt. Wenn andererseits die »nur bösen« Einheiten sich

außerhalb seiner selbst befanden, mußte er sich gegen eine Umgebung voller Bedrohung schützen. Wenn seine Selbstvorstellungen nicht genügend von seinen Objektvorstellungen differenziert waren, identifizierte er sich mit dem Objekt, auf das die Aggression projiziert war (projektive Identifizierung). Unter Streß bekam er Halluzinationen und Wahnvorstellungen, die gegen Ende des dritten Jahres seiner Behandlung jedoch allmählich aus seinem Repertoire verschwanden.
Den größten Teil der Zeit *war* der Therapeut in der psychotischen Übertragung seine archaischen Muttervorstellungen, und Attis erwartete von ihm, daß er sich entsprechend verhielt. Er selbst schwankte auf klinischer Ebene in dramatischer Weise zwischen einer aggressiven und einer passiven Einstellung gegenüber dem Therapeuten. Ich werde eine seiner therapeutischen Sitzungen noch detailliert beschreiben (vgl. Kapitel 7), die gegen Ende des vierten Jahres seiner Behandlung stattfand. Daran wird sich zeigen, wie Attis allmählich fähig war, die Überflutung durch Gefühle aggressiver Art in der Übertragungssituation zu *tolerieren*. Die Äußerung dieser Überflutung, die, wie wir beide später begriffen, für seine mörderische Wut auf den Therapeuten stand, wurde therapeutisch behandelt, und ich glaube, daß diese Episode den Punkt markierte, an dem sich eine Differenzierung des Therapeuten (und also auch eine Differenzierung seines internalisierten Bildes) von den archaischen Muttervorstellungen ankündigte. Der Patient hatte zuvor Schritt für Schritt den Unterschied zwischen seinem Analytikerbild und seinen frühen Mutterimagines und zwischen dem analytischen Introjekt und den archaischen Introjekten durchgearbeitet. Nachdem das analytische Introjekt deutlich von den archaischen Introjekten unterschieden war, wurden die Identifizierung mit dem ersteren und eine nachfolgende Neustrukturierung möglich.

Identifizierung mit dem Therapeuten im Rahmen der neuen Strukturbildung

Während des vierten Jahres seiner Behandlung, als Attis besser zwischen mir und seinen archaischen Objektbildern differenzieren konnte, betrat er eines Tages mit kreidebleichem Gesicht mein Sprechzimmer. Er eröffnete die Sitzung mit der Mitteilung, daß er am Abend zuvor ein »Turkey-Gericht« gegessen und seitdem ständig Angst hätte. Er wußte, daß ich aus der Türkei in die USA gekommen war. In dieser Sitzung bemerkte er, daß der Anzug, den er trug, sehr einem von meinen Anzügen glich, ja sogar dem, den ich an diesem Tage trug. Tags

zuvor hatte er den Impuls gespürt, in ein Bekleidungsgeschäft zu gehen, und er hatte dort den besagten Anzug gekauft, zusammen mit einem Oberhemd und einer Krawatte, die meinem eigenen Oberhemd und meiner Krawatte sehr glichen. Es war ihm klar geworden, daß er den Wunsch hatte, seinen Therapeuten zu imitieren, und er führte seine Angst zu Beginn der Sitzung hierauf zurück. Obwohl ihm sein imitierendes Verhalten bewußt geworden war, wurde ihm die Bedeutung seiner symbolischen oralen Introjektion meiner Person während des »Turkey-Essens« nicht bewußt. Im Verlauf der Sitzung sprach er von seinen gegen mich gerichteten destruktiven Phantasien, die er auf dem Wege zu mir gehabt hatte. Ich konnte ihm seinen Wunsch, mir ähnlich zu werden, indem er mich »aufaß«, und seine darauf folgende Angst, daß er mich durch diese Handlung zerstört hätte, interpretieren. Danach entspannte er sich und fragte mich, was ich über die kürzlich gefallene Entscheidung des Obersten Gerichtshofs über das Beten in den Schulen dachte; er stellte Überlegungen über meine Religion an. Der Tenor meiner Antwort war dieser: »Wenn Sie wie ich sein wollen, dann bauen Sie die Übereinstimmung nicht auf der Basis ›alles oder nichts‹ auf. Gewiß, Sie haben von Ihren Eltern ›böse‹ Dinge empfangen, aber auch ›gute‹. Sie sind eine von mir ganz verschiedene Person, und wir werden auch auf die Dauer zwei verschiedene Personen bleiben.«
In der nächsten Sitzung trug er dieselbe gleichmachende Kleidung und sagte, er wäre dazu gezwungen gewesen. Unmittelbar ehe die Sitzung begann, durchbrach er die übliche Routine durch einen Gang zur Toilette, wo er einen Anfall von Diarrhö hatte. Ich hatte das Gefühl, daß er sich von »bösen« Aspekten des Therapeuten-Introjekts befreien mußte, und machte eine Bemerkung in dieser Richtung, womit ich ihm gewissermaßen die »Erlaubnis« gab, sich von den unerwünschten Aspekten des Introjekts zu befreien. Im Verlauf der Sitzung phantasierte er seinen eigenen Tod, und ich interpretierte seine destruktiven Phantasien im Hinblick auf das Therapeuten-Introjekt, seine Identifizierung mit ihm und seine Ängste vor seinem eigenen Tod. Gegen Ende der Sitzung sprach er von einem Gefühl, als ob er aus seiner Schale herauskäme und eine »neue Persönlichkeit entwickelte. Er wollte mit ihr eine lange Ferienreise machen. Sein Leben und seine Bewegungsfreiheit waren bisher auf ein geographisch begrenztes Gebiet beschränkt gewesen; bis zu diesem Tage war er ein »Satellit« (Volkan und Corney, 1968) seiner Kirche gewesen, aber jetzt war er entschlossen, mit seiner »neuen Persönlichkeit«, die ich als seine Wahrnehmung eines funktionalen analytischen Introjekts betrachtete, »Abenteuer« zu erleben. Meine Übersiedlung in die USA hielt er für eine äußerst abenteuerliche Unter-

nehmung. Er bestimmte Pennsylvania zu seinem Reiseziel; dies bedeutete für ihn in der Tat eine ziemlich weite Reise. Seine Assoziationen zentrierten sich um die Freiheitsglocke in Philadelphia, und meiner Meinung nach zeigte sich darin ein Bedürfnis nach einer symbolischen Feier der Geburt eines neuen Ichs. Während wir die geplante Reise nach Philadelphia besprachen, erwähnte ich, daß ich diese Reise auch schon einmal gemacht hatte, womit ich andeuten wollte, daß es keine Reise war, bei der irgendeine Gefahr drohte. Zurückblickend vermute ich, daß ich in ihm Angst davor spürte, seine Freiheit wirklich zu finden, und daß meine Bemerkung eine Reaktion darauf war. Ich mußte ihn — und vielleicht mich selbst in ihm — durch eine solche Beruhigung beschützen.

Innerhalb kurzer Zeit nahm er tatsächlich sechs Wochen Ferien und ging nach Philadelphia. Die Reise war ein Erfolg, und auf der Rückreise besuchte er den älteren Bruder, der ihm seinen Finger abgehackt hatte. »Ich wollte ihm meine neue Persönlichkeit zeigen«, sagte er und erzählte, wie es ihn belustigt hatte, daß sein Bruder, der nur vier Jahre älter war als er, ihn »Sohn« genannt hatte. Bei seiner Rückkehr hörte er, daß meine Frau eine Tochter bekommen hatte; er hatte nichts von ihrer Schwangerschaft gewußt und sprach nun fortwährend von meinem neugeborenen Kind, wobei er immer von einem »Sohn« sprach, obwohl er wußte, daß es eine Tochter war. Nach der Reise ging er zu einer gründlichen medizinischen Untersuchung. Ich merkte, daß er die Untersuchung aus psychologischen Gründen vornehmen ließ, da er die Gewißheit haben wollte, daß seine »neue Persönlichkeit« wirklich eine gesunde Persönlichkeit war.

Während er fühlte, daß er wiedergeboren worden war, begann er sich zu ängstigen, ob der neugeborene »Sohn« genauso behandelt werden würde wie der ursprüngliche, der im Schatten der frühen Mutter gestanden hatte. In der Übertragung wurde ich wiederum seine frühe Mutter. Spielte er die zweite Geige neben meinem neugeborenen Kind? Würde ich ihm meine Aufmerksamkeit widmen können, während ich zuhause ein neugeborenes Kind hatte, das mich ablenkte? Ich interpretierte ihm, wie er, als die Zwillinge und die taube Schwester geboren worden waren, in der Konkurrenz um die Aufmerksamkeit seiner Mutter die »zweite Geige« hatte spielen müssen.

Bald manifestierte er Angst, daß der neugeborene »Sohn« kastriert werden würde wie der ursprüngliche, der im Alter von vier Jahren symbolisch kastriert worden war. Er war vor einiger Zeit Präsident des Distriktsverbandes seiner Kirche geworden, aber er begann daran zu denken, dieses Ehrenamt niederzulegen — eine Selbstkastration, um zu verhindern, daß ich ihn kastrieren könnte. Er gab die sexuellen Beziehungen zu seiner Frau auf. Er besaß ein fleischfarbenes Auto, das während der Zeit seiner Psychose ein Teil seines Körperschemas gewesen war, wobei die Motorhaube ein Penis und das Auspuffrohr ein After war. Einmal, als etwas mit dem Auspuffrohr nicht in Ordnung gewesen war, hatte er Hämorrhoiden bekommen. Nun wollte er das Auto verkaufen, um sich von einem sexuellen Symbol und von seinen Kastrationsängsten zu befreien. Ich interpretierte ihm alle diese Entwicklungen.

Nach Abse und Ewing (1960) ist »die unvermeidliche Introjektion des Therapeuten [durch einen Schizophrenen] selbst teilweise korrektiv, insofern als dieses Introjekt mit dem archaischen Introjekt der tyrannischen Mutter konkurriert« (S. 508). Attis' altes, liebloses und tyrannisches Mutter-Introjekt konkurrierte aktiv mit dem analytischen Introjekt, was Attis in symbolischer Weise erkannte. Er machte sich Gedanken darüber, welches von beiden den Sieg davontragen würde. Später sagte er, daß seine Mutter wie Chruschtschow gewesen sei, der zu jener Zeit in Amerika als aggressiv besetztes »böses« Objekt galt — und daß der Bruder, der ihn »kastriert« hatte, Castro ähnelte. Der Therapeut kam aus der Türkei, die auf der Seite Amerikas stand. Er sagte, daß er, obwohl seine Mutter ihn gewarnt hatte, Fremden (Ausländern) nicht zu trauen, das Gefühl hatte, mir könne er trauen.

In einem späteren Gespräch war er fähig, mir dafür zu danken, daß ich ihn aus dem »Feuer« — seiner Psychose — gerettet hatte. Er erinnerte sich, daß seine Verpflichtung seiner Mutter gegenüber — als sie ihn aus dem brennenden Haus gerettet und später, als sie seinen Penis »konserviert« hatte, den Finger in der Flasche — ihn zwang, in ihrem Schatten zu leben, ohne eine Möglichkeit zur Individuation, d. h. krank.

Zu einem noch späteren Zeitpunkt berührte er wieder dasselbe Thema, indem er von dem Finger in der Flasche sprach. Er war ein Verbindungsglied zwischen ihm und seiner Mutter, eine Art gemeinsamer Fetisch. Sie hatte seinen Penis gestohlen, obwohl sie ihn gleichzeitig konserviert hatte. Er fürchtete sich vor der Freiheit von seiner Mutter, da sie sie wieder zerstören könnte. In der Übertragung sah er mich als Homosexuellen; seine Assoziationen halfen mir, dies als Mutter-Übertragung zu interpretieren. Wenn ich homosexuell wäre, würde ich wie seine Mutter seinen Penis bewahren und ihm keine Individuation gestatten. Auch dieses Mal half ich ihm, zwischen seinen Muttervorstellungen und dem analytischen Introjekt zu differenzieren.

Meine Arbeit mit Attis wurde unglücklicherweise nach fünf Jahren durch meinen Umzug an einen anderen Ort abgebrochen. Obwohl er meinem Vorschlag folgte, seine Psychotherapie bei einem anderen Psychiater fortzusetzen, führte diese Behandlung zu keinem Erfolg, und er hörte nach wenigen Monaten damit auf. Obgleich die fünf Jahre Arbeit mit mir seinen psychotischen Kern beträchtlich verändert hatten, war die Arbeit noch keineswegs abgeschlossen. Er hatte mit seiner »neuen Persönlichkeit« eine neue Anpassung gefunden, die keine volle Individuation bedeutete und nicht völlig unabhängig von mir war.
In den vergangenen elf Jahren hat er mich mindestens zweimal jährlich aufgesucht, und ich kenne und verstehe seine gegenwärtige Form der Anpassung recht gut. Ich kann sagen, daß seine Psychose zu keinem Zeitpunkt wieder aufgetreten ist, obwohl er vorübergehende Brüche seiner Realitätswahrnehmung erlebte, die jedoch zu kurz waren, als daß man von einer Psychose hätte sprechen können. Er wurde in der üblichen Weise von einer Kirche zur anderen versetzt und blieb durchschnittlich drei Jahre in jeder Gemeinde. In jeder Kirchengemeinde fand er eine ältere »böse Frau« heraus, eine »Hexe«, von der er wußte, daß sie seine frühe Mutter repräsentierte. Sein Wissen darum, was sie repräsentierte, hielt ihn jedoch nicht davon ab, sie als frühe Mutter zu erleben. Er fürchtete sich vor diesen »Hexen« und kämpfte zeitweise tapfer gegen sie an. Er schwankte nicht mehr so stark zwischen der Abhängigkeit von seiner Frau und seiner Feindseligkeit ihr gegenüber, und er erlebte die Vagina nicht mehr als den Schlund eines Walrosses. Er bewahrt seinen Finger in der Flasche noch immer auf, aber nun nicht mehr im Schlafzimmer, sondern in der Bodenkammer, und er hat einiges von seiner magischen Kraft verloren. Seine Beziehungen zu anderen Männern haben sich gebessert; er spielt gern Golf, und der sportliche Wettstreit ruft keine homosexuellen Phantasien und die mit ihnen verbundenen Ängste mehr in ihm wach. Bei jeder Versetzung von einer Gemeinde an eine andere verstärkte die Trennung seine Zwangssymptome und hypochondrischen Beschwerden. Einige Male begann er lebhafte Flirts mit verschiedenen Frauen und dachte daran, eine Affäre anzufangen. Ich interpretierte dieses Verhalten so, daß er in seiner Frau seine Mutter sah und deshalb den Versuch unternahm, eine Trennung von ihr zu vollziehen. Bei seinen Annäherungsversuchen an andere Frauen benahm er sich wie ein Junge bei seinen ersten Rendezvous. Nachdem er die Frauen geküßt und umarmt hatte, hielt ihn seine Angst davon ab, weiterzugehen, und er kehrte in einer Art feind-

seliger Unterwerfung zu seiner Frau zurück. Er suchte mich auf, wann immer er sich in einer seiner Angstperioden befand. Er war zu meinem »Satelliten« geworden.

Der Satellitenzustand

Die griechische Mythologie berichtet die Geschichte von Dädalus, der auf Kreta gefangen war. Minos verhinderte seine Flucht, indem er selbst ihn bewachte und eine hohe Belohnung für seine Gefangennahme aussetzte. Schließlich fertigte sich Dädalus, um flüchten zu können, ein Paar Flügel aus Federn, die mit Wachs zusammengehalten wurden; er fertigte auch ein Paar Flügel für seinen Sohn Ikarus, warnte ihn aber, im Augenblick der Flucht nicht zu hoch zu fliegen, damit die Sonne das Wachs nicht schmelzen könne — und auch nicht zu tief, damit die Federn im Meer nicht naß würden. Ikarus mißachtete die Warnung seines Vaters und flog der Sonne entgegen, bis ihre Hitze seine Flügel zerstörte und er ins Meer fiel und ertrank. Diese Geschichte stellt ödipale Probleme dar, in denen sich Gefahr verbirgt, wenn man höher fliegen will als der Vater.
1968 haben Corney und ich den zweiten Teil von Dädalus' Rat — daß Ikarus nicht zu tief fliegen sollte — untersucht. Dieser Rat bezieht sich auf ungelöste Trennungs- und Individuationsprobleme, wie Mahler (1963, 1968) und Mahler und Furer (1963) sie beschrieben haben. Corney und ich gingen noch weiter und beschrieben Patienten wie Attis, die einen um ein Zentrum (den Repräsentanten der frühen Mutter) kreisenden Lebensstil angenommen haben und sich in einem Satellitenzustand befinden. Diese Adaptation, so verhängnisvoll sie auch sein kann, ist eine besondere Form des Kompromisses für Trennungs- und Individuationsprobleme. Solange er in der Umlaufbahn bleibt, so, wie ein Himmelskörper um den anderen kreist, kann der betreffende Patient ohne klinische Psychose funktionieren; der Kompromiß gestattet bestimmten Funktionen, sich zu entwickeln, jedoch auf Kosten anderer. Sein verhängnisvoller Aspekt ergibt sich aus der Tatsache, daß das Stück Ichentwicklung, das dabei erreicht wird, weitgehend der Erhaltung des Entwicklungskompromisses dient; eine Bewegung aus der Umlaufbahn heraus, entweder in Richtung einer »Progression« oder einer Regression hat schwerwiegende (psychotische) Konsequenzen. Für Attis war die Kirche sowohl ein Mutterersatz als auch das »Zentrum« seiner Umlaufbahn als Satellit; er legte sich niemals fest in bezug auf das, was die Kirche für ihn repräsentierte, aber obwohl er sich über seinen

Beruf beklagte, war er nicht fähig, ihn aufzugeben. Für solche Patienten kann ein bestimmter Ort in der äußeren Welt die frühe Mutter repräsentieren; sie kreisen ständig um ihn, und manchmal repräsentiert eine physische Trennung von diesem Ort eine intrapsychische Trennung und verursacht eine Psychose.

Diese Situation erinnert an poetische Darstellungen des Falters, der von der Flamme angezogen wird. Solange der Falter um die Flamme kreist, ist er sicher, aber eine symbiotische Vereinigung mit der Flamme (eine Wiederverschmelzung von Selbst- und Objektvorstellungen) zerstört ihn. Wenn er sich aus seiner Umlaufbahn hinausbewegt, bedeutet das den Verlust aller Wärme und darum Leiden (eine pseudo-unabhängige Psychose), da dem Satelliten ausreichende Ichidentifizierungen fehlen. Unter dem Gesichtspunkt der internalisierten Objektbeziehungen hat der Satellit-Patient seine Selbstvorstellungen von seinen Objektvorstellungen differenziert, sie aber noch nicht integriert. Das Zentrum ist der Ort »notwendiger« Objektvorstellungen wie auch jener, die »nur böse« (verschlingend) sind. Das Kreisen, eine Form der Distanzierung, ermöglicht es dem Patienten, die Konfrontation mit der Ambivalenzspannung einem bedeutungsvollen Objekt gegenüber zu vermeiden.

Einige Patienten, die eine Adaptation an das Leben als Satelliten gefunden haben, haben typischerweise Träume, in denen sie — oder Vertretungen ihrer selbst — dazu verurteilt sind, sich um ein zentrales Objekt zu bewegen. Corney und ich haben solche Träume *Satellitenträume* genannt. Kohut (1971) berichtete später von den gleichen Träumen bei seinen narzißtischen Patienten; er war der Ansicht, daß sie die narzißtische Übertragung anzeigten. Er sah in der Tatsache, daß der Patient nicht aus der Umlaufbahn in den Raum hinausschoß (Psychose) und affektiv zu einem Zentrum hingezogen wurde, die narzißtische Übertragung (auf das Zentrum/den Analytiker), die gegen die Gefahr eines permanten Selbstverlustes schützt. Ich glaube nicht, daß Kohuts Interpretation notwendigerweise unsere Auffassung dieser Träume ausschließt. Jedenfalls entwickeln Satellit-Patienten Satellit-Übertragungen, und erst nach der Assimilierung und Integrierung weiterer internalisierter Objektbeziehungen können sie die Umlaufbahn ohne die Gefahr des Identitätsverlusts verlassen.

5

Primitive Spaltung in Verbindung mit introjektiv-projektiver Bezogenheit

In diesem Kapitel soll gezeigt werden, wie zwei Konditionen, die introjektiv-projektive Bezogenheit und die primitive Spaltung primitiver internalisierter Objektbeziehungen, sich im klinischen Rahmen manifestieren. Die Beschreibung eines Falles soll exemplifizieren, wie die primitive Spaltung repariert werden kann, wenn ein grausames frühes Mutter-Introjekt sich verändert.

Die Geschichte erwachsener Patienten, die die primitive Spaltung als vorherrschenden Abwehrmechanismus benutzen, weist extreme Frustration und intensive primäre oder sekundäre Aggression während der ersten Lebensjahre auf. Ein Versuch, die primitive Spaltung zu reparieren, bedroht den Patienten mit der Notwendigkeit, sich ohne die Abwehr, die die primitive Spaltung ihm gegeben hat, seinen primitiven Emotionen als direkten Triebderivaten zu stellen. Wenn die Spaltung repariert werden soll, muß er diese Emotionen entweder nacheinander oder in einem dramatischen Ausbruch erfahren, wie in dem Fall, von dem ich in diesem Kapitel berichten werde. Adäquates Reparieren der primitiven Spaltung bewirkt Zähmung von Triebderivaten, insbesondere von affektiven Aspekten des Aggressionstriebes.

Mehr über primitive Spaltung

In den beiden vorangegangenen Kapiteln habe ich theoretische und klinische Aspekte der Verschmelzung behandelt und bin dabei besonders auf die introjektiv-projektive Bezogenheit eingegangen, die Selbst- und Objektvorstellungen umfaßt. Ich will mich nun wiederum auf eine andere »Kondition« konzentrieren — die primitive Spaltung —, die es rechtfertigt, internalisierte Objektbeziehungen primitiv zu nennen. Ich werde hier klinische Aspekte der primitiven Spaltung untersuchen, die mit einer introjektiv-projektiven Bezogenheit zusammenfällt.

Der Terminus »Spaltung« wird verschieden verwendet; indem ich ihm das Adjektiv »primitiv« beifüge, beschränke ich den Begriff auf eine spezifische Anwendung. Wenn Erinnerungsspuren lustvoll-gut-belohnender und schmerzlich-böse-bestrafender Erfahrungen organisiert und Selbst- und Objektvorstellungen zugewiesen werden, ergeben sie »nur gute« und »nur böse« Selbst- und Objektvorstellungen. Die primitive Spaltung ist ein Defekt in der Integrierung von Vorstellungen gegensätzlicher Qualität; im Laufe der normalen Entwicklung verschwindet die Spaltung und die gegensätzlichen Vorstellungen fallen zusammen; die Spaltung ist repariert. Die primitive Spaltung kann zu Abwehrzwecken benutzt werden und erscheint in der Tat als wichtigste Abwehr gegen primitive Ängste bei psychotischen, Borderline- oder narzißtischen Patienten. Lichtenberg und Slap (1973) bezeichnen in ihrem Überblick über die Anwendung des Begriffs »Spaltung«, der Freuds zahlreiche verschiedene Anwendungen einschließt, die primitive Spaltung als die »Spaltung von Vorstellungen«: »Die Spaltung von Vorstellungen unterscheidet sich sowohl von der Verleugnung als auch von der Verdrängung. Die Verleugnung funktioniert durch das Nichtanerkennen ganzer Wahrnehmungen und deren Substitution mittels einer wunscherfüllenden Phantasie, während die Spaltung von Vorstellungen entlang affektiver Bahnen die Selbst- und Objektvorstellungen absondert, die zu einer beunruhigenden Wahrnehmung gehören. Die Verdrängung wirkt durch die Zurückweisung eines geistig-seelischen Inhalts aus dem Bewußtsein, wobei dieser Inhalt mit einer Konflikterinnerung verbunden wird; die Spaltung von Vorstellungen kann die Ausschließung des Inhalts aus dem Bewußtsein bedeuten oder auch nicht. Manchmal sind beide getrennte emotionale Gruppierungen bewußt« (S. 781).

Im vierten Kapitel habe ich das Eingeschlossensein des Analytikers in den Kreislauf der introjektiv-projektiven Bezogenheit durch den Patienten beschrieben. Bei diesem Patiententyp standen die Analytikervorstellungen nicht nur für eine einzelne archaische Objektvorstellung, sondern für viele, besonders vor der Etablierung eines analytischen Introjekts. Auf klinischer Ebene ist es die Aufgabe des Analytikers, den wechselnden Charakter aller Fragmente zu verfolgen, die auf ihn projiziert und dann re-introjiziert werden. Schematisch schließen sich diese Fragmente der einen oder der anderen Seite der gespaltenen Repräsentanzen an — den »nur guten« oder den »nur bösen«. Samanthas Fall, den ich im zweiten Kapitel beschrieben habe, ist ein Beispiel dafür.

Die allgemeine Auffassung, daß das Kind — oder der erwachsene neurotische Patient in der Übertragungssituation — auf ödipaler Ebene in eine Dreiecksbeziehung verstrickt ist, während es in der frühen prägenitalen Phase in einer dyadischen Beziehung steht, ist aus der Perspektive der internalisierten Objektbeziehung nicht ganz richtig. Man muß bei fortschreitender Übertragung die Existenz von mindestens vier Hauptakteuren in der Konstellation postulieren. Auf prägenitaler Ebene bestehen, nachdem Selbst- und Objektvorstellungen differenziert sind

und die primitive Spaltung vollzogen ist, sowohl »nur gute« Selbstvorstellungen und »nur gute« Objektvorstellungen als auch »nur böse« Selbstvorstellungen und »nur böse« Objektvorstellungen. Diese verschieben ihren Standort, verbinden sich miteinander und trennen sich wieder. Patienten, die in die ödipale Phase eintreten und noch immer ausgedehnten Gebrauch von der primitiven Spaltung machen, erreichen keine Integrierung des Überichs. Zwei zusätzliche Akteure, die nicht ohne Verbindung zu den ersten vier sind, können dann innerhalb der Konstellation deutlicher identifiziert werden; diese repräsentieren einerseits das »idealisierte« Selbstbild, das mit dem sorgfältig idealisierten Bild des elterlichen Vorbilds zusammenhängt, und andererseits das grausame sadistische Selbstbild, das grausame elterliche Verbote und Strafen reflektiert. Beide fallen weder miteinander noch mit den vier anderen zusammen, wenn Stadium IV (Kernberg, 1972a) nicht erreicht wird.
Primitiv gespaltene Vorstellungen sind mit introjektiv-projektiver Besetzung verknüpft; das folgende klinische Beispiel zeigt, wie diese Vorstellungen während des Prozesses der introjektiv- projektiven Bezogenheit allmählich repariert werden.

Die primitive Spaltung des schwachsinnig-genialen Patienten

Meinen Patienten Joseph, der Anfang zwanzig war, als er zu mir in Behandlung kam, hatten die Ärzte als Kind als extrem autistisch oder geistig behindert diagnostiziert. Seine Familie hatte bemerkt, daß er sich nicht normal entwickelte, als er kaum mehr als ein Jahr alt war, und im Alter von vier Jahren wurde er in einem bekannten Universitätszentrum untersucht. Ausführliche Berichte aus jener Zeit zeigten, daß er an Enkopresis litt, da seine Mutter ohne Erfolg mit seiner Sauberkeitsgewöhnung begonnen hatte, als er eineinhalb Jahre alt war. Er hatte Schwierigkeiten beim Essen, schaukelte sich selbst sehr viel hin und her oder saß in traumähnlichem Zustand in einer Ecke. Obwohl er nicht zu antworten pflegte, wenn er angesprochen wurde, lief er gelegentlich einem Fremden entgegen und sagte »Hi!« Als er vier war, bestand sein gesamtes Vokabular aus »Hi«, »Mama«, »Papa«, »Bonbon« und »Bye-bye«. Wenn er mit sich selbst sprach, benutzte er eine eigene Sprache, erst mit sechs Jahren begann er, normal zu sprechen.
Obwohl man seinen Eltern gesagt hatte, daß er schwer behindert sei, gab seine Mutter niemals auf. Die Familie war in der Lage, ihn auf spezielle Schulen zu schicken, wo er individuell unterrichtet wurde.

Seine Eltern verfolgten zudem eifrig alle Berichte über entsprechende Entwicklungen auf medizinischem Gebiet wie etwa die »Entdeckung«, daß Glutaminsäure einem Kind mit behinderter Intelligenz helfen kann.

Im Laufe seiner speziellen Erziehung lernte der Junge sprechen und auf sich selbst achten, und nach einigen Jahren konnte er nach Hause zurückkehren und auf eine öffentliche Schule gehen. Während der Pubertät und danach beschäftigte er sich mit Mathematik, Physik, Astronomie und anderen Wissensgebieten, die keine soziale Interaktion erforderten und denen jeder emotionale Inhalt fehlte. Er fing an, sich selbst für ein Genie zu halten und wurde von seiner Mutter darin bestärkt. Trotzdem blieb seine Selbstvorstellung, daß er ein Schwachsinniger bei, bestehen, obwohl sie unter der anderen Selbstvorstellung, daß er ein Genie sei, verborgen war. Entsprechende Objektvorstellungen, die zeitweise nicht von seinen Selbstvorstellungen differenziert waren, schwankten gleichermaßen zwischen den Polen Genialität und Schwachsinn. Als seine Behandlung fortschritt, wurde mir klar, daß die Pole Schwachsinn und Genialität Verdichtungen waren, die primitiv gespaltene Selbst- und Objektvorstellungen aus »nur guten« und »nur bösen« Konstituenten repräsentierten.

Sein jüdischer Vater war als Junge aus Europa geflohen und hatte in Amerika als Industrieller ein beträchtliches Vermögen erworben. Als er in den Vierzigern war, heiratete er eine zwanzig Jahre jüngere narzißtische Frau. Während er selbst nur über eine sehr begrenzte Ausbildung verfügte, hatte seine Frau studiert und hielt sich für eine begabte Pianistin, eine selbstlose Menschenfreundin usw. Da er sehr stolz auf seinen »guten Fang« war, gab der Vater bereitwillig allen Forderungen nach, die sie stellte.

Joseph und ein älterer Bruder waren die einzigen Kinder in dieser Ehe. Der Bruder wuchs auf, studierte, heiratete und wurde Geschäftspartner seines Vaters. Während die Familie Joseph bis zur Mitte seines zweiten Lebensjahres für normal gehalten hatte, konnte sie doch von dieser Zeit an sein teilnahmsloses und autistisches Verhalten nicht mehr übersehen.

Wir nähern uns nun dem Ende einer dreijährigen analytischen Therapie mit vier Wochenstunden, und ich habe einige Aspekte der falschen Entwicklung in der frühesten Mutter-Kind-Einheit rekonstruieren können. Joseph war drei Jahre lang von einem anderen Analytiker, einem fähigen Kollegen, behandelt worden, ehe er mein Patient wurde, aber viele Fragen waren unbeantwortet geblieben. Es ist wahrscheinlich, daß das Kind einen konstitutionellen Defekt hatte und daß seine schwankenden Reaktionen auf seine Mutter für sie eine narzißtische Kränkung bedeuteten. Sie verlangte von ihm, daß er vollkommen sei, und machte das Erlangen dieser Vollkommenheit zu einer Mission, die ihn sehr einengte und bedrängte. Während des ersten Jahres seiner Analyse verfiel er oft in eine schlafähnliche Zurückgezogenheit, was in mir den heftigen Wunsch hervorrief, in seinen Zustand des Abgesondertseins einzudringen (wie seine Mutter es so oft getan hatte), aber ich hielt mich zurück. Manchmal döste er auf diese Weise die ganze Stunde lang; obwohl sein Atem tief und hörbar war, schien es kein Schlaf im üblichen Sinne zu sein. Er erhob sich von der Couch und ging, wenn er mich nach einer Stunde dösender Unaufmerksamkeit sanft darauf hinweisen hörte, daß die Sitzung beendet war.

Seine Mutter hatte ihn bei der Sauberkeitserziehung stark unter Druck gesetzt. Sie machte ihm bei jedem Zeichen von Konstipation einen Einlauf, seit er eineinhalb Jahre alt war. Da sie ihn als eine Erweiterung ihrer selbst betrachtete, wollte sie, daß er sauber war, für ihn war der Einlauf jedoch ein blutsaugerischer Angriff. Während des ersten Jahres sprach er das Wort »enema« (Einlauf) nicht korrekt aus und machte daraus etwas wie »Anämie«. Die Mutter suchte hartnäckig Hilfe in ihrem narzißtischen Kampf, das Kind zur Sauberkeit zu erziehen und es zum Sprechen zu bringen; in der Analyse äußerte Joseph verwirrt und erstaunt die Vermutung, daß ihr Kreuzzug, ihm zu helfen, weitgehend um ihrer selbst willen, um einen Makel auf ihrer narzißtischen Selbstachtung zu entfernen, geführt worden war. Er war sehr dankbar für den großen Aufwand an Geld, das für seinen Unterricht im Sprechen, Lesen und allen möglichen anderen Fähigkeiten, die in der Beziehung mit anderen wichtig waren, ausgegeben wurde. Die speziellen Schulen, die er besucht hatte, waren nicht psychoanalytisch orientiert. Eine gewisse Verhaltensmodifizierung war mit Hilfe von Belohnungen und Strafen versucht worden, aber er war nicht physisch gestraft worden.

Seine Mutter bewahrte die Berichte über seinen frühen Krankenhausaufenthalt, seinen Unterricht sowie die Intelligenztests auf, und diese Berichte wurden für Mutter und Kind zu etwas Magischem. Sie waren die Symbole seiner Selbstvorstellung, daß er ein Schwachsinniger sei, die nicht in seine andere Selbstvorstellung, daß er ein Genie sei, integriert war. Als er während des zweiten Jahres bei mir diese Berichte einmal mitbrachte, um sie mir zu zeigen, hatte er unter sein Hemd wie einen Schild ein Buch mit Lebensbeschreibungen zahlreicher großer Geister wie Christus, Plato, Einstein u. a. gestopft. Er fürchtete, daß ich, wenn ich seine »magischen Berichte« sehen würde, ihn für dumm halten könnte. Die weitere Analyse zeigte, daß diese Sammlung von Berichten in magischer äußerlicher Weise wirklich seine »nur bösen« Selbst- und Objektvorstellungen repräsentierte. Sie waren wie eine »Bombe« (schlechtes Faeces-Material), und er mußte seine »nur guten« Selbst- und Objektvorstellungen buchstäblich mit einem Schild schützen. Ich sah in diesem Zwischenfall eine erstaunlich genaue Illustration der primitiven Spaltung. Sein fundamentaler Abwehrmechanismus war nicht die Verdrängung; die schwachsinnigen »bösen« Selbst- und Objekteinheiten waren ihm bekannt, sie waren aber abgespalten worden.

Mit Hilfe des väterlichen Einflusses gewann Joseph ein Stipendium für die Universität, an der ich arbeite, und kam so zu mir in die Analyse. Er mußte die Stadt, in der er das College besucht hatte, verlassen und damit auch seinen ersten Analytiker aufgeben. Im frühen Stadium der Behandlung waren seine starken autistischen und symbiotischen Abwehrmanöver gegen mich gerichtet. Abgesehen von den täglichen Interaktionsmöglichkeiten beim Einkaufen und anderen Verrichtungen lebte er ein absolut einsames Leben und fühlte sich über das Bedürfnis oder den Wunsch nach weitergehenden menschlichen Kontakten erhaben. Im Hörsaal saß er abseits, von allen anderen getrennt. Seine äußere Erscheinung erleichterte es ihm, sich von den anderen Menschen zu distanzieren. Er war klein und ziemlich übergewichtig. Er lächelte ständig; sein Gang erinnerte mich an den eines Pinguins. Wenn sich andere ihm aus Gründen der »sozialen Interaktion« näherten, wurde er entweder übermäßig »reizend«, während er sich gleichzeitig weit entfernt fühlte, oder er war kurz angebunden und grob. Er nahm in naiver Weise Anteil an seinen »Freunden«, die sich in seinen Augen auch plötzlich in »nur böse« Menschen verwandeln konnten. Er beurteilte andere entsprechend seiner Einschätzung ihres IQ. Dies war die einzige Dimension, die sie für ihn hatten, und er fühlte nur denjenigen gegenüber eine emotionale Reaktion, die er auf der IQ-Skala sehr hoch (als Genies) oder ungewöhnlich niedrig (als Schwachsinnige) einschätzte; alle diejenigen, die ihm »durchschnittlich« erschienen, beachtete er nicht. Sein Gebrauch des Begriffs »durchschnittlich« erinnerte mich an Samanthas »Schranke« (Kapitel 2). Ihre Schranke war die Trennung (Spaltung) zwischen ihren »linken« und ihren »rechten« Vorstellungen; sie bot ihr nichts, auf das sie sich hätte stützen können. In ähnlicher Weise bot Josephs »durchschnittlich« ihm nichts, worauf er sich hätte stützen können; es war eine Lücke zwischen polaren Gegensätzen, die er eher als einen Abgrund denn als eine farblose Fläche oder eine »graue Zone« zwischen zwei starken Extremen betrachten mußte.

Manchmal waren seine Hosen schmutzig, und immer, wenn er erkältet war, stopfte er so viele Papiertaschentücher in seine Hemdtaschen, daß sich seine Brust wölbte. Wenn er einen Manschettenknopf verlor, ersetzte er ihn durch eine Schnur, um seinen Ärmel am Handgelenk festzuhalten, und ließ die Schnurenden heraushängen. In der Analyse konnten wir diese merkwürdigen Verhaltensweisen als Abwehrmanöver verstehen, die dazu bestimmt waren, sich über andere lustig zu machen und die angsterregende Nähe zu vermeiden. Die weitere Analyse deckte in diesen Verhaltensweisen eine primitive Spaltung auf in dem Bemühen, seine »nur guten« Einheiten von den ihnen entgegengesetzten fernzuhalten. Die Möglichkeit, die Gegensätze zu vereinen, rief primitive Angst bei ihm hervor. Er pflegte sich auf der Couch hin und her zu schaukeln, während ich ihm interpretierte, was er tat. Es fehlte ihm jede Erfahrung mit näher bestimmten Affekten; es gab keine Möglichkeit, daß etwas »ein bißchen böse« sein konnte — es mußte »nur böse« sein.

Der Beginn des Reparierens der primitiven Spaltung

Während des ersten Jahres seiner Analyse beschützte Joseph sein Genie, seine »nur guten« Selbst-Objekt-Vorstellungen, indem er mich als Erweiterung seiner eigenen Vorstellung verächtlich — oder vollkommen — machte. Er »trauerte« nicht im üblichen Sinne über den Verlust seines ersten Analytikers, sondern wählte reale oder phantasierte Aspekte meiner Person aus und verschmolz sie mit ähnlichen realen oder phantasierten Aspekten seines ersten Analytikers; auf diese Weise verschmolz er uns miteinander und hielt den ersten Analytiker in mir »lebendig«. So konnte er uns beide zu einer Erweiterung seiner selbst machen. Zu anderen Zeiten trauerte er in übermenschlichem Stil, in kosmischen Termini, wobei er in großen Worten über die Symbolik zweier Milchstraßen sprach, die sich voneinander entfernten. Manchmal verschmolzen während des ersten Jahres seiner Behandlung seine Objekt- und Selbstvorstellungen miteinander und differenzierten sich dann wieder, was mir gelegentlich das Gefühl gab, daß vier Personen im Raum waren, wenn wir beide allein waren.

Während des zweiten Jahres verriet er mehr über seine intrapsychischen Prozesse, als er sich ausreichend sicher fühlte, daß ich weder ihn verschlingen noch das, was er an Individualität besaß, töten würde. Am Ende dieses Jahres bemerkte er ein Gemälde von einem Tropenwald an der Wand meines Sprechzimmers; da er wußte, daß ich Türke bin, bestand er darauf, daß es eine türkische Landschaft darstellte. Er war einmal mit seinen Eltern in Israel gewesen und hatte auf der Rückreise einige Tage in Istanbul verbracht. Er erinnerte sich sehr gut, daß es in der Türkei nicht aussah wie die Landschaft auf dem Gemälde, aber er bestand darauf, daß dies der Fall sei, er geriet in Panik und sprach wie ein Maschinengewehr, das Kugeln ausspuckte, um mich zu töten. Dann sagte er, das Gemälde stelle eine afrikanische Gegend dar, in der Kannibalen lebten. Einige Tage später kam er mit zerrissenem Reißverschluß an der Hose herein und spreizte die Beine, als er auf der Couch lag, als wollte er mich auffordern, in seine »symbolische« Vagina einzudringen. Ich sagte ihm, daß ich sein Interesse an mir bemerkt hätte, wies ihn aber darauf hin, daß ihn dieses Interesse dazu gebracht hätte, mich als einen Repräsentanten derer anzusehen, die er für gefährlich hielt, und seine Angst verstärkt hätte, ich könnte ihn erdrücken oder verschlingen. Ein paar Tage später war er fähig, mir von seiner üblichen Masturbationsphantasie zu erzählen, in der er seinen Penis wie einen Staubsauger benutzte, der das Bild seiner Mutter in seine Brust einsaugte. Ich schloß daraus, daß sie ein nicht assimilierter Fremdkörper war, ein Introjekt mit archaischen Überich-Charakteristika. Sie pflegte dann ein Verhalten von ihm zu verlangen, das er als Strafe ansah. Er nahm die Anordnungen seiner Mutter als innere auditorische Halluzinationen wahr. Ich bin der Meinung, daß die auditorischen Aspekte dieser Erfahrung die Auffassung von Isakower (1938) und Fließ (1953) über die gesprochenen Worte, die man in Träumen »hört«, bestätigen; diese Auffassung stimmt mit Freuds ursprünglichen Gedanken über die in Träumen vorkommende stimmliche Äußerung und den auditorischen Kern des Überichs überein.

Im realen Leben schloß sich Joseph gern in einem Raum ein, um zu lesen und sich von der Welt zurückzuziehen, aber sein Introjekt forderte, daß er auf seine Bestrafungsphantasien reagierte, indem er die Tür öffnete, trotz des extremen Unbehagens, das er dabei empfand. Entsprechend pflegte er dem Befehl zu gehorchen und die Tür zu öffnen; dann führte er mit Hilfe einer Ejakulation die Spannung ab, die diese Kapitulation in ihm aufgestaut hatte. Diese Spannung wurde durch die Re-Internalisierung der »nur bösen«, fordernden Muttervorstellung verursacht, die er gewöhnlich außerhalb seiner selbst hielt. Sie wurde hervorgerufen sowohl durch die Projektion seiner eigenen aggressiven Triebderivate als auch durch die Externalisierung seiner primitiv abgespaltenen, gefährlichen, Einläufe machenden, blutsaugerischen Muttervorstellung. Joseph gehorchte den von außen kommenden Forderungen des Mutterbildes (das re-introjiziert worden war), um dessen internalisierter Wut zu entgehen.

Später wurde auch ich durch seinen Penis eingesogen, da ich zwar bis zu einem gewissen Grade vom Mutter-Introjekt unterschieden, aber noch mit ihren mächtigen und primitiven Charakteristika ausgestattet war. Die Grausamkeit des Introjekts verschwand allmählich, als ich Joseph immer wieder klarmachte, daß trotz der — in seinen Augen — strafenden Aspekte der »Befehle«, die er empfing, der Befehl, die Tür zu öffnen, meine (der frühen Mutter) Art war, ihm zu helfen, seine glorifizierte, aber einsame Existenz zu ändern und eine *Brücke* für ihn zu bauen, damit er das Wesen der Dinge draußen kennenlernen könne. Ich wies darauf hin, daß er selbst wünschen könnte, die Tür zu öffnen; daß er sich möglicherweise hauptsächlich deshalb davor scheute, weil er Angst hatte, in eine Einlaufspritze eingesogen zu werden. Während er eine große Gefahr darin sah, durch die Spritze (den Penis) eingesogen zu werden, war dies für ihn doch auch eine Art der Bezogenheit. Darüber hinaus waren meine Interpretationen auf die aggressiven Aspekte seiner Erfahrungen gerichtet — auf seine Wut darüber, daß seine Mutter sein Blut eingesogen hatte zu einer Zeit, als er versuchte, seine Selbständigkeit zu erlangen. Meine Interpretationen waren darauf gerichtet, die Grausamkeit des Introjekts zu verändern und gleichzeitig seine nährenden Funktionen zu erweitern, um es liebevoll genug zu machen, so daß es mit den analytischen Zügen assimiliert werden konnte. Als die Grausamkeit dieses Introjekts, d. h. die externalisierte gefährliche Muttervorstellung (als »nur böses« Objekt) verschwand, war es besser vereinbar mit seinen »guten« Selbst- und Objektvorstellungen. Auf diese Weise wurde ein Reparieren der primitiven Spaltung zwischen den »guten« und den »bösen« Selbst- und Objekteinheiten initiiert.

Nicht lange nach dieser Interaktion griff Joseph mich plötzlich während einer scheinbar ruhigen und wie gewöhnlich verlaufenden analytischen Sitzung physisch an. Der Angriff traf mich überraschend. Ich verteidigte mich und niemand wurde verletzt. Mehrere Minuten lang erlag Joseph einer Überflutung durch das Gefühl, nachdem er »Kontakt« mit mir gehabt hatte. Dann verließ er den Raum, kehrte aber bald mit einer Entschuldigung zurück und nahm seinen Platz auf der Couch wieder ein. Ich berichte diesen Zwischenfall in dem vollen Bewußtsein, daß irgendein technischer Fehler oder eine unbewußte Handlung meinerseits ihn hervorgerufen haben kann. Ich glaube jedoch, daß bei bestimmten Patienten, deren Probleme tief in der präverbalen Periode eingebettet sind, ein vorstellungshaftes und verbales Verständnis infantiler Wut und infantiler Abwehr nicht immer ausreichend ist, und daß Joseph das Bedürfnis nach einem »acting in« — im analytischen Rahmen — von etwas hatte, das in der Tat eine erste Erfahrung für ihn war. Es repräsentierte die affektive Komponente des Kontakts zwischen

»nur guten« und »nur bösen« Vorstellungen. Joseph erlebte die primitive Angst (die Überflutung durch das Gefühl) bei der Bedrohung, all seine »nur guten« Einheiten durch den Kontakt mit den »nur bösen« zu verlieren. Ich glaube, daß der Patient die Überflutung durch das Gefühl ertragen muß — allerdings ist zu hoffen, daß dies auf weniger dramatische Weise geschieht als in diesem Beispiel —, um früher primitiv gespaltene entgegengesetzte Vorstellungen zusammenzuhalten. (Ich werde die Überflutung durch das Gefühl im einzelnen in Kapitel 7 behandeln).

Josephs Bezogenheit auf die Welt veränderte sich danach in für ihn wahrhaft drastischer Weise. Er freundete sich mit einem Studenten an, dessen Blindheit die Bedrohung reduzierte, die Joseph immer durch andere menschliche Wesen empfand, mit dem er jedoch trozdem eine echte Erfahrung menschlicher Interaktion machte. Er begann, an Versammlungen in der »Brücke« teilzunehmen, einem Ort, an dem sich Menschen trafen, die Erlösung in der Religion suchten, und er fand dort in der Tat eine Brücke, über die er andere treffen konnte. Er fing auch an, mehrere Male in der Woche ins Gericht zu gehen und den Verhandlungen beizuwohnen, um »etwas über die Menschen zu erfahren«. Eine Zusammenfassung der Ereignisse, die darauf folgten, wird, denke ich, zeigen, wie das veränderte Introjekt, nun ein analytisches Introjekt, eine weitere strukturelle Veränderung in dem Patienten förderte, einschließlich des Beginns von Identifizierungsprozessen, die komplizierter sind als die, die mit groben Formen der Introjektion einhergehen.

Seine Assoziationen zeigten eine aktive Beteiligung an dem Bemühen, seine primitive Spaltung zu reparieren. »Nur gute« Genie-Objektvorstellungen wurden mit »nur bösen«, Schwachsinnigen-Vorstellungen zusammengefügt, und ähnliche Veränderungen zeigten sich auch bei den gespaltenen Selbstvorstellungen, wodurch seine Fähigkeit zur Integration und zur Einschätzung der Realität gefördert wurden. Er setzte sich nun von selbst näher zu seinen Mitstudenten im Hörsaal. Er träumte, er befinde sich in einer Eingangshalle, die zu einer Cafeteria, einem Friseurgeschäft, einer Buchhandlung und einem Postamt führte. Seine Assoziationen wiesen darauf hin, daß die Cafeteria seine Mutter repräsentierte, das Friseurgeschäft seinen Vater, die Buchhandlung ihn selbst und das Postamt den Analytiker. Er defäkierte, während er sich in der Halle befand, und fühlte sich entsprechend beschämt. Während er diesen Traum erzählte, erinnerte er sich daran, daß er sich einmal auf dem Wege zur Praxis seines ersten Analytikers in die Hosen gemacht hatte. In diesem Traum bewies er *Autonomie,* indem er angesichts von Verkörperungen seiner Eltern und seines Analytikers defäkiert hatte.

In dem nächsten Traum, den er berichtete, war er in einem Hörsaal, ungefähr im Jahre 1885. Er sah sich selbst als einen intelligenten jungen Mann, in einer realistischen Charakterisierung seiner wirklichen Selbstvorstellung. Noch ein anderer Student war anwesend, ein Genie wie Einstein (eine Darstellung seines Genie-Selbst). Dieser Traum folgte auf einen Besuch in Hillel, wo er mit viel Vergnügen eine Vorlesung über das Judentum angehört hatte. Obwohl er nun regelmäßig den christlichen Treffpunkt »Die Brücke« aufsuchte, war er selten nach Hillel gegangen; er war dabei, sein Bild von seinem Vater (ein Zionist und ein Heuchler) zu reparieren, und ich spürte, daß er sich nun gestatten konnte, sein jüdisches Erbteil zu bejahen. Er verband das Jahr 1885 mit der Zeit, in der der Norden und der Süden Amerikas (»gut« und »böse«) vereinigt (repariert) wurden. Seiner Meinung nach war der Präsident zu jener Zeit weder besonders stark noch überlegen. Seine Assoziationen zu dem Traum zeigten, daß er den Präsidenten unbedeutend machte, um Raum zu schaffen für »neue« Vaterfiguren, Immigranten, die um 1885 in großer Zahl nach Amerika gekommen waren. Der Vater und der Analytiker waren beide Immigranten. Vielleicht diente die neue Vaterfigur seinem Genie-Selbst, da auch Einstein Immigrant gewesen war. In seinen Assoziationen zu dem Traum zeigte der Patient Einblick in seine psychischen Prozesse und drückte seinen Wunsch aus, vom Analytiker zu lernen, »freundlich« zu sein, und weder ganz und gar ein Genie noch ganz und gar schwachsinnig zu sein, sondern ein normales menschliches Wesen.

Einige technische Vorschläge

Bevor die primitive Spaltung erfolgreich repariert werden kann, muß sie in der Übertragung gründlich durchgearbeitet werden. Die primitive Spaltung läßt den Patienten äußere Objekte, einschließlich des Analytikers, als »nur gut« oder »nur böse« sehen. Wenn der Analytiker »nur gut« oder, in Kernbergs (1967) Formulierung, »primitiver Idealisierung« unterworfen ist, sieht der Patient in ihm ein Bollwerk gegen alle »bösen« Objekte. Der Patient wird dann irgendein äußeres Objekt als diabolisch (»nur böse«) identifizieren und seinen Analytiker irgendwann darauf ansprechen. Manche Patienten sind darin sehr »raffiniert« und verstehen es, den Analytiker davon zu überzeugen, daß das betreffende Objekt wirklich »böse« ist und er seinen Patienten gegen dessen Bösartigkeit beschützen und seine Partei ergreifen muß. Man muß den Analytiker davor warnen, seinen Patienten darin zu unterstützen, das Objekt, das er als »böse« beschreibt, zu entwerten und von sich wegzuschieben. Er sollte ihn aber auch nicht vom Gegenteil überzeugen wollen. Der Analytiker sollte sich vor voreiligen Interventionen hüten, mittels derer er dem Patienten zu zeigen versucht, daß das »böse« Objekt in Wirklichkeit gar nicht so »böse« ist. Der Patient kann durchaus dazu übergehen, die Rollen des Analytikers und des im Augenblick als »böse« beschriebenen Objekts umzukehren; dieses Manöver kann, nachdem es oft genug wiederholt worden ist und sich in der Übertragung voll entwickeln konnte, den Analytiker auf den richtigen Augenblick hinweisen, den Patienten auf den Mechanismus aufmerksam zu machen. Da keine starke Verdrängung vorliegt, ist sich der Patient seiner primitiven Spaltung bewußt, obwohl es vorkommen kann, daß er die Spaltung leugnet, um sie aufrechtzuerhalten.

Der Analytiker kann eine ähnliche Situation dazu benutzen, den Patienten sanft zu überzeugen. So erzählt z. B. ein junges Mädchen mit einer Borderline-Organisation ihrem Analytiker, daß ihr »nur böser« Freund eine Verabredung mit ihr nicht eingehalten oder die Stadt für ein paar Tage verlassen habe; sie empfindet ihn deshalb als lieblos und abweisend. Bald darauf ist der Analytiker gezwungen, selbst einen Termin mit der Patientin abzusagen, die ihn jedoch schnell entschuldigt, da der »nur gute« Analytiker ohne Makel bleiben muß. Diese Reaktion erlaubt es dem Therapeuten, die beiden Situationen miteinander zu vergleichen und seine Patientin auf die Inkonsequenz ihrer emotionalen Reaktion aufmerksam zu machen. Der Analytiker sollte jedoch nicht vergessen, daß die Spaltungsübertragung die wichtigste zu erwartende Form der Übertragung dieses Patiententyps ist, und er es zulassen muß, daß sie sich ohne voreilige Intervention seinerseits voll entwickelt.

In dem oben erwähnten Beispiel repräsentierte der Analytiker den »guten« Analytiker und der Freund den distanzierten »bösen« Analytiker. In gewissem Sinne kann sich die primitive Spaltung verengen, wenn der Patient den Analytiker in schnellem Wechsel innerhalb einer Sitzung einmal als »gut«, einmal als »böse« sieht. Eine vorzeitige Konfrontation mit der primitiven Spaltung verhindert die Entfaltung des Hintergrundes, die für ein *analytisches* Durcharbeiten dieser der Abwehr dienenden Anpassung nötig ist. Erst wenn die primitiv gespaltene Übertragung auf den Analytiker sich voll entwickelt hat, erkennt der Patient die Interpretation der Abwehrfunktion der primitiven Spaltung als richtig an. Von grundlegender Notwendigkeit ist diese Interpretation der *Übertragung.* Auf diese Weise begreift der Patient, was hinter seinen rasch aufeinander folgenden gegensätzlichen Auffassungen von seinem Analytiker steht.

Zu einer bestimmten Zeit begann Joseph, die Manifestationen seiner primitiven Spaltungsübertragung durchzuarbeiten, indem er eine halbe Stunde zu spät zu seiner Sitzung kam. Auf diese Weise reduzierte er die Zeit bei seinem Analytiker auf die Hälfte. Er gab keine Erklärung dafür, sondern begann jede Sitzung so, als ob er pünktlich gekommen wäre. Er war freundlich, und die ersten Bemerkungen, die er machte, knüpften im großen und ganzen an das an, worüber er in der vorangegangenen, ebenfalls auf die Hälfte der Zeit verkürzten Sitzung gesprochen hatte. Eine Zeitlang sagte ich nichts über seine Unpünktlichkeit; dann brachte ich ihn vorsichtig dahin, sein Verhalten selbst zu untersuchen. Zuerst erklärte er in einer Art Pseudo-Verleugnung, daß er gar nicht zu spät gekommen sei. Danach war er fähig zu erzählen, was er mit der ersten halben Stunde ohne seinen Analytiker gemacht hatte; er pflegte diese Zeit im Badezimmer zu verbringen, wobei er mein Bild im Geiste vor sich hatte, Unterhaltungen mit mir führte — und von mir angegriffen wurde. Auf diese Weise konnte er die Hälfte der Stunde mit der abgespaltenen »bösen« Analytiker-Vorstellung durchleben, und wenn er dann in mein Sprechzimmer kam, hatte er einen Analytiker, der »nur gut« war. Die Interpretation und Durcharbeitung solch dramatischer Manifestationen der primitiven Spaltung helfen dem Patienten, seine »guten« und »bösen« Objektvorstellungen zu integrieren.

Man darf nicht vergessen, daß auch die Selbstvorstellungen primitiv gespalten sind, und der Patient muß sie schließlich in der Übertragungsbeziehung durcharbeiten. Das klinische Bild primitiv gespaltener Selbstvorstellungen kann dem multipler Persönlichkeiten ähnlich sein. Bei hysterischen multiplen Persönlichkeiten ist untergründig sowohl ein integrierter Selbstbegriff als auch eine internalisierte Objektvorstellungswelt vorhanden. Bei der Hysterie sind die verschiedenen »Persönlichkeiten« eher durch Verdrängung als durch primitive Spaltung oder Fragmentierung voneinander getrennt.

Die Durcharbeitung gelingt am besten, wenn die primitiv gespaltenen Vorstellungen mit einer introjektiv-projektiven Bezogenheit verknüpft sind, wenn sie zusammenfallen, sich wieder trennen und dann (re-)projiziert und (re-)introjiziert werden. Bei solchen Patienten weist die unvermeidliche introjektiv-projektive Bezogenheit auf eine Fixierung (oder Regression) hin, und es handelt sich dabei um eine pathologische Manifestation. Die Beobachtung des Analytikers, daß er in diesen circulus vitiosus einbezogen wird, sollte von ihm nicht als ein Aspekt des Durcharbeitens verstanden werden, wenn dieser Kreislauf sich wiederholt — solange der Analytiker seinem Patienten nicht dazu verholfen hat, ein aktiv beobachtendes Ich zu entwickeln. Wenn das beobachtende

Ich des Analytikers wach bleibt und er damit gleichzeitig das seines Patienten beschützt, kann er sowohl diese Zielverschiebungen der Triebderivate als auch die verschiedenen Selbst- und Objektvorstellungen verfolgen und seinem Patienten beim Prozeß der Integrierung helfen.
Der introjektiv-projektive Kreislauf kann dazu führen, daß in der Übertragung agiert wird. Der Analytiker muß den Patienten bei der Durcharbeitung zum rechten Zeitpunkt und auf einer geeigneten Ebene durch Interpretationen und Verhalten frustrieren, um die introjektiv-projektiven Mechanismen zu behandeln, die der Patient beim Agieren in dem Bestreben nach Triebbefriedigung anwendet. Es ist von wesentlicher Bedeutung, daß der Analytiker selbst ruhig bleibt, um die Affekte zähmen zu können, die mit der introjektiv-projektiven Bezogenheit des Patienten verbunden sind, denn viele Patienten erleben im Verlauf der Prozesse, die ich untersucht habe, Derivate ungezähmter Emotionen (vgl. Kapitel 7).

6

Die primitive Spaltung gegen Ende der Behandlung

Dieses Kapitel schildert die von einer jungen Frau in ihrer sechsjährigen Behandlung als aktive Abwehr gezeigte primitive Spaltung. Es beschreibt ihre Versuche, die Polarisierung zwischen »nur guten« und »nur bösen« Selbst- und Objektvorstellungen und -imagines zu reparieren.
Sobald die gegensätzlichen Konstellationen von Selbst- und Objektvorstellungen zusammenfallen, richtet sich die Aufmerksamkeit erhöht auf die Übertragungsneurose. Trotzdem darf das Bemühen, die primitive Spaltung zu reparieren, während der gesamten Analyse nicht vernachlässigt werden.
Patienten mit einer Borderline-Persönlichkeit neigen dazu, in der Endphase der Behandlung zu ihren pathologischen Funktionsweisen zurückzukehren. Ich lege die Endphase der Analyse dieser jungen Frau dar und akzentuiere dabei besonders den Beitrag ihrer Träume zum Verständnis ihres Rückfalls in den frühen Abwehrmodus der primitiven Spaltung und deren schließliche Auflösung.

Das Reparieren der primitiven Spaltung in der Endphase der Analyse

Der Patient, der in der Entwicklungsphase, in der die primitive Spaltung dominiert, stehengeblieben (oder auf sie regrediert) ist, klassifiziert Selbst- und Objekteinheiten durch einfache Schwarz-Weiß-Differenzierung; wenn die primitive Spaltung repariert ist, wird er fähig, feinere Unterscheidungen zu machen und innerhalb dieser Klassifizierung wesentliche Hierarchien einzuführen. Wir können erwarten, daß ein Patient mit einer Borderline-Persönlichkeitsorganisation am Ende einer erfolgreichen Behandlung aufhört, seine aggressiv gefärbten Selbst- und Objektbilder zu externalisieren und die guten, die er in sich bewahrt hat, durch Abwehr zu beschützen. Beide, Patient wie Analytiker, müssen während der *gesamten* Analyse verstärkt daran arbeiten, die primitive Spaltung zu reparieren; sobald dieser Prozeß einmal eingesetzt hat, wird die Übertragungsneurose mehr Aufmerksamkeit erfordern. Joseph, dessen Fall ich im fünften Kapitel beschrieben habe, stellte, nachdem seine primitive Spaltung weitgehend repariert war, fest, daß seine Analyse bei ihm ein Narbengewebe hinterlassen habe, das »in der Mitte fest war«. Er fügte hinzu, daß er und sein Analytiker mit der Arbeit an dem Narbengewebe weitermachen sollten, um auch die Ränder zu verstärken. Obwohl in der Behandlung solcher Patienten auch »neurotische Zonen« ständig Aufmerksamkeit fordern, besteht das Hauptziel im Aufbau einer neuen Persönlichkeitsstruktur, sobald mit Hilfe analytischer Introjekte die primitive Spaltung repariert ist; neue Identifizierungen, die dann zur Verfügung stehen, dienen als Transplantationsgewebe.

Meine Erfahrung hat mir gezeigt, daß Patienten, bei denen früher die primitive Spaltung vorgeherrscht hatte, in der Endphase ihrer Analyse wieder zu dieser Funktionsweise »zurückkehren« können, manchmal in übertriebener Weise. Eine solche »Rückkehr« findet nun jedoch unter den aufmerksamen Augen des beobachtenden Ichs statt. Dieser Mechanismus läßt sich durch eine Patientin illustrieren, deren Analyse anfänglich von der Konzentration auf die primitive Spaltung beherrscht war. Ihre Träume in der Endphase zeigen deutlich, wie die primitive Spaltung (wieder) repariert wird und wie dieser Vorgang von einer gegenseitigen Durchdringung und Neutralisierung aggressiver und libidinöser Triebderivate begleitet wird.

Jane

Ich habe diese Patientin Jane genannt, weil sie ständig heftig zwischen aggressiv und libidinös besetzten Objekten hin und her schwankte, wobei ihre »nur guten« und ihre »nur bösen« Objekte die polaren Extreme bildeten, die für die primitive Spaltung charakteristisch sind. Dieser Prozeß erinnerte mich an Tarzan, der sich, an eine Schlingpflanze geklammert, in hohem Bogen durch den Dschungel schwingt. Als ich meiner Patientin im dritten Jahr ihrer Behandlung diesen komischen Einfall erzählte, ließ ihre neu erworbene weibliche Selbstvorstellung sie sogleich einwenden, daß sie *nicht* Tarzan sei — daß sie aber Jane, seine Gefährtin, sein könnte.

Als ich sie zum erstenmal sah, war sie einundzwanzig Jahre alt und Kunststudentin an einem College etwa hundertsechzig Kilometer von ihrem Heimatort entfernt. Der College-Psychiater diagnostizierte eine akute schizophrene Reaktion und schickte sie zur Aufnahme in unser Krankenhaus. Er war der Ansicht, daß ihre Angst sich mit dem Näherkommen des Abschlußexamens verstärkt hatte; sie berichtete, daß sie bizarre Veränderungen in seinem Sprechzimmer wahrgenommen hatte, wie Wellenbewegungen in den Wänden und an der Decke und Farbveränderungen. Sie klagte darüber, daß sie sich »leer« fühlte und keine

Identität hätte, und sie verbrachte Stunden damit, ihre Gedanken aufzuschreiben, in der Hoffnung, daß der College-Psychiater sie lesen würde. Sie beschrieb Seite um Seite mit losen Assoziationen, die auch selbst verordnete Rorschach-Tests einschlossen, pseudophilosophische Aussagen über das Leben und den Wunsch zu sterben und sich in eine Blume zu verwandeln. Sie beschrieb detailliert einige Waageinstrumente, insbesondere ein kleines Instrument, das mangelhaft arbeitete; es war offenkundig, daß sie damit Bezug nahm auf die Fragmentierung ihres Selbst und ihrer internalisierten Objektvorstellungen wie auch auf ihre partielle Regression in ein undifferenziertes Stadium. Sie schrieb:

Vor Tagesanbruch ging es [das kleine Instrument] auf Zehenspitzen fort, aber eines der großen Instrumente wachte auf. »Wohin gehst du?« »Ich muß mich in ein Vakuum begeben, um mich ins Gleichgewicht zu bringen«, sagte es. Die anderen wachten auf und waren entsetzt. »Du läufst fort!« »Flucht!« »Du mußt der Realität ins Gesicht sehen!« »Ein Vakuum ist nicht dazu da, daß man darin lebt!« »Unreif!« Und es weinte und schlich trotzdem fort. In dem Vakuum, im Dunkeln, fern von den Sticheleien und Fragen und Antworten, maß es sich genau und stellte dabei fest, daß es größer war, als es gedacht hatte, und kleiner, als es gedacht hatte, und intelligenter und dümmer, hübscher und häßlicher, empfindlicher und unempfindlicher; ausgewogener und weniger ausgewogen, als es gedacht hatte ...

Janes Vater verwaltete einen Grundbesitz. Die gegenwärtige Eigentümerin, der dieser Besitz seit langem gehörte, hatte ihn zusammen mit umfangreichen Besitzungen andernorts von ihrem Mann geerbt, den sie als junge Frau, die selbst für ihren Unterhalt sorgte, während einer Krankheit gepflegt und auf diese Weise kennengelernt hatte. Sie bewohnte das Haupthaus nicht viel länger als drei Monate im Jahr, und Janes Familie stand ein üppig ausgestattetes Landgut zur Verfügung, ganz so, als ob Janes Vater selbst der Eigentümer gewesen wäre. Dieses Arrangement bestand seit langer Zeit, da schon Janes Großvater den Besitz verwaltet hatte und ihr Vater schon seit seinem fünften Lebensjahr dort lebte. Jane hatte ein Gefühl der Unwirklichkeit, wenn sie die Klassen- und Rollenunterschiede bemerkte, die sichtbar wurden, wenn die wirkliche Besitzerin dort wohnte und Janes Mutter aus dem Status einer »Königin« gezwungenermaßen in den Status einer »Kammerfrau« zurückversetzt wurde, die der Besitzerin auf das leiseste Zeichen gehorchen mußte.

Als Janes Eltern heirateten, war ihr Vater Ende zwanzig, ihre Mutter erst siebzehn. Ihr erstes Kind, eineinhalb Jahre älter als Jane, hatte einen angeborenen Herz-Lungen-Fehler und starb in den Armen der Mutter auf dem Wege zum Krankenhaus, als Jane selbst eineinhalb

Jahre alt war. Die schwache Gesundheit des ersten Kindes hatte der Mutter tiefe Ängste verursacht, und sie war nicht fähig, über den Tod des Kindes zu trauern; genausowenig war sie in der Lage, Jane adäquate mütterliche Fürsorge zuteil werden zu lassen. (Sie bekam später noch zwei Söhne, die drei bzw. sieben Jahre jünger waren als Jane.) Dazu kam noch, daß sie, als sie Jane stillte, eine Brustentzündung hatte. Im ersten Traum, den Jane während der Behandlung berichtete, fütterte man sie aus einer riesigen Schüssel mit Hafermehl, sie fiel in die Schüssel und begann zu ersticken, als sie vor Angst aufwachte. Viel später in ihrer Analyse, kurz vor dem Beginn der Endphase, erinnerte sich Jane an eine besondere Puppe mit einem Kopf aus Porzellan, Händen aus Plastik und einem Stoffkörper. Die Puppe hatte ihrer Mutter gehört, und Jane hatte sie als kleines Mädchen bekommen, mit der Ermahnung, nicht mit ihr zu spielen, damit sie ihren zarten Kopf nicht zerbräche. Sie ließ die Puppe schließlich doch fallen und zerbrach ihren Kopf; ihr Vater versuchte, ihn zu reparieren. Während unserer Arbeit zeigten ihre Assoziationen zu der Puppe, daß diese ihre verkrüppelte Schwester, ihr eigenes entleertes Selbstbild und, später, ihren abgetrennten Penis repräsentierte. Durch die Entdeckung der Bedeutung der Puppe erlebte Jane ihre frühe Beziehung zu ihrer trauernden Mutter aufs neue und zeigte eine intensive und angemessene Gefühlsreaktion. Es wurde deutlich, daß die Mutter Jane nach dem Verlust ihres ersten Kindes behandelt hatte, als ob sie eine »besondere Puppe« sei, zerbrechlich und »leicht kaputtzumachen«, wie die tote kleine Schwester. Jane erinnerte sich ihrer Sehnsucht nach der Berührung und Wärme der Mutter und auch ihrer Frustrationen darüber, daß sie ausblieben. Sie erkannte, wie sie sich mit der trauernden und ängstlichen Mutter identifiziert hatte, als sie selbst ihre Puppen aus Angst, sie könnte sie zerbrechen, so vorsichtig behandelt hatte.

Die Mutter ihrerseits fürchtete, Jane könnte so zerbrechlich sein wie das Kind, das sie verloren hatte, und suchte doch gleichzeitig Erlösung in ihr. Jane war in Wirklichkeit ein »Ersatzkind«. Ein »Ersatzkind« ist ein Kind, das empfangen wird, um ein verlorenes Kind zu ersetzen. Poznanski (1972) vertritt die Ansicht, daß diese Situation bereits ein Syndrom in sich trägt; das neue Kind hat in solchen Fällen automatisch eine »Geschichte« und erbt eine Reihe von (gewöhnlich idealisierten) Erwartungen, die durch das verstorbene Kind hervorgerufen worden sind. Poznanski stellt fest: »Der Ersatz eines Kindes durch ein anderes erlaubt den Eltern, den Tod des ersten Kindes partiell zu leugnen. Das Ersatzkind fungiert dann für die Eltern als Barriere gegen die Anerkennung des Todes, da ein wirkliches Kind existiert, das ein Ersatz ist.

So werden die ersten Stadien der Trauer vorzeitig blockiert und der Prozeß des Trauerns setzt sich unendlich fort, wobei das Ersatzkind beständig als Vehikel des elterlichen Schmerzes fungiert« (S. 1193). Mit anderen Worten, das zweite Kind wird zu einem lebendigen »verbindenden Objekt« (Volkan, 1974 b).

Als Jane fünf Jahre alt war, begann ihr Vater, sie in sexuelle Spiele hineinzuziehen. Er zeigte ihr seinen erigierten Penis, ließ sie ihn anfassen und streicheln und küßte ihre Genitalzone; er übte keinen wirklichen Geschlechtsverkehr mit ihr aus. Ihr »Geheimnis« auf der ödipalen Ebene führte zu einer Regression, es trug dazu bei, den früheren symbiotischen Kern zu erhalten und hielt die primitiven internalisierten Objektbeziehungen lebendig. Die inzestuöse Bindung dauerte an, bis die Patientin zum erstenmal menstruierte. Zu dieser Zeit näherte Janes Vater sich ihr einmal in ihrem Schlafzimmer und küßte ihre Brust so heftig, daß sie schrie; danach berührte ihr Vater sie nie wieder sexuell.

Als Jane heranwuchs, lernte sie Selbst- und Objektvorstellungen in nicht intimen Beziehungen zu differenzieren. Trotzdem blieb ein symbiotischer Kern bestehen, in dem sich keine genügende Differenzierung zwischen Jane und ihrer Mutter vollzogen hatte. In einer Reihe von Träumen, die während ihrer Analyse immer wiederkehrten, sah sie sich selbst in der Mitte eines Kreises von Stühlen sitzen, die leer waren bis auf einen, auf dem ihre Mutter saß. Jane verfiel in Krämpfe, während die Mutter unbeherrscht über sie lachte. In der Analyse wurden diese wiederkehrenden Träume als Darstellung ihres erfolglosen Versuchs begriffen, sich aus der symbiotischen Bezogenheit auf ihre Mutter zu befreien.

In Janes Familie, die in einer traditionellen Südstaatengemeinde lebte, wurden die Unterschiede zwischen den sozialen Klassen sehr stark empfunden. Als Teenager hatte Jane eine Heirat angestrebt, die ihr Wohlstand und gesellschaftliches Ansehen einbringen würde; dieses Ziel strebte sie an, weil sie sich als Erweiterung ihrer Mutter empfand, und sie reflektierte damit zugleich das Beispiel der Eigentümerin des Grundbesitzes, die so erfolgreich geheiratet hatte. Ihre Mutter ermutigte sie in ihrem Bestreben, gesellschaftlich zu glänzen, aber der gesellschaftliche Aufstieg war hart für sie. Sie wurde auf ein College geschickt, das traditionsgemäß wohlhabenden Mädchen aus den Südstaaten vorbehalten war; sie mußte jedoch als Serviererin arbeiten, um die Kosten dafür aufzubringen; insgeheim staute sich deswegen eine heftige Wut in ihr an. Ihre akute Psychose zeigte sich einige Monate vor ihrem Abschlußexamen, das eine intrapsychische Unabhängigkeit und Individuation repräsentierte, für die sie noch nicht reif war.

Janes Behandlung dauerte sechs Jahre und einen Monat. Während dieser Zeit sah ich sie viermal wöchentlich, abgesehen von einer Periode von einem halben Jahr nach den ersten neun Monaten der Behandlung, als sie nicht in der Stadt war, weil sie sich für das Examen vorbereitete, und nur zweimal wöchentlich zur Therapie kommen konnte. Ich habe im vierten Kapitel berichtet, daß sie in dieser Phase ihrer Behandlung hauptsächlich damit beschäftigt war, »Fotos von mir zu machen«, indem sie die Augen halb zukniff und mein Bild mit sich nahm; immer, wenn sie das Bedürfnis hatte, rief sie mich im Geiste herbei und »entwickelte« mein Bild als schützende, gute Objektvorstellung. Während der ersten sechzehn Monate wurde sie hin und wieder für kurze Zeit ins Krankenhaus aufgenommen. Ich empfing sie in meinem Sprechzimmer, bis auf ein- oder zweimal, als sie zu gewalttätig war, um die Krankenstation zu verlassen, und ich sie dort behandelte.
Nachdem sie ihr Examen gemacht hatte und wir eineinhalb Jahre face-to-face gearbeitet hatten, wechselte sie auf die Couch über; es gelang uns, eine psychoanalytische Beziehung zu etablieren und die Behandlung zu gegebener Zeit zu beenden. Ein Jahr lang schien sie voller Grauen zu leben. Die innere Welt, die in ihren Phantasien und Träumen aufgedeckt wurde, war angefüllt mit fragmentierten Bildern gefährlicher Tiere wie Stieren oder Wölfen; mit Körperteilen wie Augen, Gesichtern, losgelösten Brustwarzen oder männlichen Gliedern; und mit gewalttätigen Verstümmelungen und Verbrennungen. Manchmal ersetzten plötzlich beruhigende Objektbilder die blutrünstigen, verschlingenden Kreaturen ihrer Phantasie. Sie beschrieb alle Objekte, belebte und unbelebte, als entweder »freundlich« oder »aggressiv« und gab damit eine anschauliche Illustration des Prozesses der primitiven Spaltung. Die Selbst- und Objektbilder innerhalb des »guten« Kerns waren meist ebensowenig differenziert wie diejenigen innerhalb des »bösen« Kerns (Stadium II), und es bereitete ihr Schwierigkeiten, Menschliches von Nicht-Menschlichem zu unterscheiden. Bei vielen Gelegenheiten erinnerte sie mich an ein schnurrendes Kätzchen, das plötzlich zu einem blutrünstigen Tiger werden konnte.
Nach dem Examen lebte sie im Hause ihrer Eltern. Sie begann mit einem psychotischen jungen Mann mit transsexuellen Neigungen auszugehen, den sie im Krankenhaus kennengelernt hatte. Auf einer Ebene repräsentierte er ihr eigenes abgespaltenes und degradiertes Selbstbild, auf einer anderen Ebene sah sie sich selbst als seine »Erlöserin«.
Nachdem sie anfänglich mit verstärkter Hilflosigkeit auf die Couch

reagiert hatte, gab es innerhalb von zwei Monaten Anzeichen dafür, daß ihre Denkprozesse sich besser organisierten und ihre primitive Spaltung sich deutlicher herauskristallisierte. Die Oberschwester der Station, auf der sie soviel Zeit verbracht hatte, wurde zu einer »nur guten« Mutter, mich erlebte sie als die »nur böse« Mutter, und manchmal verdichtete sich diese Vorstellung mit »dem Teufel« — dem »nur bösen« Vater. Zur gleichen Zeit und nachdem der transsexuelle junge Mann die Stadt verlassen hatte, versuchte sie, den unausgesprochenen Befehl ihrer Mutter auszuführen, und knüpfte Kontakte an mit einem jungen Mann »aus gutem Hause«, der sie einer Demütigung nach der anderen aussetzte. Es gelang ihr, ihre Demütigung zu verleugnen, um wieder mit ihm ausgehen zu können. Die Erfahrungen, die sie mit ihm gemacht hatte, wurden nicht in ihre gegenwärtigen Aktivitäten und Erwartungen integriert.

In immer wiederkehrenden Träumen griff ihr Vater sie sexuell an, während ihre »desinteressierte«, beinahe paralysierte Mutter zusah, ohne einzugreifen. Dann veränderte sich der Charakter ihrer Träume auf subtile Weise: In diesen Träumen versuchte sie, sich gegen Angriffe zu schützen.

Zwei Jahre nach dem Beginn ihrer Behandlung fand sie eine Anstellung als Sekretärin bei einem Chirurgen.

Interpretationen, die der Wiederherstellung des Kontakts mit der Realität dienen

Obwohl Janes Realitätswahrnehmung bis zu einem gewissen Grade immer noch sehr gebrochen war, hatte ich doch das Gefühl, daß sie, als sie auf die Couch überwechselte, ein analytisches Introjekt geformt hatte, das stabil genug war, um ihr zu helfen, den Verlauf und die Bedeutung ihrer irrationalen Haltungen und Verhaltensweisen zu beobachten. Wenn starke Brüche mit der Realität auftraten, entsprachen meine Interpretationen dem, was Giovacchini (1969) *verbindende Interpretationen* genannt hat. Sie dienen dazu, Ereignisse in der Außenwelt mit intrapsychischen Phänomenen zu verbinden, und fördern so die Wiederherstellung des Kontakts mit der Realität. Giovacchini erinnert an Freuds Konzept (1900) vom Tagesrest in den Träumen. Ein Tagesrest, ein außerpsychischer Reiz, ein scheinbar irrelevantes Ereignis, wird mit einem Es-Inhalt verschmolzen und wirkt als Reiz auf diesen Inhalt. Giovacchini wandte dieses Konzept auf den analytischen Rahmen an, besonders bei der Behandlung von Schizophrenen, die nicht scharf zwischen der Realität und intrapsychischen Phänomenen unterscheiden. »Eine Interpretation kann eine kausale Verbindung herstellen durch den Bezug auf den Tagesrest, der der Reiz für den Assoziationsfluß des Patienten oder für ein sonst unerklärliches Verhalten sein kann« (Giovacchini, 1969, S. 180).

Janes erster Tag auf der Couch ist ein Beispiel dafür. In ihrem Bemühen, sich an die neue, durch die Couch geforderte Situation anzupassen, betrachtete sie intensiv die Zimmerdecke und sah Blut aus den Öffnungen der akustischen Zwecken dienenden Täfelung über ihrem Kopf tropfen. Ich konnte diese unheimliche Wahrnehmung mit einer Bemerkung in Verbindung bringen, die sie vorher gemacht hatte, daß nämlich ihre Menstruation gerade eingesetzt hatte; es war möglich, ihre Identifizierung ihres blutenden Körpers mit der blutenden Umgebung zu interpretieren und so auf den verursachenden Faktor hinzuweisen, durch den solch ein Reiz die innere Welt zerrütten kann.

Ereignisse in der Außenwelt und Janes »Kosmisches Gelächter«

Als Jane etwas über zwei Jahre in Behandlung war, beherrschten die primitive Spaltung und damit zusammenhängende Abwehrmechanismen wie die introjektiv-projektive Bezogenheit das klinische Bild. Äußere Reize verschmolzen noch immer so leicht mit dem intrapsychischen Gehalt, daß ihr Ursprung verloren ging. So klagte Jane z. B. über Schmerzen im Ohr, nachdem ihre Mutter sich einer geringfügigen Ohrenoperation unterzogen hatte; der Schmerz reflektierte ihre Verschmelzung mit der Mutter-Imago. In ihrer Übertragungspsychose wurde ich auswechselbar sowohl gegen die frühe (primitiv gespaltene) Mutter als auch gegen den primitiv gespaltenen ödipalen Vater. So konnte ihre Selbstvorstellung leicht mit der Analytiker-/Muttervorstellung verschmelzen. Die Couch wurde zu einem Schwimmbecken, in dem sie in meinem Innern schwamm; wenn sie sich mit dem mütterlich-fürsorglichen Element ihres Therapeuten identifizierte, hatte sie damit zusammenhängende Empfindungen in ihren Brüsten. Ihre bisexuellen Konflikte waren nicht verdrängt. Trotzdem hatte sich das analytische Introjekt, das beobachten und eine Integration einleiten konnte, bis zu einem bestimmten Grade etabliert, und sie war in der Lage, die ihr Verhalten kennzeichnenden Symptome bis zu einem gewissen Grad mit ihren genetischen Ursprüngen in Beziehung zu setzen.

Zu dieser Zeit hatte ein Ereignis in der Außenwelt einen bedeutsamen Einfluß auf mich und meine Patientin. Eines meiner kleinen Kinder geriet in einen Autounfall und mußte wegen einer Beinverletzung für einige Monate ins Krankenhaus. Wie der Zufall es wollte, kam es bei der Notaufnahme zu dem Chirurgen, bei dem Jane arbeitete, so daß sie durch ihre berufliche Arbeit von diesem Ereignis erfuhr. Sie regredierte, und in der psychotischen Übertragung wurde ich die trauernde Mutter, die ängstlich den Tod ihres ersten Kindes erwartete, als sie Jane ihre »Brust« entzog. Jane beschäftigte sich intensiv mit Bildern krebsbefallener Brüste.

In dem Bemühen, die frühe Mutter/den Analytiker zu retten, brachte sie mir Pfirsiche mit. Sie versuchte, die Pfirsiche in mein beim Krankenhaus abgestelltes Auto zu legen, und als sie feststellte, daß es verschlossen war, trat ein Bruch mit der Realität ein. Das Pflaster des Parkplatzes war in ihren Augen so brüchig wie eine Eierschale; sie hatte das Gefühl, ein riesiges Insekt verschlinge die Erde, die im Begriff war, in sich zusammenzustürzen; sie erwartete, daß sie sich das Bein verletzen würde. (In der Tat brachte sie es ungefähr zu dieser Zeit fertig, ihr Bein zu verletzen, das dann von demselben Chirurgen behandelt wurde, der mein Kind behandelt hatte.)

Ein anderes äußeres Ereignis, ein katastrophales Erdbeben in der Türkei, über das alle Welt sprach, machte sich auch in der Analyse bemerkbar, indem es die Vorstellung vom unzuverlässigen, schwankenden, türkischen, trauernden, uninteressierten Mutter/Analytiker nährte. Jane kehrte wieder zur vollständigen primitiven Spaltung als Hauptabwehrmechanismus zurück. Ich war das »nur böse« Objekt, während ihr Freund »aus gutem Hause« als das »nur gute« Objekt idealisiert wurde, obwohl er sie in Wirklichkeit beinahe täglich öffentlich demütigte. (Kapitel 2 gibt Einzelheiten über den Inhalt der Sitzungen während dieser Periode ihrer Behandlung und zeigt, auf welche Weise primitiv internalisierte Objektbeziehungen in klinischem Rahmen reakitiviert werden.) Zu der Zeit, als Janes Idealisierung ihres Freundes am ausgeprägtesten war, heiratete er plötzlich ein anderes Mädchen. Als Jane an dem Tage, als sie es erfahren hatte, von dieser Heirat zu berichten versuchte, fing sie an zu stottern und schüttelte den Kopf in vehementer Verneinung — der Geste der ersten symbolischen Mitteilung (Spitz, 1957, 1965; Olinick, 1964) —, um ihre überwältigende Gefühlsaufwallung zu bezwingen. (Dieser Typ der Gefühlsaufwallung und das ihn begleitende Kopfschütteln werden in Kapitel 7 näher behandelt.) Sie hörte mit dem Kopfschütteln auf, indem sie den Kopf zwischen die Hände preßte, und während sie wimmerte wie ein Tier, war sie schon fast kein Mensch mehr. Nachdem ihre Erregung sich gelegt hatte, berichtete sie, was sie erlebt (halluziniert) hatte; wegen der visuellen und auditorischen

Effekte nannte sie es »Kosmisches Gelächter«. Sie hatte eine austernfarbene Wolke gesehen, die eine Brust repräsentierte. Die Wolke enthielt ein Fenster (die Brustwarze); als Jane zeichnete, was sie gesehen hatte, setzte sie einen Kreis (sich selbst) unter das Fenster, wie einen Mund. Oberhalb des Fensters kniete eine »omnipotente«, spottende Präsenz, und als die Bezogenheit zwischen dem Mund/Jane abrupt unterbrochen wurde, brach diese Präsenz in ein Kosmisches Gelächter aus, dessen Echo in Janes Geist widerhallte. Im Verlauf ihrer Assoziationen zu diesem Erlebnis erzählte Jane, daß sie etwas Ähnliches in der ersten Klasse erlebt hatte; die Klasse hatte Unterricht in rhythmischem Singen, und sie reagierte darauf, indem sie plötzlich in Traurigkeit versank, nachdem sie zuvor in einer glücklichen Stimmung gewesen war.

Was Jane in dem Kosmischen Gelächter erlebte, war nicht nur die Reaktion auf die Zurückweisung des jungen Mannes oder die Zurückweisung durch die böse Mutter/den Analytiker oder den plötzlichen Verlust des idealisierten »nur guten« Objekts und die Verwundbarkeit gegenüber ihren »nur bösen« Einheiten, die dieser Verlust mit sich brachte. Die Analyse des Erlebnisses zeigte, daß das, was sie perzipiert hatte, die symbolische Darstellung der frühesten Frustration an der entzündeten Brust ihrer Mutter bzw. der plötzlichen Verwandlung der Brust von etwas »Gutem« in etwas »Böses« war.

Eine Woche vor diesem Erlebnis begleitete Jane ihre Familie in die Kirche. Als ihr Vater zu ihr sagte, sie säße dort, wo das Abendmahl zelebriert werden würde, beschloß sie, niemals wieder am Abendmahl teilzunehmen. Als sie darüber in der Sitzung berichtete, in der das Erlebnis des Kosmischen Gelächters auftrat, kam sie auch auf die Nährgewohnheiten gewisser Indianerstämme zu sprechen, bei denen man die Kinder hungrig läßt, indem man ihnen die Brust nur kurz gibt und sie ihnen dann entzieht, um sie zu frustrieren und sicherzugehen, daß sie sich als Erwachsene zu wilden Kriegern entwickeln.

Meine Hypothese war, daß das Erlebnis des Kosmischen Gelächters mit dem des plötzlichen Entzugs der entzündeten mütterlichen Brust und der dadurch hervorgerufenen Frustration zusammenhing. Es ist durchaus möglich, daß die Mutter in diesen Augenblicken gelacht hatte (wie sie es auch in späteren Jahren tat, wenn sie sich in einer Situation befand, der gegenüber sie hilflos war), in dem Versuch, einen plötzlichen Ausbruch von Feindseligkeit auf eine sozial akzeptierbare Weise zu verschleiern. (Der »phallische« Aspekt des Kosmischen Gelächters wurde erst im letzten Jahr von Janes Behandlung analysiert. Obwohl sie den Penis ihres Vaters fürchtete, war sie doch enttäuscht, ihn nicht zu besitzen; in ihrem Erleben war auch er »ihr entrissen« worden. Ihre primitive Bezogenheit auf die Brust hatte sich mit der Bezogenheit auf den Penis verdichtet.)

Die Wiederherstellung von Objektbeziehungen auf der Säuglingsebene

Ich habe an anderer Stelle (Volkan, 1974 c) das Kosmische Gelächter in seiner Ähnlichkeit mit dem Isakower-Phänomen (Isakower, 1938) und dem Deck-Traum (»dream-screen«; Lewin, 1946, 1948) beschrieben. Da der Analytiker ruhig blieb und eine analytische Haltung beibehielt, war Janes Säuglingserfahrung auf der Couch keine bloße Wiederholung eines Vorgangs aus der Vergangenheit. Durch die Identifizierung mit dem analytischen Verhalten konnte ihr Ich nun die Erfahrung von Spannungen und Emotionen *tolerieren,* vor denen die primitive Spaltung sie zuvor beschützt hatte. Die Wiederherstellung der Beziehung zur stillenden Mutter (ihrer primitiv gespaltenen Brust) in der Übertragung hatte darum eine korrektive Wirkung und leitete eine wesentliche Veränderung der Art, wie sie zu äußeren Objekten in Beziehung trat, ein. Indem sie in der Analyse lernte, primitive Spannungen und Gefühle zu tolerieren, reduzierte sich zugleich ihr Bedürfnis, den Mechanismus der primitiven Spaltung einzusetzen; ihre Fähigkeit, ambivalente Gefühle in der Beziehung zu den Objekten zu tolerieren und gegensätzliche Ichzustände zu reparieren, anstatt auf eine autistische Haltung zu regredieren, verstärkte sich. Jane erreichte diesen fortgeschrittenen Zustand auf so dramatische Weise, daß ich den Prozeß deutlich beobachten konnte. Normalerweise nähern Patienten wie Jane sich diesem Zustand allmählich an. Als ich die Ähnlichkeiten zwischen Janes Erlebnis des Kosmischen Gelächters, dem Isakower-Phänomen und dem Deck-Traum untersuchte, fand ich (Volkan, 1974 c) in der psychoanalytischen Literatur (Rycroft, 1951; Boyer, 1960; Van der Heide, 1961) die Beobachtung, daß das Auftreten der beiden letztgenannten Phänomene zu einem bestimmten Zeitpunkt in der Analyse sowohl eine Indikation für einen klinischen Fortschritt als auch ein Abwehrmanöver sein kann. Boyer (1960) nennt in diesem Zusammenhang folgende Situationen, in denen diese Phänomene auftreten können: 1. wenn der Patient das Entwicklungsstadium erreicht hat, in dem die narzißtische Identifizierung durch die Übertragung echten Objektbeziehungen Platz macht; 2. wenn dem Patienten der Verlust des neuen Objekts droht; und 3. wenn ein Ereignis in der Außenwelt den Analysanden stark an ein schweres Kindheitstrauma erinnert, das er als Verlassenwerden durch die Muttergestalt erlebt hatte. Janes Erlebnis des Kosmischen Gelächters folgte sehr schnell ihr energischer Versuch, ihre symbiotischen Bande mit der Mutter/dem Analytiker zu durchtrennen, was sich in ihren Handlungen und der Durcharbeitung von Hindernissen, die ihr dabei im Wege standen, bewies.

Auf dem Wege zu Janes Übertragungsneurose

In Kapitel 8 werde ich beschreiben, wie Jane ihre Katze als Übergangsobjekt benutzte, während sie die symbiotischen Bindungen an die Mutter/den Analytiker durchtrennte. Es würde über den Rahmen dieser Untersuchung hinausgehen, Einzelheiten der weiteren Entfaltung ihrer Übertragungsneurose darzulegen; trotzdem möchte ich den Unterschied hervorheben zwischen dem Vorgehen, wie es die Arbeit mit einem Patienten erfordert, der vorher eine Übertragungspsychose durchgemacht und die primitive Spaltung sowie introjektiv-projektive Abwehrformen benutzt hat, und der Arbeit mit einem typischen Neurotiker. Im ersten Fall entsteht die Übertragungsneurose vor dem Hintergrund reparierter und neu gebildeter Strukturen; die vorausgegangene psychische Situation, die eben noch so turbulent war, muß während der ganzen Analyse beachtet werden. Darüber hinaus umfaßt in solchen Fällen die Übertragungsneurose viele Elemente neuer, sich erst noch entwickelnder Strukturen, d. h. von Ichstrukturen, die verdrängen können. In der Analyse des typischen Neurotikers arbeitet der Analytiker dagegen mit schon früher gebildeten Strukturen. Der Neurotiker hat einen stabilen Selbstbegriff und eine stabile Vorstellungswelt. Die primitive Phase der internalisierten Objektbeziehungen ist abgeschlossen; es besteht keine besondere Pathologie der internalisierten Objektbeziehungen. In Janes Fall blieb die primitive Spaltung im Hintergrund erhalten, manchmal mehr im Schatten und schwer zu erkennen, manchmal voll und deutlich sichtbar, in jedem Falle aber blieb sie während der ganzen Analyse gegenwärtig. Als sie einen neuen Freund fand, nahm sie die »grauen Zonen« seines Charakters und Verhaltens wohl war, unter dieser Schicht ihres Bewußtseins jedoch erlebte sie ihn abwechselnd als »nur gut« oder »nur böse«. Wenn er »nur böse« war, war ich »nur gut«, usw. Als ihr intensiver Penisneid analysiert wurde, erforderte dieses alternierende Erleben einschließlich der Tatsache, daß sie ihren phantasierten Penis als Puffer zwischen den guten Einheiten — die sie innerhalb ihres Selbstbegriffs bewahrte — und dem »nur bösen« äußeren Objekt benutzte, genaue Beobachtung.

Im vierten Jahr ihrer Behandlung lebte Jane in einer eigenen Wohnung und arbeitete als Sekretärin. Sie war in dieser Zeit, obwohl sie leicht verletzbar blieb, zuverlässig in ihrer Arbeit; sie und ihr neuer Freund, der einige Jahre jünger war als sie, lebten jedoch wie Teenager, die die Welt um sich her erst erforschen. Später trennte sie sich von ihrem Freund, worüber sie entsprechend trauerte, und äußerte den Wunsch, ihre »Teenager-Existenz« aufzugeben und ein »Leben als Frau« zu führen, wie sie sich ausdrückte. Sie gab ihre Stellung auf und wurde Grundschullehrerin. Diese Veränderung bedeutete einerseits eine Identifizierung mit mir, insofern als ich an einer medizinischen Fakultät unterrichtete, und andererseits mit ihrer Großmutter mütterlicherseits, die Lehrerin war und die »ein bißchen Vernunft« in die Familie brachte. Jane behandelte ihre Schüler mit erstaunlicher Reife und entwickelte einen besser integrierten Selbstbegriff als Frau. Trotzdem spaltete sie das Bild des Mannes noch immer und entwickelte eine intensive, ängstliche und erotische Übertragungsneurose, in der sie mich als sexuellen Partner begehrte. Sie idealisierte mich und wollte idealisierte Kinder von mir haben. Ihre Vorstellung, daß ich ein »vollkommener Mann« sei, wurde schließlich aufgebrochen, und sie gestattete sich nach erheblichen Schwierigkeiten Gefühle der Zuneigung für einen Mann (ihren Analytiker), den sie weder idealisierte noch entwertete. Diese Art der Beziehung entwickelte sich, nachdem sie die Fähigkeit erworben hatte, realistischere Beziehungen zu Männern aufzunehmen.

Als sie in die Endphase ihrer Analyse eintrat, gelangten Aspekte der primitiven Spaltung wieder an die Oberfläche; sie selbst sprach von Gewohnheiten, die sie in der Zeit gehabt hatte, »als ich krank *war*«. Wenn sie jemandem begegnete, den sie noch nicht kannte, benutzte sie zuerst, vielleicht nur für einen Tag, in dramatischer Weise wieder den Mechanismus der primitiven Spaltung, ehe sie das Bild des neuen Bekannten integrierte. Der Rückfall in ihre »Verrücktheit« war ihr sehr wohl bewußt, und sie übte sich in der Übertragung wie auch in Situationen des wirklichen Lebens darin, die primitive Spaltung (wieder) zu reparieren. Manchmal kam sie mir vor wie ein glückliches Kind, das mit einem einst erschreckenden und schwer zu handhabenden Spielzeug spielte. Die folgenden Abschnitte werden das Schicksal der primitiven Spaltung bei Jane während der Endphase ihrer Analyse etwas detaillierter darlegen.

Glover (1955) benutzt den Terminus »review dreams«, um die Art Traum, die ich beschreiben will, zu bezeichnen. Er warnt vor einer verfrühten Beendigung der Analyse aufgrund von Ungeduld, Langeweile oder unangebrachtem Optimismus auf seiten des Analytikers und weist auf die Notwendigkeit einer adäquaten Bestätigung für die Bereitschaft des Patienten hin, die Analyse zu beenden, wozu die Traumreaktionen einen wichtigen Beitrag liefern können. »Von Zeit zu Zeit während der Analyse, besonders häufig dann, wenn sich eine echte Übertragungsneurose entwickelt hat, treten ›review dreams‹ auf, deren manifester Inhalt sich, zumindest teilweise, als Beweis für den Fortschritt des Patienten bei der Überwindung seiner Schwierigkeiten interpretieren läßt« (S. 157/158). Auch ich (Volkan, 1971) habe den manifesten Inhalt von Träumen pathologisch trauernder Patienten benutzt, um ihren Fortschritt im Hinblick auf ihre Fähigkeit zur Wiederaufnahme der Trauer abzuschätzen. Glover (1955) betont die einzigartige Bedeutung *immer wiederkehrender Träume* und berichtet von den »review dreams« eines impotenten Patienten, der wiederholt von Autos träumte: »Als [er] konsequent zu berichten begann, daß er nun die Gangschaltung ohne große Schwierigkeiten bedienen konnte und daß die Autos nicht mehr in sich zusammenschrumpften, wenn er sie fahren wollte, beschloß ich, die Analyse zu beenden, trotz der Tatsache, daß er noch keine Gelegenheit gehabt hatte, seine sexuelle Potenz zu beweisen« (S. 158).

Jane hatte im Verlauf ihrer Behandlung eine Reihe immer wiederkehrender Träume, von denen ich einige bereits beschrieben habe. Noch zwei weitere Träume verdienen hier Beachtung. Der erste betraf ein Zimmer, das sich »entwickelte«; der zweite handelte davon, daß sie eine Leiter hinaufkletterte. Der erste Traum trat in einem frühen Stadium der Behandlung auf, als Jane akut psychotisch war. Dem Zimmer, von dem sie träumte, fehlten Wände, Decke und Fußboden, aber es war für Jane doch irgendwie als Zimmer erkennbar. Allmählich tauchten Steckdosen, die »Energie einsaugten«, in diesem »Zimmer« auf, das, nachdem Jane zwischen Selbst- und Objektvorstellungen sowie zwischen verschiedenen Objektvorstellungen zu unterscheiden gelernt hatte, durchsichtige Wände, Decke und Fußboden bekam, die nach und nach immer fester wurden, je weiter die Analyse fortschritt. Zuletzt enthielt es Möbel in verschiedener Anordnung.

Die zweite Gruppe von Träumen trat später auf, im siebten Monat von Janes Behandlung. Sie war dabei, eine Leiter zu erklettern, die im Raume hing, aber sie kam niemals oben an. Später erreichte sie, nach-

dem sie die Leiter hinaufgeklettert war, eine Art Plattform im Raum, wußte jedoch nicht, wohin sie von da aus gehen sollte.
Im fünften Jahr ihrer Behandlung verbanden sich diese beiden Traumreihen miteinander. Sie befand sich auf der Plattform oben auf der Leiter; das Zimmer, das nun festumrissen und bewohnt war, lag auf der anderen Seite eines leeren Abgrundes, in dem eine unbekannte Gefahr lauerte. Sie wollte von der Plattform aus in das Zimmer springen, konnte jedoch nicht, ohne zu wissen, welche Gefahr in dem Abgrund lauerte. Ihr Hauptproblem war dieser nicht strukturierte Abgrund.
Wenn ich den Traum wiedergebe, der den Beginn der Endphase ihrer Analyse signalisierte, bin ich mir wohl bewußt, daß ich erhebliches Gewicht auf seinen manifesten Inhalt lege und das genetische Material, das dabei eine Rolle spielt, nicht untersuche. Trotzdem bin ich der Ansicht, daß die Ereignisse, die diesem Traum folgten, darauf hindeuteten, daß Jane nun fähig war, sich ihrer Aggression zu stellen und sie zu neutralisieren und so den gähnenden Abgrund (ihre primitive Spaltung) durch eine adäquate Strukturierung zu ersetzen. In diesem Traum stieg sie auf die Leiter und sah wieder das Zimmer, das sie auf der anderen Seite eines Abgrundes erwartete.

Dieses Mal begriff ich, daß es Wege gab, in das Zimmer zu gelangen. Ja, ich weiß nun, daß es für andere Menschen in dem Zimmer leicht war, von der obersten Stufe der Treppe aus hineinzuspringen. Der Abgrund zwischen der obersten Stufe der Treppe und dem Zimmer sah aus wie die Hölle, als ich zum erstenmal sah, was darin war — schwarze Sträflinge, die auf die hinüberspringenden Menschen schossen. (Danach beschrieb sie einen Mann, der über den Abgrund sprang, ohne verletzt zu werden. Dieser Mann war offensichtlich ihr Analytiker.)
Dann versuchte ich zu springen. Ich nahm einen Anlauf auf der Plattform, um weit zu springen, aber in letzter Sekunde konnte ich es doch nicht. Dann wurde mir klar, daß es einen anderen Weg geben könnte. Ich stieg einige Stufen hinunter. Auch da befand sich ein Zimmer. Dort war Philipp bei mir (einer ihrer Schüler). Da erschien ein Sträfling und ich stand dem gegenüber, was mir solche Angst gemacht hatte. Der Sträfling hatte einen Eispickel. Ich dachte, er würde Philipp verletzen. Ich fragte Philipp, ob er verlezt sei, und er verneinte es. Ich dachte, ich könnte auf der Struktur des Abgrundes in das Zimmer gehen, wenn ich den Sträflingen direkt in die Augen sähe.

Zu dieser Zeit unterrichtete Jane, und der Tagesrest, der in dem Traum enthalten war, entstammte der europäischen Geschichte, die sie im Unterricht behandelte. Sie hatte über die aggressiven osmanischen Türken gelesen und sie wegen meiner Herkunft mit mir, sich selbst mit den von ihnen besiegten Europäern assoziiert. Später hatte sie während des

Unterrichts eine Phantasie, in der sie mich für gefährlich hielt; gleichzeitig jedoch hatte sie zärtliche Gefühle mir gegenüber, da ich ihr die Hoffnung gab, gesund zu werden. Sie erinnerte sich daran, wie ich gelegentlich vollkommen böse und angsterregend für sie gewesen war, aber sie konnte diese Meinung über mich nicht aufrechterhalten, da ihre gegenwärtige Zärtlichkeit mir gegenüber dies verhinderte. Als Jane darüber sprach, erinnerte sie sich daran, daß sie mich einmal gebeten hatte, sie in den Arm zu nehmen, um ihre Aggression zu zähmen. Nun bestätigte sie, daß meine Interpretationen nützlicher gewesen waren, als eine Umarmung es hätte sein können.

Während Jane noch mit ihren Assoziationen zu diesem Traum beschäftigt war, erinnerte sie sich daran, daß sie vor kurzem den Wunsch geäußert hatte, die Analyse zu beenden, und an meine Antwort, daß doch noch einige Dinge zu erledigen seien. Sie begriff nun, daß ihrem Ziel in dem Traum, über den gefährlichen Abgrund hinwegzuspringen und das Zimmer zu betreten, der Wunsch zugrunde lag, den Weg zu einer Bewältigung der Gefahr, der eine Durcharbeitung einschloß, abzukürzen. Mein Hinweis auf die »unerledigten Dinge« wurde ihr nun verständlich. Sie erkannte, daß die schwarzen Häftlinge »sie«, nämlich die aggressiv gefärbten externalisierten Selbst- und Objektvorstellungen, repräsentierten. Sie repräsentierten auch den gefährlichen phallischen Vater/Analytiker; dieses Motiv, daß Schwarze diese symbolische Bedeutung hatten, war schon vorher in ihrer Analyse aufgetaucht. So war ich z. B. Othello gewesen (da ich auf Zypern geboren bin) und sie meine Desdemona. Seit einiger Zeit begegnete Jane einem Schwarzen, wenn sie auf den Bus wartete, mit dem sie zu mir kam. Nachdem sie den eben beschriebenen Traum gehabt hatte, war sie imstande, diesen Schwarzen freundlich zu grüßen, wenn sie gemeinsam auf den Bus warteten; seine schwarze Hautfarbe erschien ihr nicht mehr bedrohlich.

Philipp repräsentierte ihre Zärtlichkeit, ihre libidinösen Triebderivate. Er war ihr Lieblingsschüler, und sie hatte ihn mit liebenden Gefühlen besetzt. Es wurde deutlich, daß sie bisher die Verbindung ihrer liebenden mit ihren aggressiven Gefühlen die ganze Zeit gemieden hatte, da sie fürchtete, letztere würden den Menschen, die ihr teuer waren, schaden. Als sie sich der Aggression stellen und realisieren konnte, daß Philipp nicht durch sie verletzt worden war, ersetzte eine Struktur den Abgrund, und die Spaltung war repariert.

Nach Beendigung ihrer Analyse sah ich Jane zum erstenmal wieder, als sie vier Monate später unerwartet in der Tür meines Sprechzimmers stand. Sie erklärte, daß sie in das Krankenhaus gekommen war, um den Chirurgen zu besuchen, für den sie gearbeitet hatte, und auch mich, falls ich Zeit hätte, aufzusuchen und sich von mir zu verabschieden, ehe sie wegzog, um in einer anderen Stadt ein neues Leben anzufangen. Wir unterhielten uns ein paar Minuten, und sie erzählte mir, daß sie einen Monat früher als geplant an ihren neuen Wohnort zöge und daß sie eine Stellung als Abteilungssekretärin an der Universität bekäme. Sie hatte einen Verwandten in der Stadt, der sie mit der Stadt bekanntgemacht hatte, und sie hatte eine eigene Wohnung gefunden. Sie sprach begeistert und voller Aufregung von dem neuen Leben, das sie sich dort vorstellte.

Innerhalb weniger Monate, nachdem sie sich in ihrer neuen Wohnung eingerichtet hatte, erhielt ich drei Briefe. Der erste spiegelte ihre Erregung über das neue Leben in einer großen Stadt wider. Die beiden anderen enthielten nüchterne Gedanken über den einsamen Kampf, der vor ihr lag, um sich aus eigener Kraft ein neues Leben aufzubauen. Ich antwortete sehr kurz und wünschte ihr alles Gute.

Ein Jahr lang hörte ich nichts von ihr, aber dann erhielt ich eine Art Fortschrittsbericht, etwa eineinhalb Jahre nach der Beendigung ihrer Analyse. Sie schrieb: »Ich schreibe Ihnen hauptsächlich, um Ihnen mitzuteilen, daß ich glücklich bin — wenigstens so glücklich, wie ich es mir selbst gestatten kann.« Sie berichtete, daß sie im vergangenen Jahr eine Beziehung zu einem jungen Doktoranden in der Abteilung, in der sie arbeitete, aufgenommen hatte; sie beschrieb ihn als »stark und heiter« und deutete an, daß sie daran dachten zu heiraten.

»Ich weiß, daß ich mich nicht mehr vor dem Alter fürchte, und ich freue mich auf die Zeit, wenn ich über dreißig sein werde. Ich könnte es Ihnen noch immer nicht von Angesicht zu Angesicht (oder von meinem Scheitel zu Ihrem Angesicht) sagen, aber ich mag Sie sehr gerne. Diesem Mann gegenüber kann ich einige meiner positiven Gefühle ausdrükken, die ich Ihnen nie zu zeigen wagte, außer in neurotischen Formen.

Heute bin ich der Meinung, daß ich meine Analyse erfolgreich abgeschlossen habe, obwohl es zum Zeitpunkt der Beendigung der Analyse so aussah, als ob ich noch einen langen Weg vor mir hätte, und selbst jetzt habe ich noch mit meinem schlechtesten Selbst zu kämpfen. Es hilft mir, daß ich ihn liebe und weiß, wie unglücklich ich ihn machen könnte, daß ich ihn aber — weil ich ihn liebe — auch sehr glücklich machen kann.«

Ich schrieb ihr, daß ich mich gefreut hätte, von ihr zu hören und zu erfahren, daß sie daran arbeitete, ihre Furcht vor der Ehe zu überwinden. Die nächste Nachricht kam sechs Monate später, als sie mir von ihren Heiratsplänen berichtete. Vier Monate danach, am Tage vor ihrer Hochzeit, rief sie mich an, um mir zu sagen, daß sie wegen ihrer Hochzeit hier sei, die im Hause ihrer Eltern stattfinden sollte, und daß sie mich gerne besuchen würde, sich jedoch damit begnügen müßte, an diesem ereignisreichen und aufregenden Tag ein paar Minuten am Telefon mit mir zu sprechen. Ich wünschte ihr das Allerbeste. Zwei Tage später sah ich neben einem Bericht von ihrer Hochzeit ihr Hochzeitsfoto in unserer Lokalzeitung.

Ein Jahr später — also vier Jahre nach der Beendigung ihrer Analyse — traf ich Jane wieder, als ich am Flughafen auf die Ankunft eines Freundes wartete. Sie war mit ihrem Mann auf Reisen. Als sie mich sah, lief sie impulsiv auf mich zu, um mich zu begrüßen und mir die Hand zu schütteln, wobei sie sich offensichtlich gerade noch davon zurückhielt, mich zu umarmen; sie wechselte ein paar Worte mit mir über ihre Reise und deren Anlaß. Dann bemerkte sie plötzlich, daß sie ihren Mann und wartende Verwandte hatte stehenlassen, gab mir noch einmal die Hand und schloß sich ihnen dann wieder an. Als ich ihr lächelndes Gesicht sah, wußte ich, daß die zerrissenen, blutigen Bilder von Wölfen, Stieren und Gesichtern, die sie einst terrorisiert hatten, für immer verschwunden waren.

7

Überflutung durch das Gefühl und die begleitenden motorischen Aktivitäten

Dieses Kapitel behandelt eine weitere primitive internalisierte Objektbeziehungen begleitende »Kondition«. Patienten, in deren Behandlung die Reaktivierung primitiver internalisierter Objektbeziehungen dominiert, neigen dazu, Ausbrüche diffuser primitiver affektiver Zustände zu erleben. Ich nenne diese Ausbrüche »Überflutung durch das Gefühl«, um sie von anderen Arten emotionaler Ausbrüche zu unterscheiden, die innerhalb *des therapeutischen Prozesses auftreten können, also von Abreaktionen und Affektualisierungen. Klinische Beispiele zeigen, wie die Überflutung durch das Gefühl gewöhnlich von einer charakteristischen motorischen Aktivität und Wahrnehmungsveränderungen begleitet wird. Dem Reparieren der primitiven Spaltung folgt die Neutralisierung von Triebderivaten, besonders denen des Aggressionstriebes, wodurch die Möglichkeit einer Überflutung durch das Gefühl verringert wird.*

Aggression und primitive Spaltung

Die psychoanalytische Untersuchung bestimmter klinischer Bilder zeigt, daß sie mit exzessiver Aggression verbunden sind, die nicht nur von schweren frühen Frustrationen herrührt, sondern auch von konstitutionell determinierten Faktoren. Olinick (1964) betont die Rolle primärer Aggression in der negativen therapeutischen Reaktion; sein Eindruck aufgrund psychoanalytischer Rekonstruktionen ist der, daß »die Menschen, die die negative therapeutische Reaktion zeigen, von Geburt an mit überdurchschnittlichen Quantitäten aggressiver Oralität und Analität ausgestattet waren. Dieser Umstand setzte die Beziehung der Mutter zu dem Kind (wie möglicherweise später auch die analytische Beziehung) besonderen Belastungen aus, indem diese mit realistischen Ängsten in bezug auf die Erfüllung einer festgelegten Rolle gegenüber solchen beherrschenden Kleinkindern und Kindern besetzt wurde« (S. 544).
Wie Olinick spricht auch Kernberg (1967) von einer konstitutionell bedingten exzessiven Intensität der aggressiven Triebe. Ihm zufolge zeigt sie sich bei psychotischen Patienten und bei Patienten mit einer Borderline-Persönlichkeitsorganisation; er meint, daß bei den letzteren bestimmte Mängel in der Entwicklung des primären Ichapparates und ein

»konstitutionell determinierter Mangel an Angsttoleranz« die Phasen der Synthese von Introjektionen gegensätzlicher Qualität stören können. Trotzdem hält er die große Intensität der aggressiven Triebe für den hauptsächlichen pathologischen Faktor.

Der Borderline-Patient enthüllt gewöhnlich eine Geschichte wirklicher exzessiver Frustration im Kleinkindalter und in der Kindheit mit einer daraus folgenden Steigerung der aggressiven Triebe. Vielleicht ist es diese sekundäre Aggression, die, zusammen mit dem konstitutionell determinierten Übermaß an Aggression, die frühen Beziehungen einer traumatischen Belastung aussetzt und heftige aggressive Strebungen mit den frühen Selbst- und Objektbildern verknüpft. Die Intensität der Aggression, mit der diese besetzt sind, beeinträchtigt die Fähigkeit, aggressiv determinierte und libidinös determinierte Selbst- und Objektbilder zu verbinden.

Der Patient mit einer Borderline-Persönlichkeitsorganisation bewältigt das Problem der Aggression mit Hilfe des Mechanismus der primitiven Spaltung. Er beschützt »nur gute« Selbst- und Objekteinheiten vor denen, die aggressiv determiniert sind. Darüber hinaus bewahrt die primitive Spaltung das Ich vor der Erfahrung primitiver diffuser Ängste, was mit der Beeinträchtigung der Ichfunktionen bezahlt wird, besonders der Fähigkeit zur Synthese. Wenn der Mechanismus der primitiven Spaltung nur schwach funktioniert, kann eine Regression auf eine autistische Position eintreten — oder, unter dem Gesichtspunkt der internalisierten Objektbeziehungen, auf den Verlust von Selbst- und Objektbildern. Das sich normal entwickelnde Kleinkind oder der Patient mit einer Borderline-Persönlichkeitsorganisation, der in psychoanalytischer Behandlung ist, entwickelt sich in Richtung auf eine Reparierung dessen, was durch die primitive Spaltung getrennt worden ist. Dieser Fortschritt wird allmählich erreicht, wenn das Kind oder der Patient lernt, die Synthese seiner aggressiv determinierten Einheit mit Einheiten, die libidinös determiniert sind, zu tolerieren, und so die Ambivalenz akzeptiert — eine Kombination von Liebe und Aggression gegenüber demselben Objekt. Dieser Fortschritt wird von einer Reduzierung der Verleugnung der emotionalen Verbindung zwischen verschiedenen Ichzuständen begleitet.

Wie in Kapitel 2 dargelegt wurde, ist eines der Kennzeichen *primitiver* internalisierter Objektbeziehungen die Tatsache, daß emotionale Ausbrüche auftreten können. Patienten mit einer Borderline-Persönlichkeit behalten eine chronische Neigung zu Ausbrüchen primitiver affektiver Zustände, da libidinöse und aggressive Triebderivate einander nicht durchdringen; aufgrund dieses Entwicklungsversagens stehen sie einer normalen Modulation und Differenzierung von Affektdispositionen des Ichs im Weg (Kernberg, 1967). Dieses Kapitel ist in erster Linie einer Untersuchung dieser primitiven affektiven Zustände gewidmet, wie sie — gewöhnlich von scheinbar ziellosen motorischen Aktivitäten begleitet — *innerhalb* des therapeutischen Prozesses auftreten.

Typen der Emotionalität, die innerhalb der Behandlungssituation auftreten

Die Psychoanalytiker haben der Beschreibung und Klassifizierung von Typen der Emotionalität, die *innerhalb* des Behandlungsprozesses auftreten, relativ wenig Aufmerksamkeit gewidmet. Wie Valenstein (1962) betont, erfordert die psychoanalytische Arbeit eine angemessene Mischung von intellektueller und emotionaler Einsicht zum angemessenen Zeitpunkt. Nur wenn die Mischung angemessen und der Zeitpunkt günstig ist, kann das bewußt gewordene Material der Interpretation dynamisch zugänglich gemacht werden; nur dann spürt der Patient, daß die sich ergebenden psychoanalytischen Einsichten authentisch und unmittelbar auf das innere und äußere Leben anwendbar sind. Ohne emotionales Erleben wäre eine psychoanalytische Behandlung nichts als intellektuelle Gymnastik.

Bei jedem Versuch, die innerhalb der Behandlung auftretenden Formen von Emotionalität zu klassifizieren, wäre die »vermischte Emotionalität« an erster Stelle zu nennen — Emotionen, die sich in angemessener Weise mit den Vorstellungs- und Handlungsaspekten einer solchen Behandlung vermischen. In der Behandlungssituation können jedoch andere Typen der Emotionalität auftreten, in der Weise, daß sie entweder eine hohe Intensität oder ein Ausbleiben der Vermischung mit den Vorstellungs- und Handlungsaspekten anzeigen. Beispiele dieses Typs wären Abreagieren und Affektualisierungen. Ich bezeichne den Ausbruch primitiver diffuser affektiver Zustände in der Behandlung des Borderline-Patienten oder des psychotischen Patienten als »Überflutung durch das Gefühl« — eine der »Konditionen«, die für primitive internalisierte Objektbeziehungen charakteristisch sind. Man sollte jedoch nicht vergessen, daß vermischte Emotionen, Abreagieren, Affektualisierung und Überflutung durch das Gefühl einander überschneiden können; um letztere zu erhellen, schlage ich eine kritische Betrachtung des Abreagierens und der Affektualisierung vor.

Bibring (1954) rechnete das Abreagieren, das ursprünglich als heilsam betrachtet wurde, zu seinen fünf therapeutischen Prinzipien. Es wird als technisches Instrument zur Erkenntnisgewinnung mittels Interpretationen angewandt, mit allen damit verbundenen Konsequenzen. Bibring schrieb: »Man war nun zu der Auffassung gelangt, daß Abreagieren, nun im Sinne von ›emotionalem Wiedererleben‹, dem Patienten den Beweis lieferte und ihn überzeugte von der Wirklichkeit seiner verdrängten Impulse, usw.« (S. 749). Diese Definition des Abreagierens ähnelt sehr der Definition der Emotion im psychoanalytischen Prozeß, die sich mit den Vorstellungsaspekten des psychoanalytischen Prozesses zeitlich günstig und in angemessener Weise vermischt. Ich glaube jedoch, daß Abreagieren auch im klassischen Sinne auftritt, d. h. als Abfuhr von »abgewürgten Affekten«, die zu der vorher verdrängten Erfahrung gehören, im psychoanalytischen oder psychotherapeutischen Prozeß.

Um das Abreagieren von der Überflutung durch das Gefühl abzugrenzen, habe ich folgende Klassifizierung getroffen: Ein emotionaler Ausbruch, der im therapeutischen Prozeß auftritt, ist dann ein Abreagieren, wenn der Patient selbst (spontan und echt oder bereitwillig mit Hilfe des Analytikers) eine dauerhafte Verbindung zwischen der Emotion und Vorstellungs- und/oder Handlungsbereichen herstellen kann. Diese Definition des Abreagierens verlangt ein Ich, das ausreichend differenziert ist, um mit Hilfe des Sekundärprozeß-Denkens eine Beziehung zwischen der Emotion und der Vorstellung oder Aktion aufrechtzuerhalten. Dementsprechend ist ein emotionaler Ausbruch in der Therapie dann ein Abreagieren, wenn das Ich nicht gänzlich von der Emotion überwältigt wird, sondern eine beobachtende und integrierende Funktion behält. Wie dramatisch dieser emotionale Ausbruch auch sein mag, er hat doch immer Signalqualität und teilt dem Patienten etwas über die Natur seines dynamischen Konflikts mit.

Eine meiner Patientinnen, die Mitte zwanzig war, hatte mit fünfzehn Jahren eine illegale Abtreibung vornehmen lassen. Jahre später, zu Beginn ihrer Analyse, konnte sie die schrecklichen Einzelheiten ohne angemessene Emotionalität beschreiben. Nach eineinhalb Jahren Analyse hörte sie auf zu menstruieren und wurde symbolisch schwanger; einmal repräsentierte ich für sie ihren Fötus, indem ich in ihrer Phantasie zusammenschrumpfte. Eine reale Trennung — eine schon vorher geplante einwöchige Urlaubsunterbrechung — repräsentierte eine Abtreibung, und sie erlitt einen emotionalen Ausbruch, der meiner Definition entsprechend ein Abreagieren war. Die Emotion war zwar äußerst heftig, aber mit geringer Hilfe meinerseits war sie doch in der Lage, die beobachtende Funktion ihres Ichs während des Erlebnisses effektiv einzusetzen. Obwohl sie ziemlich erschüttert war, konnte sie nach diesem Abreagieren am Ende der Sitzung zu ihrer Arbeit zurückkehren.

Affektualisierung

Bei der Affektualisierung steht die Emotionalität innerhalb der Behandlung im wesentlichen im Dienste der Abwehrfunktion des Ichs. Ihr Zweck ist es, den Patienten am Verständnis seines inneren Konflikts zu hindern. Affektualisierung wurde in einem Beitrag von Bibring u. a. (1961) beschrieben als »die Überbetonung und die exzessive Ausnutzung der emotionalen Aspekte von Problemen, um ihr rationales Verständnis und ihre rationale Beurteilung zu vermeiden. Das Gefühl wird unbewußt zu Abwehrzwecken intensiviert« (S. 64). Dieser spezifische, aus Affekten aufgebaute Abwehrmechanismus wurde auch von Valenstein (1962) beschrieben: »Ein Überfluß an Affekten wird unbewußt zu Abwehrzwecken benutzt, oft in Verbindung mit Triebderivaten und deren Abfuhr; diese Übertreibung von Affekten kommt bei bestimmten Patienten häufig genug vor und ist möglicherweise spezifisch genug, um sie als Abwehrmechanismus zu bezeichnen« (S. 318).

Eine Affektualisierung tritt gewöhnlich bei Hysterikern auf, »die nicht nur einen starken Hang zu einem Phantasieleben und zum Agieren haben, sondern auch eine Neigung zu starken und relativ primitiven Affektreaktionen« (S. 317). Als Beispiel dafür wird eine unverheiratete hysterische Patientin in der mittleren Phase ihrer Analyse erwähnt, der jede Entschuldigung recht war, um einen emotionalen Ausbruch von Wut zu demonstrieren, als Schutz davor, über die Tatsache sprechen zu müssen, daß sie ohne Verhütungsmaßnahmen Geschlechtsverkehr gehabt hatte — und besonders vor Assoziationen, die durch diesen Vorfall hervorgerufen worden waren und die sich auf ihre in der Übertragungsneurose auf ihren Analytiker gerichteten ödipalen Wünsche bezogen.

Vor Valenstein hat schon Seigman (1954) die Produktion eines Affektübermaßes bei Hysterikern, sowohl für den Betrachter wie für den »internalisierten Beobachter«, beschrieben. Greenson (1958) definierte den »Deckaffekt« als ähnliches Phänomen. Sperling (1948) beschrieb Patienten, die exzessive Emotionen fürchten und deren Affekte aufgeteilt und aufgefächert sind; dann beschrieb er den entgegengesetzten Zustand — den emotionalen Stau —, der, wie er sagte, gewöhnlich bei psychopathischen Persönlichkeiten auftritt, und wobei die Fülle der Emotionen gleichzeitig eine Klimax erreichen. Er verglich die Fülle erdrückender Emotionen mit kontraphobischen Verhaltensweisen. Auch hier wird Emotionalität zu einem Abwehrmechanismus, der dem »acting out« ähnelt, zum »feeling out«. Valenstein (1962) konstatierte die Ähnlichkeit zwischen Affektualisierung, Agieren und Intellektualisierung und machte dabei deutlich, daß Abwehrmechanismen aus drei verschiedenen Modi der Triebabfuhr hervorgehen. Wie die Intellektualisierung für Zwangscharaktere typisch ist, ist die Affektualisierung meist eine gewohnheitsmäßige, chronische Abwehr und damit ein Charakterzug. Wenn der Analytiker den Patienten erst einmal kennt, kann er das Auftreten emotionaler Ausbrüche als Abwehrmanöver voraussagen. Der Patient mit Affektualisierungen kann auf Suggestion reagieren, wenn sie sachverständig angewandt wird, indem er aus seiner Emotionalität »herausspringt« (Peto, 1968).

Die Überflutung durch das Gefühl

Aufgrund des introjektiv-projektiven Kreislaufs und der gelegentlichen Verschmelzung von Selbst- und Objektbildern in intimen Beziehungen kann der Borderline-Patient, der primitive internalisierte Objektbeziehungen in der Behandlung aktiviert, seine Aggression weder erfolgreich projizieren, noch kann er »nur böse« Selbst- und Objektbilder erfolgreich externalisieren. Soweit Externalisierung möglich ist, distanziert sie die »nur bösen« Selbst- und Objektbilder nicht in adäquater Weise; sie bleiben bestehen und verfolgen ihre Gegenbilder, mit denen der Patient seine innere Welt zu bevölkern sucht. Dieses Dilemma erfordert eine Art illusorischer globaler Kontrolle, die gegen das drohende Objekt ins Spiel gebracht werden muß, eine Repräsentanz, auf die die Aggression projiziert wird und »nur böse« Selbst- und Objektbilder und -vorstellungen externalisiert werden. Wenn der Patient fürchtet, daß seine »Kontrolle« zusammenbricht, kann es sein, daß er das drohende Objekt angreift, ehe es ihn angreift. Es ist unwahrscheinlich, daß solche wiederholten Angriffe, wenn sie nicht in der Behandlungssituation interpretiert und durchgearbeitet werden, einen heilenden Wert haben, selbst wenn sie, in theoretischem Sinne, »Kontakte« zwischen den »nur guten« und den »nur bösen« Gegenbildern herstellen. Wenn sie nützlich sein sollen, müssen sie Gegenstand der Durcharbeitung sein. Josephs Fall in Kapitel 5 ist dafür ein Beispiel.
Nur eine Vereinigung der »nur guten« und der »nur bösen« Einheiten,

die primitiv gespalten worden sind — unter dem aufmerksamen Blick des beobachtenden Ichs —, wird heilend wirken. Jedoch wird, bevor diese Spaltung repariert ist, der Impuls zum Angreifen in der Übertragung hervorbrechen, begleitet von primitiven Emotionen und scheinbar diffuser motorischer Aktivität. Ich nenne solche primitiven Emotionen »Überflutung durch das Gefühl«, mit der Implikation, daß ihre Funktion eher die einer Triebabfuhr als die eines Signals ist. Klinische Beobachtungen lassen vermuten, daß es sich bei der Überflutung durch das Gefühl und einigen der motorischen Begleitaktivitäten nicht um eine einfache Abfuhr handelt, sondern daß sie wahrscheinlich eine Interaktion zwischen bereits konstituierten Selbst- und Objektvorstellungen enthalten. Mahler (1968) schlägt eine ähnliche Formel für die Autoaggression vor, die man bei psychotischen Kindern beobachten kann, und stellt fest, daß sie »wahrscheinlich gegen eine bereits konstituierte Selbst- und Objektvorstellung gerichtet ist, die aus verschiedenen Gründen im Geist des Kindes mit einem bestimmten Körperteil verbunden sein kann. Die autoaggressive Aktivität ist wahrscheinlich, wie manche autoerotischen Aktivitäten, auch ein Versuch von seiten des Kindes, die Körper-Ich-Grenzen zu definieren, ein Versuch, sich lebendig zu fühlen, selbst um den Preis, Schmerz erleiden zu müssen« (S. 215). Man sollte nicht vergessen, daß die affektive Kanalisierung libidinöser Triebderivate auch bei dem Patiententyp vorkommt, den wir beschreiben, und daß seine fundamentalen Schwierigkeiten mit der Kanalisierung von aggressiven Triebderivaten zusammenhängen.

Ich glaube, daß bei erwachsenen Patienten die Überflutung durch das Gefühl, obwohl sie den Ausbruch diffuser primitiver Affekte mit begleitenden motorischen Aktivitäten repräsentiert, ein verhältnismäßig charakteristisches klinisches Bild ergibt, das sich, selbst auf der Ebene der Beschreibung, von affektiven Formen des Abreagierens und der Affektualisierung unterscheidet. In der Behandlungssituation gibt es jedoch Bereiche, in denen sich die verschiedenen Formen der auftretenden Emotionalität überschneiden. Eine Überflutung durch das Gefühl, als Abfuhr gegen frühe Selbst- oder Objektvorstellungen, kann eine Form der Abwehr sein, aber eine primitive Form der Abwehr. Man kann sich das Abreagieren auf einem Spektrum vorstellen, an dessen oberem Ende die beobachtende Kraft des Ichs bereits zu einem frühen Zeitpunkt des emotionalen Ausbruchs in Erscheinung tritt. Je weiter oben auf dem Spektrum das Abreagieren steht, um so wahrscheinlicher ist es, daß der Patient dabei das Gefühl entwickelt, eine Leistung vollbracht zu haben, daß er ein Ereignis wiedererlebt oder zum erstenmal seine Fähigkeit entdeckt, das Ereignis gefühlsmäßig zu durchleben. Die emotionale Erfahrung nähert sich mehr der Art, die in der analytischen Arbeit nötig ist, und vermischt sich in angemessener Weise mit Vorstellungs- und Handlungsbereichen. Am unteren Ende des Spektrums sind die beobachtenden Funktionen des Ichs primitiv; was zu beobachten ist, erscheint, wie ich noch zeigen werde, wie die symbolische Darstellung von Ur-Affekten, und es kann keine ausreichende Sekundärprozeß-Verbindung zwischen Affekt und Ereignis hergestellt werden.

Die Frage der Phänomenologie

In der psychoanalytischen Theorie entwickelte sich das Konzept des Affekts (der subjektive Aspekt der Gefühle) und der Emotion (ihre Äußerung; Darwin, 1872) als einer Erfahrung des Ichs zu dem Zeitpunkt, als das Interesse sich von den Trieben auf das Ich verschob; die Ichtheorie der Affekte ergänzte die Theorien, die früher formuliert worden waren. Eine phänomenologische Frage bleibt, wie »gezähmte« Emotionen (Fenichel, 1945) von Ur-Emotionen unterschieden werden können, die mit Abfuhrphänomenen verbunden sind.

Obwohl die Geschichte der psychoanalytischen Affekttheorien und der Versuche, die Emotionen zu klären und zu klassifizieren, von vielen untersucht worden ist (Brierly, 1937; Glover, 1939; Fenichel, 1941; Rapaport, 1942, 1953; Jacobson, 1953; Novey, 1961; Valenstein, 1962; Smith, 1970; u. a.), sind wir gezwungen, »zuzugeben, daß wir noch keine umfassende oder vollständige Theorie der Affekte haben« (Rangell, 1967).

In den Anfängen der Psychoanalyse spielte der Affekt eine führende Rolle in Theorie und Praxis; die älteste psychoanalytische Theorie setzte Affekt und Quantität psychischer Energie gleich. Später wurde der Affekt als ein Prozeß angesehen, durch den psychische Energie, die ihren Ursprung in den Trieben hat, abgeführt wird (die Es-Theorie des Affekts). Rapaports Beitrag (1953) zeigt, daß Freud schon in der *Traumdeutung* (1900) anerkannte, daß eine der Begleiterscheinungen der Entwicklung des Sekundärprozesses und der Realitätsprüfung die »Zähmung« von Affekten ist, bis hin zu ihrer Umwandlung in Signale. Freud war sich auch klar darüber, daß dieser Prozeß niemals ganz erfolgreich ist. In *Hemmung, Symptom und Angst* (1926) stellte er fest, daß Angst (ein Affekt) nur vom Ich erfahren werden könne, in dem sie als Signalreaktion entsteht, die vor einer inneren Gefahr warnt. Diese neue Formulierung der Angst zeigte in signifikanter Weise, daß Affekte für das Subjekt ein Mittel sind, sich mitzuteilen, nicht nur intrapsychisch, sondern, in weiterem Sinne, auf der zwischenmenschlichen Ebene (Valenstein, 1962). »Gezähmte« Affekte sind nicht nur Signale und Kommunikatoren; sie tragen auch bei zur Erkenntnis (McDougall, 1936), Integration, Abwehr, Spannungsreduzierung und zur Realitätsprüfung (Alexander und Isaacs, 1964).

Eissler (1954) zeigte, indem er unterschied, was er als »Es-Emotionen« und »Ich-Emotionen« bezeichnete, daß erstere die Triebe begleiten und eine begrenzte Signalkraft besitzen, während letztere so gezähmt sind, daß sie als Signale funktionieren und zur Organisation der geistig-seelischen Aktivität und des Verhaltens beitragen, sowohl im Rahmen der Forderungen der inneren wie auch der äußeren Welt. Die Phänomenologie der »Es-Emotionen« ist nicht ganz befriedigend, insofern als Eissler selbst konstatierte, daß »das Ich der einzige Bereich der menschlichen Persönlichkeit ist, in dem Emotionen existieren«. Man kann die Theorie aufstellen, daß, vom strukturellen Gesichtspunkt her, wir die Ontogenese der Affekte auf das Es zurückführen können, oder, in moderner Terminologie, auf die undifferenzierte Es-Ich-Matrix; da aber Affekte (gefühlte Emotionen) der Erfahrung unterworfen sind, müssen sie innerhalb des Bereichs des Bewußtseins liegen. Eisslers Klassifizierung ist jedoch in der Praxis sicher sinnvoll und nützlich.

Engel, der sich zu demselben Thema äußerte, meinte (1962), wenn die Affekte differenzierter werden, seien einige merklich durch Signal- und Empfangsqualitäten charakterisiert, andere eher durch Abfuhrqualitäten. Die beiden Klassen von Affekten seien miteinander verbunden. Engel nennt als Beispiele der Signal- oder Empfangsaffekte Angst, Scham, Schuld, Traurigkeit, Freude. Beispiele für die Trieb- oder Abfuhraffekte sind Zorn oder Wut (mit dem Aggressionstrieb verbunden), Liebe, Zärtlichkeit, sexuelle Erregung (mit dem Libidotrieb verbunden). Valenstein (1962) spricht in ähnlicher Weise von Affekten, die dem Trieb und der Triebabfuhr näherstehen und in gewissem Sinne in Übereinstimmung mit dem Primärprozeß und — strukturell betrachtet — dem Es (den Ur-Affekten) stehen. Diese Typen von Affekten werden also von denjenigen unterschieden, die gezähmt und mit adaptivem Wert als Signal und Mittel der Kommunikation in die Ichsphäre gelangen. Rapaport (1953) beschrieb eine Hierarchie der Affekte, ausgehend von deren Nähe zu Trieb- oder Ichquellen. Hartmann (1950) beschrieb dieselben Phänomene in bezug auf den Grad der Neutralisierung. Peto (1968) schlug die Termini *intrasystemisch* und *intersystemisch* vor, wobei letzterer den Affekt bezeichnet, der ein Ichsignal bewirkt, ersterer einen Affektkomplex, der eher ein Triebderivat mit dem Charakter einer Abfuhr ist.

Fenichel (1945) beschrieb ein frühes Entwicklungsstadium, in dem das

Ich schwach ist und der Affekt dominiert. Diesem Stadium folgt eine zweite Phase, in der das Ich stark ist und gelernt hat, den Affekt zu zähmen und zu seinen Zwecken zu benutzen. Fenichel geht jedoch noch einen Schritt weiter und nennt ein drittes mögliches Stadium, in dem noch einmal ein elementarer Affekt den Organismus überwältigen kann. Der Ausdruck »Überflutung durch das Gefühl« bezeichnet das Auftreten von Ur-Affekten, die die Oberhand über stärker gezähmte Affekte gewinnen. Mit zunehmender Kenntnis der Umwandlung internalisierter Objektbeziehungen können wir die Begriffe »Ichschwäche« und »Ichstärke« neu definieren, um das Auftreten einer Überflutung durch das Gefühl oder gezähmterer Emotionen zu verstehen. Kernberg (1972a) meint, es sei eine inadäquate Erklärung der Situation, wenn man Ichschwäche als Schwäche der Ichgrenze konzeptualisiert, die, wenn sie von Es-Derivaten angegriffen wird, diese nicht daran hindern kann, »durchzubrechen« oder »überzufließen«. Er weist darauf hin, daß bei der Borderline-Persönlichkeitsorganisation unter Ich-»Schwäche« extrem starke, starre, primitive und pathologische Ichstrukturen zu verstehen sind. Die Formulierung von Hartmann, Kris und Loewenstein (1946) ebenso wie die von Rapaport (1957) zeigt das Ich als eine umfassende Struktur, innerhalb derer Substrukturen die spezifische Funktion determinieren: »Die Ichschwäche sollte nicht einfach als Abwesenheit oder Schwäche solcher Strukturen konzeptualisiert werden, sondern als Ersetzung höherer durch niedrigere Strukturen« (Kernberg, 1972a, S. 263). Patienten mit der Neigung zur Überflutung durch das Gefühl und einem Mangel an Kontrolle ihrer motorischen Impulse während der therapeutischen Sitzungen haben durchaus niedrigere Ichstrukturen, deren fundamentaler Abwehrmechanismus die primitive Spaltung und ihr verwandte Mechanismen sind, wie Verleugnung und illusorische globale Kontrolle des äußeren Objekts. Die »nur guten« und die »nur bösen« Strukturen sind nicht integriert, darum sind die affektiven Bande zwischen ihnen nicht neutralisiert; der Ausbruch von Ur-Emotionen und begleitenden motorischen Aktivitäten bleibt daher stets als Möglichkeit im Hintergrund.

Überflutung durch das Gefühl und begleitende motorische Aktivitäten

Patienten, die eine Überflutung durch das Gefühl erleben, neigen gewöhnlich dazu, eine Übertragungspsychose zu entwickeln; ihre Unfähigkeit, den Ursprung von Affekten in verschiedenen Ereignissen zu unterscheiden, ist sehr ausgeprägt. Die Affekte scheinen sich dann ohne

Neutralisierung miteinander zu verbinden. Die erste Manifestation einer Überflutung durch das Gefühl ist, obwohl sich das nicht immer feststellen läßt und auch keine notwendige Vorbedingung ist, gewöhnlich eine Akkumulation von Erinnerungen und Phantasien (Überflutung im Vorstellungsbereich), die dasselbe Gefühl tragen. Der Patient kann den Inhalt dieser Erinnerungen oder Phantasien nur in einer Art »Kurzschrift« wiedergeben — in fragmentarischen Sätzen oder einem einzelnen Wort. Es kann vorkommen, daß er dann zu stottern beginnt und das Vermögen, verständlich zu sprechen, ganz und gar verliert. An diesem Punkt ist es unmöglich, zwischen Überflutung im Gefühls-, Handlungs- oder Vorstellungsbereich zu unterscheiden. Es kann sein, daß der Patient schreit und eine diffuse motorische Aktivität entfaltet; er kann auch den Eindruck machen, seine menschliche Identität verloren zu haben.

Bei der Beobachtung einer Patientin mit defekter Ichstruktur stellte Eissler (1954) fest, daß eine Emotion durch die Aktivierung aller nahe verwandten Erinnerungen zusätzliche neue Energie akkumuliert. Er meint, daß dieses Phänomen auch bei normalen Persönlichkeiten beobachtet werden könne, daß aber im Falle seiner Patientin eine einmal aktivierte Emotion immer ein Höchstmaß an Intensität erreichte und die Patientin nicht mehr als eine Emotion auf einmal erleben konnte. Ihr Ich konnte nicht, wie das normale Ich, eine ganze Reihe stark divergierender, oft gegensätzlicher Emotionen ertragen. Peto (1968) beschrieb ein verwandtes Phänomen bei einem Patienten, bei dem verschiedene Schattierungen eines dominierenden Affekts (in seinem Falle Traurigkeit) auftraten, die aus verschiedenen Ereignissen stammten und die während einer Therapiesitzung miteinander verschmolzen.

Auf dem Höhepunkt der Überflutung durch das Gefühl ist die motorische Aktivität diffus und scheint ziellos; ehe dieses Stadium jedoch erreicht ist, schüttelt der Patient den Kopf in einer Weise, die ich als Darstellung der Verneinungsgeste ansehe. Ich glaube, daß dieses motorische Verhalten, wenn auch nicht bewußt, so doch zweckvoll ist, und daß es die erste symbolische Mitteilung ausdrückt, die ins Spiel gebracht wird, um die überwältigende Emotionalität einzudämmen.

Spitz (1957, 1965) hat gezeigt, wie der Saugreflex — eine rotierende Bewegung des Kopfes beim Säugling, wenn dieser die Brustwarze sucht — beim Neugeborenen ein affirmatives Verhalten ist. Im objektlosen Zustand ist dieses Verhalten ohne Intentionssignal oder kommunikative Qualität, und es verschwindet, wenn das Kind sich weiterentwickelt. Wenn das Kleinkind sechs Monate alt ist, tritt dieselbe Bewegung jedoch erneut auf mit veränderter Funktion; in diesem Stadium macht das

Kind die rotierende Bewegung des Kopfes, um Nahrung zu verweigern vermittels einer Geste, die auf kein spezielles Objekt gerichtet ist. Spitz gab darüber hinaus in Umrissen eine umfassende Erklärung dafür, wie das motorische Schema der Rotation des Kopfes zur Matrix der semantischen Geste des verneinenden Kopfschüttelns wird, wenn das Kind zwischen fünfzehn und achtzehn Monate alt ist.

Wenn das Kleinkind das Stadium der Lokomotorik erreicht, verändert sich die Kommunikation zwischen Mutter und Kind plötzlich dahingehend, daß das Wort »Nein« häufig als Ausdruck des Verbots oder des Vorwurfs gebraucht und dabei von einem Kopfschütteln begleitet wird; durch dieses Verhalten hindert die Mutter das Kind daran, seine Intentionen auszuführen. Aber in dem Erwerb der Vorstellung »Nein« ist mehr als eine bloße Imitation der Mutter enthalten. Spitz sah darin einen Zusammenhang mit dem biologischen Drang, Passivität durch Aktivität zu ersetzen, da ein Kind es nicht ohne Widerstand hinnimmt, in die Passivität zurückgezwungen zu werden. Der Erwerb des Wortes »Nein« ist auch verbunden mit einem aggressiven Vorstoß des Es, da jedes »Nein« der Mutter für das Kind eine emotionale Frustration bedeutet, und es wird gegen Ende des ersten und während des ganzen zweiten Lebensjahres angewendet, in beinahe jeder Situation, die die Beherrschung der Abwehr, des Identifizierungsmechanismus und besonders der Identifizierung mit dem Versager (oder Aggressor) erfordert. Die Fähigkeit, durch ein Wort oder eine Geste »Nein« auszudrücken, kennzeichnet einen Markstein in der Entwicklung des Kindes, da sie die Fähigkeit zum Urteil und zur Verneinung voraussetzt.

Die Geste »Nein«, die vor dem Höhepunkt der Überflutung durch das Gefühl auftritt, zeigt die Aktivierung und Identifizierung mit der Muttervorstellung als einem Versager; der Patient benutzt sie in dem Versuch, die Ur-Emotionen abzuschneiden, die ihn zu überwältigen drohen. Als der Patient noch ein Kleinkind war, erfüllte die Mutter, sein »äußeres Ich«, diese Funktion für ihn. Nachdem das Kind diese mütterliche Funktion internalisiert hatte, lernte es, selbst zu handeln, um sich gegen starke Reize zu schützen. Diese Erklärung für den Erwerb des Begriffs »Nein« setzt voraus, daß der biologische Drang des Kindes, von einer passiven zu einer aktiven Haltung überzugehen, nicht behindert wurde.

In einer Untersuchung des Negativismus, wie er in der menschlichen Entwicklung auftritt, meint Olinick (1964), daß das »Nein« des Kindes zunächst ein Mittel gewesen sein könne, exzessiver Stimulierung zu widerstehen, eine aggressive Zurückweisung exzessiver Stimulierung: »An diesem Punkt kann das Angstsignal, das zum ›Nein‹ führt, als ›zuviel, um sich dabei sicher zu fühlen‹, konzeptualisiert werden — d. h. zuviel

Erregung, als daß sie assimiliert werden könnte. Später, wenn zusätzliche äußere Kräfte als Teil des Überich-Systems internalisiert werden, werden sonst befriedigende Erfahrungen negativistische Reaktionen hervorrufen, da sie als ›zu gut, um wahr zu sein‹ konzeptualisiert werden oder, wie eine Patientin ihre eifersüchtige Mutter zitierte, ›mehr, als die Polizei erlaubt‹« (S. 544).

Die klinische Beobachtung des Patienten, der eine Überflutung durch das Gefühl erlebt, zeigt, wie er versucht, diese frühe Identifizierung mit dem Versager wiederzufinden, in einer verzweifelten Anstrengung, der Überflutung zu widerstehen. Eine meiner Patientinnen (Volkan 1974c) schüttelte, wenn eine Überflutung durch das Gefühl sie überkam, heftig den Kopf, ballte die Fäuste wie ein kleines Kind und preßte sie an beide Seiten ihres Kopfes in einer verzweifelten Anstrengung, seine Bewegung zum Stillstand zu bringen. Sie schien körperlich gemartert und heulte wie ein Tier. Schließlich setzte sie ihre Introjekte von grausamen frühen Versagern frei und lieh ihnen ihre eigene Stimme, indem sie schrie: »Sei ruhig! Sei ruhig!«, und lieh ihnen ihre eigenen Hände, die ihr ins Gesicht schlugen, bis die Überflutung durch das Gefühl verebbte. Manchmal schüttelte sich der Körper ebenso wie der Kopf in Verneinung. Es ist durchaus möglich, daß die rhythmische Abfuhr von Aggression, zusammen mit einer motorischen Wiedererschaffung des schaukelnden und besänftigenden Objekts, in solchen Körperbewegungen kondensiert ist.

Gewöhnlich fällt der Patient in einen Zustand diffuser Ur-Emotionalität, der begleitet ist von zielloser motorischer Aktivität, wenn das Kopf- oder Körperschütteln, das dem Therapeuten so zweckvoll erscheint, zum Stillstand gebracht ist. Die motorische Aktivität, die an diesem Punkt so ziellos scheint, steht in Wirklichkeit im Dienste der Verteidigung des Selbst gegen das drohende Objekt. In dieser Situation besteht sowohl für den Therapeuten wie für den Patienten die Gefahr physischer Verletzung, und es ist die Aufgabe des Therapeuten, sie zu verhindern.

Wahrnehmungsveränderungen

Patienten, die fähig sind, von ihrem Erlebnis der Überflutung durch das Gefühl nachträglich zu berichten, erzählen gewöhnlich, daß seltsame Wahrnehmungsveränderungen stattgefunden haben. Sie machten während des Erlebnisses eine »Metamorphose« durch, wobei sie monströs und diabolisch wurden, wenn Signalaffekte durch eng mit dem Aggressionstrieb verbundene Ur-Affekte ersetzt wurden. Wenn der Ur-

Affekt dagegen dem Libidotrieb nahesteht, findet eine andere Art von Veränderung statt, wie sie sich in Poesie oder romantischer Prosa widerspiegelt, wenn ein Liebender zu seiner Geliebten sagt: »Ich liebe dich so sehr, daß ich ein ganz neuer Mensch geworden bin.« Was das Ich, das dem Zustand der Es-Ich-Matrix nahesteht — und das Ich mit gespaltenen und fragmentierten Strukturen auf einer niedrigeren Organisationsebene —, während der Überflutung durch das Gefühl erlebt, erscheint wie eine von Affekt *gesättigte* Verkörperung der Selbst- und Objektbilder, die im Innern festgehalten wird. In diesem Zustand wird die Verkörperung des Affekts zum perzipierten Selbst des Patienten, wie Werner (1948) dies über Situationen sagte, in denen eine »Primitivierung« der geistigen Aktivität stattfindet. Er wies darauf hin, daß, wenn der Schizophrene schreit: »Die Tür verschlingt mich!«, der Affekt »wiederum ein Faktor in der Konfiguration der umgebenden Welt geworden ist wie im Falle eines wirklich primitiven Geistes. Und dies ereignet sich nicht in dem Sinne, daß die Welt der Dinge mit einer besonders starken Emotion besetzt wird, sondern eher in dem Sinne, daß der Affekt die Welt tatsächlich selbst formt« (S. 81).

Das nicht integrierte Ich scheint imstande zu sein, die Verkörperung der überwältigenden Emotionalität und die mit ihr verbundenen Selbst- und Objektbilder zu symbolisieren; die Symbole selbst sind primitiv und deutlich mit Körperfunktionen assoziiert. Das Gefühl des Patienten, sich in einen platzenden Ballon verwandelt zu haben, ist ein typisches Beispiel hierfür. Das Gefühl, zu zerplatzen oder in Stücke zu springen, und die Furcht vor dem Zustand der Hilflosigkeit erinnern an die von Jones (1927) beschriebene »Aphanisis«. Nach Jones ist dies eine Spannungsreaktion aufgrund des unvermeidlichen Mangels einer nach außen gerichteten Abfuhr erotischer Erregung. Glover (1939) berichtete über das Gefühl des »mentalen Zerplatzens« und »In-Stücke-Zerspringens«. Wie Jones benutzte er ödipale Begriffe, um das »Zerplatzen« zu beschreiben, aber er wies auch auf seine mögliche Assoziation mit prägenitalen Aspekten der Sexualität hin — Entbindung durch ein »Herausplatzen« durch die Bauchwand und Druck analer oder urethraler Retention. Und Arlow (1963) meinte, daß starke Affekte unbewußt den Verlust der urethralen oder analen Sphinkterkontrolle und die Abfuhr eines aggressiven oder erotischen Verlangens repräsentieren können.

Man erinnert sich an Searles' (1962) Terminus der »Desymbolisierung«, wobei er sich auf den Bericht eines Patienten bezog, er sei zum Zeitpunkt der Überflutung durch das Gefühl »ein kurz vor dem Platzen stehender Ballon«: »Mit diesem Terminus bezeichne ich einen Prozeß, der sich allem Anschein nach beim schizophrenen Patienten vollzieht.

Die Krankheit bewirkt, daß einmal *erworbene* metaphorische Bedeutungen ›desymbolisiert‹ werden, und unter dem Zugriff der Krankheit reagiert das Individuum auf sie entsprechend ihren wörtlichen Bedeutungen, die es außerordentlich verwirrend findet. Dies scheint einer der wichtigen Punkte zu sein, in denen das Denken des regredierten schizophrenen Erwachsenen sich von dem des normalen Kindes unterscheidet« (S. 43). Searles konstatiert, daß das sogenannte »konkrete« Denken schizophrener Patienten in Wirklichkeit undifferenziertes Denken ist — es besteht keine Differenzierung zwischen Konkretem und Metaphorischem. So ist der Patient, wenn er sagt, er sei in einen Ballon verwandelt, nicht fähig, in wirksamen, allgemeingültigen Symbolen zu denken. Aber Searles' Untersuchungen erinnern uns auch daran, daß der Patient genauso unfähig ist, wirklich konkret zu denken, »frei von einer animistischen Form einer sogenannten metaphorischen Auflage«.
Spitz (1965) untersuchte das Wechselspiel zwischen den Phänomenen Affekt und Wahrnehmung und ihren undifferenzierten Vorläufern beim Neugeborenen. Indem er auf seine experimentelle Arbeit auf diesem Gebiet hinweist, stellt er fest: »Der Affekt färbt die Wahrnehmung, er macht Wahrnehmungen wichtig oder unwichtig, ... Schließlich entscheiden Affekte auch über die Beziehung zwischen Wahrnehmung und Erkenntnis« (dt. S. 103). Es scheint, daß ein überwältigender Affekt die differenzierte Wahrnehmung der Realität verändert; der Wahrnehmungsbereich ist angefüllt mit den primitiven symbolischen Verkörperungen des Affekts selbst, und die Erkenntnis ist entsprechend verändert.

Attis verwandelt sich in ein Ungeheuer und in ein Murmeltier

Ich will mich wieder dem Patienten Attis zuwenden, von dem ich in Kapitel 4 berichtet habe, um ein klinisches Beispiel der mit einer Überflutung durch das Gefühl zusammenhängenden Probleme zu geben. In Kapitel 4 habe ich den klinischen Prozeß beschrieben, in dem Attis seinen Therapeuten introjizierte und sich mit ihm identifizierte, nachdem er die Fähigkeit erlangt hatte, ihn von seiner äußeren Verkörperung der introjizierten archaischen Mutter zu unterscheiden. Ich habe betont, daß der Patient in der Behandlung eine Zeitlang braucht, um zu dieser Unterscheidung zu kommen, die sich erst nach intensivem Durcharbeiten in der Übertragungs-Gegenübertragungsbeziehung herauskristallisiert.
Die in Kapitel 4 beschriebenen Ereignisse hatten noch nicht stattgefun-

den, als Attis im vierten Jahr seiner Behandlung eine Überflutung durch das Gefühl erlebte. Wir mußten diesen Vorfall deshalb als Konsequenz der Konfrontation seiner »nur guten« mit den »nur bösen« Selbst- und Objekteinheiten und der Gefahr, die diese Konfrontation darstellte, verstehen. Attis hatte sich über das Bedürfnis hinausentwikkelt, einer solchen Bedrohung durch Regression auf eine autistische Haltung zu begegnen; er konnte nun Sekundärprozeß-Funktionen für seine Situation fruchtbar machen, bald *nachdem* die emotionale Überflutung ihn überwältigte. Mit Hilfe des Sekundärprozesses war er fähig, das, was vor sich ging, zu verstehen und zu versuchen, was bis dahin primitiv gespalten gewesen war, zu integrieren, und damit zusammenhängende Affekte zu neutralisieren.

Im folgenden wird sich zeigen, daß ein Affekt, der kurz vor dem Ausbruch in eine emotionale Überflutung steht, als amorphe Kraft betrachtet werden kann, in der es keine Abstufungen gibt. Gewöhnlich kommen dem Patienten, unmittelbar bevor er vom Gefühl überflutet wird, viele Erinnerungen ins Gedächtnis, die dieselbe Emotion verstärken; er scheint sich an viele verschiedene Ereignisse zu erinnern, wobei der affektive Gehalt jedes einzelnen Ereignisses dem, was bald zu einer überwältigenden Emotionalität wird, Kraft hinzufügt, gerade so, wie wenn ein Zustrom destruktiver Kräfte sich in einen Fluß ergießt, der dadurch zu rasender Gewalt anschwillt. Die folgende Episode exemplifiziert Wahrnehmungsveränderungen, die für die Überflutung durch das Gefühl typisch sind. Man muß sich dabei vor Augen halten, daß die hier beschriebene Sitzung erst nach langer Arbeit an seiner Fähigkeit, zwischen dem Therapeuten und den eigenen archaischen Objektvorstellungen zu unterscheiden, stattfand, und erst nachdem Attis sich der Manifestationen seines Wiederholungszwanges bewußt geworden war. Kurz, beträchtliche Arbeit an der Übertragungspsychose ging den Ereignissen voraus, von denen ich berichten will, obwohl Attis unter bestimmten Umständen noch immer auf die Übertragungspsychose regredierte, was die Möglichkeit eines emotionalen Ausbruchs mit sich brachte.

Attis lebte mehr als 250 Kilometer von meiner Arbeitsstätte entfernt, und während des Winters, von dem ich hier berichten will, sagte er eine Reihe von Sitzungen bei mir ab mit der Begründung, daß das zu der Zeit herrschende schlechte Wetter die Reise gefährlich mache; als zusätzlichen Grund gab er an, er hätte eine ungewöhnliche Zahl von Begräbnissen in seiner Gemeinde zu halten. Die Absagen repräsentierten seinen Wunsch, sich von der frühen Mutter/dem Therapeuten zu trennen; das Winterwetter half ihm, seinen Wunsch sowohl in die Tat umzusetzen als auch zu rechtfertigen. Er hatte das Gefühl, daß ich ihn, wenn er zu mir käme, verschlingen würde — und er fürchtete auch, daß er mich töten könnte (und damit zugleich sich selbst oder einen Teil seiner selbst). Ich glaube, daß die ziemlich ausgedehnte Trennung von mir ihm half, mich in der Rolle der »nur bösen« Entität zu halten, von der er fernbleiben mußte, um sich sicher zu fühlen; denn dadurch, daß er mich nicht sah, hatte er mehr Möglichkeiten zu Realitätsverzerrungen.

Schließlich fragte ihn eine neue Sekretärin nach dem Grund für die Absage einer Sitzung, und er empfand einen heftigen Unwillen gegen das, was er als ihre aggressive Neugier betrachtete. Er sah in ihr eine Erweiterung meiner Person, der »bösen Mutter«-Vorstellung, und begann die nächste Sitzung mit einer, wenn auch ruhig vorgebrachten, Klage über ihre gezielten Fragen. Dann erzählte er von einem Streit, der sich in seiner Heimatstadt abgespielt hatte. Der Besitzer eines Bestattungsinstituts dort hatte seinen Ambulanz-Dienst eingestellt, weil er unrentabel war. Die Leute in der Stadt übten an dieser Reduzierung seiner Dienstleistungen scharfe Kritik. Während Attis davon erzählte, wurde er wütend; er nannte das, was sich zugetragen hatte, eine ungerechte Verfolgung. Er fühlte sich selbst in die Sache hineingezogen, da ein führendes Mitglied der Gemeinde am Telefon ihm gegenüber angedeutet hatte, daß die finanzielle Situation des Bestattungsinstituts untersucht werden müßte. Attis wollte eine Predigt zur Unterstützung des Bestattungsunternehmers halten, obwohl dies sein eigenes Image in der Gemeinde gefährdete. Während er also seiner anfänglichen Klage über eine inquisitorische Einmischung am Telefon eine andere Episode folgen ließ, in der es ebenfalls darum ging, daß am Telefon Druck ausgeübt wurde, schien Attis die Parallele zwischen diesen beiden Vorfällen nicht zu sehen — wie nämlich in jeder der berichteten Episoden ein verfolgendes »böses« Objekt sich einem »guten« aufzudrängen versuchte. Ich unterbrach ihn nicht.

Dann sagte er, daß er kürzlich ganz aus dem Gleichgewicht geraten sei. Er hatte die Gewohnheit angenommen, in allen möglichen Schränken nach seinem toten Vater zu suchen. Während er in der Vergangenheit die Gegenwart seines Vaters halluziniert hatte, bezog sich seine Suche nun auf einen bestimmten Wutanfall seines Vaters, den er mit seiner eigenen mörderischen Wut in Verbindung brachte. Er suchte jetzt einen speziellen Aspekt seines Vaters — sein strafendes und höhnisches Grinsen. Wie ich in Kapitel 4 gezeigt habe, war Attis in das ödipale Alter mit vielen noch ungelösten prägenitalen Problemen eingetreten. Sein Überich konnte nicht angemessen in sein psychisches System integriert werden, das ungezähmte Projektionen seiner früheren »bösen« Selbst- und Objektbilder enthielt; das Überich war nicht depersonalisiert. Zu dem Zeitpunkt, von dem ich hier spreche, hatte Attis das Bedürfnis, sich davor zu schützen, die »bösen« externalisierten Objekte anzugreifen, die ihn bedrohten, und mobilisierte in seinen Halluzinationen grausame, verbietende und extrem aggressive Überich-Bilder, um damit die defensive Wut in seinem Innern zu beherrschen.

Als er von seiner Unlust berichtete, zu dieser Sitzung zu kommen, begriff ich, daß er fürchtete, seine Wut nicht beherrschen zu können; er hatte sogar erwogen, umzukehren und nach Hause zu fahren. Ein Vorfall, der sich ereignet hatte, als er sein Auto draußen parken wollte, hatte ihn noch wütender gemacht; er hatte auf dem vollen Parkplatz einen freien Platz gefunden, war aber von einem »big guy« »um ihn betrogen worden«, obwohl er ihn zuerst gefunden hatte. Dieser Zwischenfall löste seine Wut aus, die die Emotionen noch verstärkte, die mit den anderen Episoden verbunden waren, von denen er während der Sitzung erzählte. Er erinnerte sich an seinen Bruder, der ihm den Finger abgehackt hatte; er war wütend, weil der Bruder der Liebling seiner Mutter gewesen war und ihn auf den zweiten Platz verwiesen hatte. In der vorausgegangenen Woche war er während eines Basketballspieles an die sportlichen Leistungen seiner Jugend erinnert worden, die er wegen der Mißbilligung der Mutter aufgegeben hatte. An dem Spiel, das er gesehen hatte, waren zwei Brüder beteiligt gewesen; der jüngere war der bessere Spieler, aber er hatte sich »aus psychologischen Gründen« zurückgehalten und den Ball nicht in den Korb geworfen. Obwohl diese Zwischenfälle Aspekte des ödipalen Konflikts im Zusammenhang mit einem Geschwister in einer Dreiecksbeziehung enthielten, betonte Attis die dyadische Beziehung zwischen sich und seiner Mutter innerhalb dieser Dreiecksbeziehung.

Während er diese Erinnerungen heraussprudelte, wurde Attis immer wütender. An diesem Punkt war ihm nicht bewußt, daß sie alle dazu dienten, seine Wut zu verstärken, und er konnte ein Ereignis mit den dazugehörigen Gefühlen nicht vom anderen unterscheiden. Plötzlich wurde er von seinem Gefühl überflutet. Motorische Aktivität begleitete diesen Vorgang, und er kam auf mich zu, um mich anzugreifen. Als er später diesen Vorfall mit Hilfe des Sekundärprozeß-Denkens rekapitulierte, wurde ihm kurz bewußt, daß er »Wut« empfand. Dieser Gefühlszustand wurde bald diffus, ohne identifiziert worden zu sein, und er fühlte sich wie gelähmt, nachdem seine motorische Aktivität zusammengebrochen war. Als wir später versuchten, dieses Gefühl der Paralyse zu verstehen, erinnerte er sich an die Ereignisse in der Nacht, in der er das

Haus verlassen hatte, um eine Axt zu suchen, mit der er seine Frau töten wollte (vgl. Kapitel 4). Obwohl seine »Paralyse« auf einer Ebene als hochentwickelter Abwehrmechanismus verstanden werden könnte, der von einem hochentwickelten Überich gelenkt wurde, zeigten die Assoziationen des Patienten, daß es sich dabei um eine globale Abwehr handelte, einem primitiven Schockzustand zu vergleichen, um ein Manöver des »Sich-tot-Stellens« gegenüber einem überwältigenden Affekt. Ich habe darauf hingewiesen, wie Attis immer wieder grausame frühe Introjekte heraufbeschwor — wie das Gesicht seines Vaters mit seinem wilden Grinsen —, um seiner Abwehraggression Einhalt zu gebieten; er war nicht fähig, ein funktionales Überich wirken zu lassen, das für diesen Zweck stärker depersonalisiert sein mußte.

Da Attis sich inzwischen bis zu einem gewissen Grade mit den beobachtenden Funktionen seines Therapeuten identifiziert hatte, war die »Paralyse«, die ihn in der Übertragung überfiel, vorübergehend und stand bis zu einem gewissen Grade unter der Kontrolle seines beobachtenden Ichs. Trotzdem gelang es ihm nicht, seine Fähigkeit zur Realitätsprüfung auch in bezug auf sich selbst anzuwenden. Er sah sich als ein aufgeblasenes, ballonähnliches Ungeheuer unbestimmten Geschlechts und hatte dabei die vage Vorstellung, er würde platzen und alles um sich her zerstören. Was erlebte Attis wirklich zu der Zeit, als er von seinem Gefühl überflutet wurde? Es ist wahrscheinlich, daß das aufgeblasene, ballonähnliche Ungeheuer sein Selbstbild repräsentierte, während es mit defensiver Wut angefüllt war; es schien ein Symbol seiner Furcht vor einer analen Explosion zu sein, was Arlows Ansicht (1963) stützen würde, daß starke Affekte unbewußt als Verlust der Sphinkterkontrolle erlebt werden können.

Die seelischen Prozesse, die unter der Gewalt des Affekts standen, hatten zum Zeitpunkt der Überflutung durch das Gefühl eindeutig das Übergewicht über die triebhaften und kognitiven Prozesse und bestimmten deren Richtung. Als die Überflutung durch das Gefühl nachließ, machte Attis' Wahrnehmung seiner selbst als eines Ungeheuers einer anderen Selbstwahrnehmung Platz, und er erlebte sich für den Rest der Sitzung als ein Murmeltier. Die Leser werden sich daran erinnern, daß er an Lichtmeß * geboren war, einem Tage, der von Stürmen, Regenfällen und Nebel verdunkelt war, und daß seine Mutter ihn häufig an diesen »bösen Tag« und sein unheilverkündendes Wetter erinnert hatte. Gewiß ist das Murmeltier-Bild zahmer als das des Ungeheuers. Vielleicht repräsentierte es den Kern der primären affektiven Beziehung

---

* vgl. Anm. S. 89.

zwischen Mutter und Kind, auf der die erste, aber undifferenzierte Selbst- und Objektvorstellung sich aufbaute.

Ein Licht im Dunkel

Der folgende Bericht über das Abreagieren eines Patienten soll dazu beitragen, diese klinische Manifestation von einer emotionalen Überflutung zu unterscheiden. Die praktischen und auch die theoretischen Unterschiede zwischen diesen beiden Arten emotionaler Ausbrüche werden dadurch deutlich werden.

Ein Mann Ende Dreißig kam zu einer Zeit in die Analyse, als er sich von seiner Frau legal getrennt hatte. Er hatte einen Zwangscharakter und wurde von panischer Furcht gepackt bei dem Gedanken, vor irgendeiner Gruppe Menschen sprechen zu müssen. Er behauptete, er liebe seine Frau und seine drei Kinder und verstehe nicht, was mit seiner Ehe geschehen sei. Im Verlaufe seiner Geschichte wurde deutlich, daß er seinem Geschäftspartner untergeordnet sein mußte, einem älteren Mann, dessen Wünschen er wie selbstverständlich gehorchte, wobei er jede Feindseligkeit, die sie vielleicht hervorriefen, verdrängte. Er erwartete von seinem Partner die Initiation in die Welt der Männer. Sein Partner hatte ihn in der Tat in die Riten der Freimaurer eingeführt, und er war ihm dankbar dafür. Es kamen ihm Gerüchte zu Ohren, daß sein Geschäftspartner und seine Frau eine Affäre miteinander hätten; gelegentlich sah er, wie seine Frau und der Mann, den er als seinen Vater betrachtete, sich bei den Händen hielten, und er wußte auch, daß sie von Zeit zu Zeit zusammen essen gingen, aber er konnte nicht glauben, daß sie sich irgendeines Fehltritts schuldig gemacht hatten. Trotzdem fühlte er sich sehr elend und hatte gelegentlich emotionale Ausbrüche gegenüber seiner Frau. Er war zu dieser Zeit nicht mehr von der geschäftlichen Partnerschaft abhängig, und sein Geschäft hätte sogar besser floriert, wenn er sich selbständig gemacht hätte. Die fortgesetzte Benutzung des Namens seines Partners entschädigte ihn dafür, und es wurde deutlich, daß das Hinnehmen der Situation, die ihn so bedrückte, eine Reaktivierung seiner ödipalen Konflikte war.

Seine Eltern waren vor dem Zweiten Weltkrieg aus Deutschland nach Amerika gekommen und hatten sich in einer städtischen jüdischen Umgebung niedergelassen. Sie waren Antisemiten, hatten aber eine Reaktionsbildung entwickelt und waren den Juden in ihrer Gemeinde gegenüber äußerst höflich. Der Vater, der während des Ersten Weltkrieges in der deutschen Armee gedient hatte, wußte Geschichten von Tapferkeit und Grausamkeit zu erzählen, immer mit einer merkwürdigen Heimlichkeit. Die Erinnerungen an seine Soldatentage waren in einer Truhe weggeschlossen. Der heranwachsende Junge assoziierte seinen deutschen Familiennamen mit Aggression; er sehnte sich danach, ihn zu wechseln. Dieser Umstand schien teilweise zu erklären, warum er später so großen Wert darauf legte, im Geschäft den Namen seines Partners zu benutzen. Er hatte das Gefühl, daß ein typisch deutscher Name andere Menschen abschrecken würde.

Seine Eltern waren Anfang vierzig, als er, ihr einziges Kind, geboren wurde. Sie mußten in einem Ladengeschäft arbeiten und den Patienten viel allein lassen. Die Mutter brachte dem kleinen Jungen bei, wo die Zeiger der Uhr stehen würden, wenn er sie zurückerwarten konnte, und diese Übung blieb fest in seiner Erinnerung verhaftet. Obwohl er glaubte, daß er als Kind glücklich gewesen war, erinnerte er sich als Erwachsener, daß er sich seinen Vater selbstbewußter und selbstsicherer gewünscht hatte.

Mit fortschreitender Analyse berichtete er von einem Zwischenfall, der offenbar seine Neurose ausgelöst hatte. Als er sich im Alter von zwölf Jahren befand, zogen seine Eltern um und lebten einige Monate lang in einer so kleinen Mietwohnung, daß alle Familienmitglieder in einem Zimmer schlafen mußten. Das Bett des Jungen stand neben dem seiner Eltern, und eines Nachts, als sein Vater unerwartet das Licht anmachte, sah er, wie seine Mutter sich zur Vorbereitung des Geschlechtsverkehrs Vaseline in die Vagina brachte. Das Licht wurde schnell wieder ausgemacht, aber als in der Analyse seine Verdrängung sich zu lösen begann, erkannte er allmählich die inzestuösen Wünsche und Ängste, die damals mobilisiert worden waren. Er erinnerte sich, wie er in den auf diesen Zwischenfall folgenden Nächten in seinem Bett gelegen und intensiv auf jedes Geräusch aus dem elterlichen Bett gelauscht hatte, wobei er im Geiste die Entfernung zwischen seinem Bett und dem Bett seiner Eltern ausmaß. Als Erwachsener wurde er technischer Landvermesser, maß also Entfernungen: Er hatte die Phantasie, daß er ein Gerät erfinden würde, das während der Nachtstunden Sonnenlicht auf die dunkle Seite der Erde bringen würde.

Der Umzug an den neuen Wohnort erwies sich als ungünstig für die Familie, und sie kehrten einige Monate nach dem geschilderten Zwischenfall in die Stadt zurück. Während seiner Schulzeit in der Stadt manifestierte der Patient eine Zwangsneurose, nachdem er gehört hatte, wie einige Mitschüler sich gegenseitig »mother fuckers« nannten. Einige Jahre später unterzog man ihn einer Elektroschockbehandlung aufgrund von Zwangsvorstellungen, die um den Gedanken kreisten, daß er

homosexuell oder geistesgestört sein könne. Als einige Freunde in ein Theater einbrachen und dadurch einen tödlichen Herzanfall des Besitzers verursachten, nahm er die Schuld am Tod des alten Mannes auf sich. Einmal, als er einen Zeitungsbericht über den Mord an einem jungen Mädchen sah, bekam er Zwangsvorstellungen, die darum kreisten, daß er selbst der Mörder gewesen sei.
Er heiratete, als er in den Zwanzigern war. Er war sehr von seiner Frau abhängig und fand immer einen älteren Mann, der ihn »unter seine Fittiche nahm«. Zuviel Erfolg konnte er nicht ertragen. Als seine Ehe zerbrach, trat die Zwangsneurose, die während seiner Pubertät ausgebrochen war, in Begleitung phobischer Symptome in voller Stärke wieder auf; er begab sich in die Psychoanalyse.
Die Behandlungsstunde, in der ein emotionaler Ausbruch auftrat, kam nach fünfzehn Monaten der Psychoanalyse. Sie läßt sich mit einer ähnlichen Behandlungsstunde von Attis vergleichen. Wie Attis sagte auch dieser Patient einige seiner Sitzungen ab; er behauptete, daß ein geplanter Besuch außerhalb der Stadt es ihm unmöglich mache zu kommen. Am Montagmorgen nach dem außerhalb der Stadt verbrachten Wochenende rief er an und sagte, er könne keine Flugverbindung bekommen und müsse absagen; in der Sitzung am darauffolgenden Dienstag berichtete er, daß er acht Stunden lang im Flughafen gesessen und auf ein Flugzeug gewartet hatte, obwohl er verstandesmäßig wußte, daß es erst nach diesen acht Stunden fliegen würde, die Augen auf die Uhr gerichtet und von Angst und Unbehagen überwältigt. Nachdem er dies erzählt hatte, hatte er einen echten Erkenntnisblitz und verstand, daß er mich als die abweisende Mutter und sich selbst als das alleingelassene, die Uhr beobachtende Kind erlebt hatte. Er war nun fähig, Trennungsangst zu erleben.
In der nächsten Sitzung berichtete er, wie er vor kurzem bei einem Besuch mit seinen Freunden getrunken hatte; er war danach ins Bett neben seinen schlafenden Freund und dessen Frau geklettert. Es kam ihm merkwürdig vor, mit einem anderen Mann und eines anderen Mannes Frau im Bett zu sein, aber er hatte den Wunsch, mit der Frau zu schlafen. Das Paar, das durch sein Eindringen geweckt worden war, verließ das Zimmer. Am nächsten Tag war ihm das alles sehr peinlich, und er gab vor, er sei in der vergangenen Nacht so betrunken gewesen, daß er nicht mehr gewußt habe, was er tat.
Am nächsten Tage erzählte er, daß er in der vergangenen Nacht eine »Flut« von Träumen gehabt hatte. Davor hatte er sehr selten von Träumen berichtet. Die »Flut« betraf »Dreieckssituationen« wie die, die er im Bett seines Freundes zu erleben versucht hatte. Er erinnerte sich be-

sonders lebhaft an zwei Männer und eine Frau in dem folgenden Traum:

Meine Frau schlief mit einem Mann. Ich weiß nicht, wer es war. Ich konnte sein Gesicht nicht sehen. Dann sah ich mich selbst auf meinem Fahrrad. Ich fuhr durch einen Park und dann durch ein Gebäude, das ein Bordell war.

Er zeigte eine gewisse Gefühlsbewegung, als er diesen Traum erzählte, und brachte spontan Assoziationen dazu. Obwohl er bis dahin auf der Couch immer beherrscht gewesen war und mit monotoner Stimme gesprochen hatte, zitterte seine Stimme nun, und seine Hand zuckte. Er behielt jedoch die Kontrolle über seine Emotionalität.
Er sagte, er sei gegenüber der Beziehung zwischen seiner inzwischen von ihm geschiedenen Frau und seinem früheren Partner blind gewesen. Vor vielen Jahren war er mit dem Fahrrad durch einen Park gefahren, in dem eine junge Frau ermordet worden war, und danach war er eine Zeitlang von der Idee besessen gewesen, den Mord begangen zu haben. Nun realisierte er, daß ihn eine mörderische Wut gegenüber seiner geschiedenen Frau und seinem früheren Partner erfüllte, von dem er geglaubt hatte, daß er ihn gern hatte.
Das Bordell erinnerte ihn an seinen Onkel, den er als junger Mann einmal besucht hatte. Der Onkel hatte ihn in ein Bordell mitgenommen und ihn aufgefordert, mit einem der Mädchen ins Bett zu gehen. Er hatte sich geweigert; der Onkel dagegen, der verheiratet war, hatte sich eines der Mädchen genommen. Mein Patient war von dem Gedanken schokkiert gewesen, daß ein verheirateter Mann mit einer Frau, die nicht seine Frau war, schlief. Er nannte dieses Verhalten »Inzest«, konnte jedoch nicht erklären, inwiefern es »Inzest« war, als ich ihn aufforderte, diese Vorstellung näher zu erläutern. Später erzählte er andere Erinnerungen an Zwischenfälle, in denen ebenfalls eine »Dreieckssituation« mit der dazugehörigen Angst das Hauptthema war; ich spürte, wie sich eine solche Angst in ihm ansammelte und sah, wie er rot wurde. Er war wie Attis, wenn er Erinnerungen erzählte, die dieselbe emotionale Grundlage hatten.
Plötzlich sagte er, sein lebhafter Traum könne dadurch ausgelöst worden sein, daß er einen Club besucht hatte, wo er sein Auto auf einem Platz abgestellt hatte, der, wie sich herausstellte, für seinen früheren Partner reserviert war. Im gleichen Augenblick tauchte der Partner auf und verlangte eine Erklärung. Mein Patient war gezwungen, auf einen anderen Platz zu fahren, ähnlich wie Attis, der von einem »big guy« von seinem Parkplatz vor dem Krankenhaus vertrieben worden war. Als er realisierte, daß er gegen seinen früheren Partner im Kampf um den Parkplatz (und um dieselbe Frau) verloren hatte, wurde er wütend. Er

erinnerte sich an weitere Einzelheiten aus seinem Traum und erklärte: »Meine Frau trug ein schwarzes Kleid. Es war etwas Merkwürdiges daran. Oh! Oh! Ich weiß! Ich weiß! Das Kleid hatte Streifen und war aus fluoreszierendem Material, das wie Lichter glänzte.« An diesem Punkt überwältigte ihn sein Gefühl; er zitterte und stöhnte wie schmerzerstickt: »Oh! Je! Je! Je!»

Attis hatte auf dem Höhepunkt der emotionalen Überflutung den Affekt, von dem seine Selbstvorstellung angefüllt war, wahrgenommen. Er wandte jedoch kein Sekundärprozeß-Denken an, um diese Wahrnehmung mit den zugrunde liegenden genetisch-dynamischen Konstellationen zu verbinden. Der Patient mit dem Zwangscharakter dagegen war imstande, während und nach dem Abreagieren an seiner eigenen Identität festzuhalten und zu erklären, daß das »Licht« auf dem Kleid seiner Mutter das visuelle Trauma verkörperte, das er im Alter von zwölf Jahren erlebt hatte. Obwohl die ursprünglichen ödipalen Kindheitswünsche noch immer stark verdrängt wurden, war er während der Erinnerung an den Zwischenfall fähig, die Emotionen, die er hervorgerufen hatte, zu fühlen und sie mit seinen inzestuösen Wünschen und der Furcht vor der Vergeltung seines Vaters in Zusammenhang zu bringen. Er erkannte sogar, daß er seine Mutter eine »Hure« nennen wollte und daß er den Besuch seines Onkels im Bordell als Gelegenheit zu einer inzestuösen Handlung betrachtet hatte. Es ist außerordentlich bedeutsam, daß der Patient während des Abreagierens — oder wenigstens bald, nachdem die Gefühlsaufwallung abgeklungen ist — die hervorgerufenen Emotionen benennnen kann. Dies ist bei einer Überflutung durch das Gefühl nicht der Fall.

Die Benennung und Zähmung von Emotionen

A. Katan (1961) hat beobachtet, daß Eltern einem Kind die Gegenstände seiner äußeren Umgebung gewöhnlich einige Zeit früher benennen, ehe sie es mit Wörtern für die verschiedenen Arten von Affekten bekannt machen. Sie stellte fest, daß Verbalisierung zu einer Integration führt: »Verbalisierung führt zu einer Erweiterung der Kontrollfunktion des Ichs über Affekte und Triebe« (S. 185). Dieses Konzept ist auf therapeutisch-edukativer Ebene in der Hanna Perkins School angewandt worden, einem von ihr geleiteten therapeutischen Kindergarten (Archer und Hosley, 1969).

Wenn der Patient von einer Überflutung durch das Gefühl überwältigt scheint, kann eine solche Situation die Fähigkeit des Therapeuten, die freischwebende Aufmerksamkeit aufrechtzuerhalten, stark auf die Probe stellen, und es kann vorkommen, daß er als Gegenreaktion seine Zuflucht zum Handeln nimmt. Obwohl er sich selbst und den Patienten schützen muß, wenn dessen motorische Aktivität, die die emotionale Überflutung begleitet, Gefahr ankündigt, wird er gut daran tun, ruhig und aufmerksam zu bleiben und eine gewisse Distanz zu der dramatischen Situation zu behalten. Es kann nützlich sein, die überwältigende Emotion zu benennen. Eine meiner Patientinnen, Margaret (vgl. »Fusselbällchen« in Kapitel 8), erlebte, während sie auf der Couch lag, die Überflutung durch das Gefühl als Derivat ihrer aggressiven Triebe. Gelegentlich wies ich sie darauf hin: »Dies ist Wut! Was Sie fühlen, ist Zorn!« Später, als sie die intrapsychische Trennung von einer symbiotischen Mutter/einem symbiotischen Analytiker durcharbeitete, benutzte sie ihre Katze als eine Art Übergangsobjekt, die ein Band zwischen ihr selbst und ihrer Mutter/ihrem Analytiker repräsentierte, ein Band, das auch Aspekte von beiden enthielt. Eines Morgens wurde sie zuhause von ihren Gefühlen überflutet, und in diesem Zustand trat sie wild nach der Katze. Während sie dies tat, sagte sie zu sich selbst: »Dies ist Wut!« und brachte ihre Wut dadurch zum Stillstand. Aufgrund ihrer Identifizierung mit dem bereits etablierten analytischen Introjekt konnte sie die Emotion benennen und sie dadurch zähmen (Volkan und Kavanaugh, 1974).

In einem anderen Fall konnte ich einer schizophrenen Patientin, die von einer Überflutung durch das Gefühl überwältigt wurde, helfen, indem ich sie bei ihrem Namen rief und ihr so ihre Identität gab. Viel später äußerte sie sich dankbar über die Art, wie ich *ruhig* ihren vollen Namen genannt hatte, inmitten ihrer Erregung. Sie fand, daß das Aussprechen ihres Namens in diesem Moment der beste Anstoß gewesen war, den ich ihr hatte geben können, um mit einer gewissen Reorganisation zu beginnen. Ich erinnerte mich, daß ich angefangen hatte, etwas zu ihr zu sagen, und dabei mit ihrem vollen Namen begonnen hatte, obwohl ich sie gewöhnlich nicht so anredete. Vielleicht war dies eine spontane Gegenreaktion meinerseits auf das, was vorging. Es stellte sich heraus, daß meine ruhige und spontane Anwendung ihres Namens für sie einen Ansatzpunkt lieferte, um den Versuch zu unternehmen, sich in reiferer Form zu reorganisieren und die Identität, die sie verloren hatte, wiederzuerlangen.

8

Das Übergangsobjekt und die globale Kontrolle über das äußere Objekt

Patienten, die während ihrer Behandlung primitive internalisierte Objektbeziehungen reaktivieren, zeigen das Bedürfnis, das äußere Objekt zu beherrschen, das sie mit »nur bösen« Qualitäten ausstatten, oder zu idealisieren und sich an ihm festzuklammern. Dieses Kapitel gibt Beispiele dafür, in welchem Maß diese Patienten konkrete nicht-menschliche Objekte als Puffer zwischen sich selbst und anderen benutzen. Bei näherer Betrachtung haben diese konkreten Objekte ein Janusgesicht, da sie eine Kontrolle über die Distanz vom anderen bzw. der Bindung an ihn ermöglichen. Die Lampe hat eine lichtundurchlässige und eine lichtdurchlässige Seite; wenn die lichtundurchlässige Seite der Außenwelt zugekehrt ist, ist die Außenwelt ausgelöscht, sie bleibt in der Dunkelheit; die andere Seite dagegen erleuchtet sie, so daß sie erkannt werden kann.

Das Konzept des Übergangsobjekts wird kritisch dargelegt, und das konkrete Objekt wird als reaktiviertes Übergangsobjekt bzw. als Variation des Themas Übergangsobjekt beschrieben. Indem das Kind ein Objekt in der Außenwelt mit magischen Qualitäten ausstattet, schafft es das eigentliche Übergangsobjekt, das das Nicht-Ich mit dem Mutter-(Objekt-)Ich verbindet. Es wird gezeigt, daß das magische konkrete Objekt von Patienten mit primitiven internalisierten Objektbeziehungen — wenn es sich vielleicht auch auf höherer Ebene mit einem Symbol verbindet, d. h. bestimmte Qualitäten mit dem Fetisch gemein hat — im Prinzip als eine Form des Übergangsobjektes benutzt werden kann. Die Illusion, die Kontrolle über das Übergangsobjekt auszuüben, gibt dem Patienten die Sicherheit, daß er die absolute Kontrolle über die äußeren Objekte hat. Es werden zwei Fälle beschrieben, in denen Katzen während des Durcharbeitens der Auflösung einer symbiotischen (Übergangsobjekt-)Beziehung auf den Analytiker/die Mutter zu speziellen Übergangsobjekten wurden, so daß die Patientin sie »töten« mußte, um die intrapsychische Trennung zu vollenden. Ich bin zu der Auffassung gelangt, daß nicht alle Übergangsobjekte konkret zu sein brauchen; sie können auch von so ungreifbaren Manifestationen wie den »Übergangsphantasien« repräsentiert werden.

Patienten, die während ihrer Behandlung primitive internalisierte Objektbeziehungen reaktivieren, zeigen das Bedürfnis, äußere Objekte zu beherrschen. Da der Prozeß der Introjektion und Projektion kreisförmig ist, ist der Patient von der Re-Internalisierung dessen bedroht, was er externalisiert hatte. Wenn Selbst- und Objektbilder verschmolzen sind (Stadium II der internalisierten Objektbeziehung [Kernberg, 1972 a]), führen Projektion und Externalisierung aggressiv gefärbter Impulse oder Einheiten auf das Objekt gleichzeitig dazu, daß dieses dem Patienten als Angreifer erscheint (projektive Identifizierung). Ich möchte darauf hinweisen, daß der Begriff »äußeres Objekt«, wie ich ihn hier gebrauche, eher ein Objekt bezeichnet, das von den eigenen Projektionen und Externalisierungen des Patienten gefärbt ist, als irgend etwas, das in der Außenwelt objektiv nachweisbar präsent wäre.
Während einige äußere Objekte von »nur bösen« Qualitäten gefärbt sind und Angst hervorrufen, können andere idealisiert und gegen die gefürchteten Objekte aufgeboten werden. Der Patient muß eine globale und absolute, wenn auch illusorische Kontrolle über die psychologische Distanz zwischen sich und dem aggressiv gefärbten Objekt aufrechterhalten, ebenso wie über die Distanz zwischen den »nur bösen« und den »nur guten« Objekten. Eine solche Form der Kontrolle kann man in Verhaltensmustern beobachten, die im Rahmen der Behandlung auftreten, in spezifischen Phantasien, die ich »Übergangsphantasien« genannt habe, und von denen ich im folgenden einige Beispiele geben werde. Sie können auf die Verschmelzung der Selbstbilder bzw. -vorstellungen mit den idealen Selbst- und Objektbildern und -vorstellungen hinweisen, in dem Bestreben, jede Abhängigkeit von (frustrierenden) äußeren Objekten auszuschalten (Volkan, 1973). Giovacchini (1967 b) beschreibt ein adaptives, aber dennoch primitives Manöver, das die Kehrseite der Medaille zeigt. In diesem Fall schafft sich der Patient eine frustrierende Umgebung, was in der Übertragung besonders deutlich zum Ausdruck kommt, da die stetige Zuverlässigkeit der analytischen Situation ihm Frustration versagt. Ich glaube, daß solche Patienten ebenfalls eine Kontrolle über die Umgebung ausüben; was geschaffen und unter Kontrolle gebracht wird, ist traumatisch, aber vertraut. Giovacchini bezieht sich auf eine persönliche Mitteilung von Van der Heide, der feststellt: »In dem Maße, wie eine Abwehr ichdyston ist, verändert das Ich die Umgebung, um die Abwehr zu rechtfertigen.« Giovacchini fährt fort: »Menschen mit Charakterstörungen bringen durch ihre Externalisierung mehr zuwege, als nur die Umgebung mit ihren Abwehrmanövern in

Einklang zu bringen. Es geht um ihre fundamentale Identität. Die Umgebung muß so konstruiert werden, daß ihre totale Ichorganisation erhalten wird« (S. 579).
Solche Menschen sind die Patienten, von denen Socarides (1971) meint, daß sie in bedrohlicher Weise enttäuscht und desillusioniert bleiben wollen. Im Unterschied zur Depression hängt die Desillusion mit externalisierter Aggression und oft auch mit Selbsterhöhung zusammen. Wie Socarides zeigt, kann die Desillusion von solchen Menschen zu Abwehrzwecken benutzt werden, die es sich nicht gestatten können, Hoffnung zu haben, da sie unfähig sind, Frustration oder den schmerzlichen Affekt der Depression zu ertragen. Obwohl solche Menschen sich an die Erinnerung früherer Erwartungen klammern, entwerten sie sie zugleich.
Patienten, die primitive internalisierte Objektbeziehungen aktivieren, neigen häufig dazu, extensiven Gebrauch von konkreten nicht-menschlichen, belebten oder unbelebten Objekten zu machen, um eine Pufferzone zwischen sich und dem äußeren Objekt zu schaffen, über die sie absolute Kontrolle zu haben meinen. Sie können selbst zu nicht-menschlichen Objekten werden oder das Verhalten eines solchen in einer Weise annehmen, die Kontrolle über aggressive äußere Objekte symbolisiert. Die folgende Episode soll dies illustrieren.

Der »Schildkrötenmann«

Ein junger Mann, der nach einem akuten Anfall von Schizophrenie ins Krankenhaus aufgenommen worden war, wurde viele Monate in der Klinik und danach mehrere Jahre ambulant behandelt. Während der ersten Monate seiner Behandlung zeigte er extreme Panik, wenn irgend jemand, selbst der Therapeut, sein Zimmer betrat. Er schrie: »Bringen Sie mich nicht um!«, zog sich die Bettücher über und versuchte, seinen Kopf zu bedecken. Nachdem er sich eine kleine Schildkröte angeschafft hatte, gewann er durch Verschiebung eine adäquatere Kontrolle über seine Anstrengungen, sich zu schützen, und war nun fähig, dem Therapeuten gegenüberzutreten. Darüber hinaus konnte er sich mit der Schildkröte identifizieren. Die frühen Phantasien dieses »Schildkrötenmannes« zeigten ein schildkrötenhaftes Verhalten. So phantasierte er z. B., dem in Kapitel 1 beschriebenen »kleinen Männchen« nicht unähnlich, omnipotent zu sein, während er in seiner phantasierten gläsernen Kuppel lebte. Die Kuppel hielt gefährliche Insekten draußen; falls diese dennoch ihren Weg nach drinnen fänden, hatte er elektrische Fallen vorbereitet.

Eine globale Kontrolle der psychischen Distanz zwischen dem Patienten (der versucht, die »nur guten« und idealisierten Elemente festzuhalten) und dem gefürchteten äußeren Objekt mit Hilfe eines Puffers trägt zur Fortsetzung des Abwehrmechanismus der primitiven Spaltung bei und schützt den Patienten vor diffuser emotionaler und motorischer Überflutung, wie sie im vorangegangenen Kapitel beschrieben wurde. Obwohl einige Patienten eine ziemlich stabile Kontrolle gegenüber denselben äußeren Objekten entwickeln, ist diese Kontrolle bei anderen Patienten nur wenig stabil, und sie neigen zu schnellen Besetzungsverschiebungen zwischen sich und ihren Objekten; sie scheinen im einen Augenblick nach Nähe zu einem Objekt zu verlangen und im nächsten Augenblick nach großer Distanz zu ihm. Der Patient hat ein ebenso großes Bedürfnis, seine Distanz zum »nur bösen« Objekt unter Kontrolle zu halten, wie danach, sich an seine beschützenden idealisierten Objekte zu klammern, und dieses doppelte Bedürfnis kompliziert seine Situation. So umfaßt eine globale Kontrolle der psychischen Distanz sowohl eine Verlängerung als auch eine Verkürzung der Distanz zwischen dem Objekt und dem, was innerhalb des Selbst festgehalten wird.

Das Bedürfnis-Angst-Dilemma

Schizophrene haben »ein Bedürfnis nach und Angst vor der Hilfe« durch den Therapeuten in der Behandlungssituation (Abse und Ewing, 1960). Burnham spricht vom »Objekt-Bedürfnis-Angst-Dilemma« (»object need-fear dilemma«) solcher Patienten und erklärt, daß der Schizophrene ein übermäßiges Bedürfnis nach äußerer Struktur und Kontrolle hat, da es ihm selbst an innerer Struktur und autonomen Kontrollsystemen mangelt. Er ist ein »Objektsüchtiger« (Fenichel, 1945, dt. S. 339). Burnham (1969) schreibt: »Gerade die Übermäßigkeit seines Bedürfnisses nach Objekten macht sie auch übermäßig gefährlich und erschreckend, da sie ihn durch Verlassen zerstören können ... Sie können etwas aus ihm machen oder sie können ihn umbringen ... Diese Bedrohung können wir noch besser verstehen, wenn wir daran denken, daß seine innere Struktur in ihrem unsicheren Gleichgewicht außerordentlich verletzbar gegenüber äußerem Einfluß im wörtlichen Sinne ist, nämlich gegenüber dem ›Hineinfließen‹. Es fehlt ihm an Abgrenzung von den anderen. Dies liegt nicht so sehr an einer Hyperpermeabilität seiner Reizschranke oder einer ›dünnen Haut‹, sondern eher an seinem Mangel an innerer Struktur. Wie ein Schiff auf hoher See ohne adäquate Navigationsausrüstung braucht er Direktiven von außen« (S. 28).

Burnham nennt drei grundlegende Formen der Reaktion auf das Bedürfnis-Angst-Dilemma, die auch kombiniert auftreten können: a) der Patient gibt dem Bedürfnis nach und klammert sich an das Objekt, er gibt Bemühungen um Differenzierung und Unabhängigkeit auf; b) er meidet das Objekt, vielleicht dadurch, daß er sich von ihm zurückzieht; c) er definiert das Objekt neu und weist ihm verschiedene Rollen zu in einem selbst geschaffenen Drama, wodurch er eine »temporäre Pseudo-Konstanz« für das Objekt herstellt, das z. B. idealisiert werden kann (S. 37). Burnham meint: »Eine komplexere Form der Neudefinierung ist die Spaltung des Objektfeldes in gute und böse Akteure mit Helden- und Schurkenrollen« (S. 38). Offensichtlich sieht Burnham die Spaltung des Objekts als Reaktion auf das Bedürfnis-Angst-Dilemma des Schizophrenen; ich sehe darin eine grundlegende Abwehrkonstellation, die ihren Ursprung in der Unfähigkeit hat, libidinös und aggressiv gefärbte internalisierte Vorstellungen von Selbst und Objekt zu integrieren und zu modifizieren, und die das Bedürfnis-Angst-Dilemma entstehen läßt.

Der Objektersatz

Interessant ist hier Burnhams von vielen anderen und auch von mir geteilte Beobachtung in bezug auf das, was er (S. 35) und Fenichel (1945, dt. S. 339) »Ersatz für Objekte« nennen, oder kürzer, Objektersatz. Mit Hilfe des Objektersatzes kann der Patient den Schein eines Objektkontaktes aufrechterhalten oder wiedergewinnen. Man ist sich darüber einig, daß ein solcher Objektersatz nicht konkret zu sein braucht, sondern auch eine Idee sein kann — z. B. eine religiöse Idee. Der Objektersatz selbst kann jedoch, wie ein menschliches Objekt, eine Quelle entweder von Angst oder Sicherheit werden, und der Patient kann sich in ähnlicher Weise an ihn klammern oder ihn meiden.
Burnham hebt kurz eine Ähnlichkeit zwischen dem Objektersatz und dem Übergangsobjekt hervor. Da ich wie er der Auffassung bin, daß tatsächlich eine Ähnlichkeit zwischen ihnen besteht, eine signifikante Ähnlichkeit, werde ich sie in den folgenden Abschnitten genauer untersuchen. Obwohl es stimmt, daß der Patient ein gewisses Maß an Kontakt mit dem anderen (der für ihn wichtigen Person) gewinnt, indem er sich an einen Objektersatz klammert oder ihn meidet, zeigt eine genauere Untersuchung eine kompliziertere Situation, als diese Feststellung erwarten läßt. Der Objektersatz verschafft dem Patienten nicht nur Kontrolle; er schafft eine Brücke zwischen dem Selbst und dem anderen. Er hat ein Janusgesicht. Er wird, wie die folgenden Beispiele zeigen wer-

den, genau so sorgfältig aus vielen Möglichkeiten ausgewählt, wie das Kind das Übergangsobjekt auswählt. Obwohl er in der realen Welt existiert, ist sein Zweck in den Augen des Patienten »die perzeptorische menschliche Aufgabe, dafür zu sorgen, daß innere und äußere Realität getrennt und doch aufeinander bezogen bleiben« (Winnicott, 1953). Der Patient kann die Illusion behalten, die absolute Kontrolle über diesen Typ des (reaktivierten) Übergangsobjektes zu haben — oder, in Fintzys (1971) Formulierung, die »Variation auf das Thema Übergangsobjekt« — und so die Illusion aufrechterhalten, daß er eine ähnliche Kontrolle über die reale Umgebung habe (Fintzy, 1971; Volkan, 1973). Nicht alle diese »Variationen« sind konkret; ich kann die Bedeutung unserer klinischen Beobachtungen und theoretischen Konstrukte besser illustrieren und meine weiter unten folgende Darlegung, wie diese zur Kontrolle (bzw. Überbrückung) der Distanz zwischen dem Selbst und dem anderen benutzt werden, besser untermauern, wenn ich mit einer Darstellung konkreter Beispiele beginne.

Erweiterung des Konzepts der Übergangsobjekte und -phänomene

Winnicott (1953) schrieb: »Ich habe die Begriffe ›Übergangsobjekt‹ und ›Übergangsphänomene‹ eingeführt zur Bezeichnung des intermediären Bereiches der Erfahrung zwischen dem Daumen und dem Teddybär, zwischen Oralerotik und echter Objektbeziehung, zwischen primärer kreativer Aktivität und der Projektion dessen, was bereits introjiziert worden ist, zwischen primärer Unbewußtheit der Verpflichtung anderen gegenüber und der Anerkennung dieser Verpflichtung (»sag: danke!«).

Durch diese Definition gelangen das Plappern eines Kleinkindes oder die Art, wie ein älteres Kind ein Repertoire von Liedern und Melodien durchgeht, während es sich auf den Schlaf vorbereitet, als Übergangsphänomene in den intermediären Bereich, zusammen mit dem Gebrauch, der von Objekten gemacht wird, die nicht Teil des Körpers des Kleinkindes sind, aber noch nicht voll als zur äußeren Realität gehörend erkannt werden« (S. 89).

Das Übergangsobjekt nimmt für das Kind vitale Bedeutung an, es wird fast zu einem untrennbaren Teil seiner selbst. Die Hauptfunktion dieses Objekts und dieses Phänomens ist es, das Kind zu veranlassen, als Reaktion auf die Pflegeleistungen der »ausreichend guten« Mutter, »die *Illusion*« zu entwickeln, »daß eine äußere Realität besteht, die [seiner] eigenen schöpferischen Fähigkeit entspricht« (S. 95). Ein »Nicht-Ich«-

Besitz wird geschaffen. Das Übergangsobjekt ist das erste Nicht-Ich, aber es ist niemals ganz Nicht-Ich, da es das Nicht-Ich mit dem Mutter-Ich verbindet (Greenacre, 1969). Es wird ausgewählt aufgrund seines Materials, seines Geruchs, seiner Sichtbarkeit und seiner Beweglichkeit aus alldem, was dem Kind während des ersten Lebensjahres erreichbar ist, und es ist ein Trost für die Trennung, die das Schlafengehen bedeutet. Es läßt Vernachlässigung, selbst Mißhandlung vergessen und ersetzt liebevollste Nähe. Wenn das Kind es verliert, findet es gewöhnlich ein neues Objekt als Ersatz, das ihm ähnlich ist. Winnicott stellt fest, daß das Übergangsobjekt nicht internalisiert wird, sondern durch das Eindringen des »kulturellen Bereiches« verblaßt. Die Erinnerung des Kindes an das Objekt ist keiner aktiven Verdrängung unterworfen.

Winnicott hielt das Übergangsobjekt und die Übergangsphänomene für einen Bestandteil der normalen emotionalen Entwicklung. Im Unterschied dazu ist Sperling (1963) der Auffassung, daß die von Winnicott beschriebenen Übergangsobjekte pathologische Manifestationen (Kindheitsfetische) einer spezifischen Störung in den Objektbeziehungen seien. Ehe das Kind zwei Jahre alt ist, bindet es sich an ein unbelebtes Objekt, etwas Konkretes, das es als einen Teil seines eigenen Körpers benutzt, einen ersetzbaren Teil, wie z. B. seine Fingernägel. Das Kind akzeptiert das Abstillen nicht, sondern ersetzt die mütterliche Brust durch einen Fetisch, dessen symbolische Funktion der Trennungsangst gilt, während der Abstillperiode, auf dem Höhepunkt der Analphase (in Verbindung mit der Retention oder Elimination der Faeces — dem Mutter-Äquivalent) und während der ödipalen Phase, wenn die Mutter als sexuell befriedigendes Objekt aufgegeben wird. Zusammengefaßt: Der Kindheitsfetisch repräsentiert eine pathologische Abwehr der Trennung von der Mutter auf prä-ödipaler Ebene und kann zum Gebrauch von Fetischen im Erwachsenenalter führen.

Durch ihre Beobachtung psychotischer Kinder wurden Speers und Lansing (1965) auf ein Phänomen aufmerksam, das in seiner dynamischen Bedeutung Sperlings Kindheitsfetisch ähnelt. Diese Kinder schufen sich »Augenblicksmütter« (»instant mothers«), indem sie bewegliche unbelebte Objekte benutzten. Mahler (1968) hat dafür klinische Beispiele geliefert: für das »psychotische Beschäftigtsein« von Kindern mit einem unbelebten Objekt (dem »psychotischen Fetisch«), wie etwa einem Fächer, einem Plattenspieler, einem Krug — sogar einem Faden, den sie um den Finger wickeln konnten. Sie beschreibt diese jedoch als eine Form von Übergangsobjekt.

Kavanaugh und ich (1974) stimmen nicht mit Sperling darin überein, daß das Übergangsobjekt eine pathologische Manifestation ist. Wir be-

trachten es, ebenso wie den Kindheitsfetisch, der aus ihm hervorgeht, als Markierung eines Punktes auf einem Spektrum, das verschiedene Abstufungen hat, von der Normalität bis zur Pathologie. In einem 1972 veröffentlichten Beitrag habe ich das Übergangsobjekt, den Kindheitsfetisch und den Fetisch des Erwachsenen ebenso wie das verbindende Objekt pathologisch trauernder Patienten beschrieben (vgl. auch Kapitel 3 dieses Buches) und die Unterschiede zwischen ihnen hervorgehoben. Greenacre verglich in einer Reihe von Beiträgen das Übergangsobjekt mit dem Fetisch und räumte folgendes ein: Während «es ... fetischistische Phänomene gibt, in denen die Unterschiede zum Übergangsobjekt nicht so scharf umrissen sind« [Greenacre, 1969, S. 144], ist »das Übergangsobjekt beinahe allgegenwärtig und läßt nicht von vorneherein auf eine anormale Entwicklung schließen« (S. 149). Greenacre (1970) betrachtet den Fetisch als Produkt einer deutlichen Störung im Kleinkindalter, die zu einem Bedürfnis, sie zu reparieren, geführt hat, da die Illusion eines Körperdefekts fortbesteht. Andererseits sind Übergangsobjekte das »greifbare Symbol einer sich wandelnden Beziehung« und eine Hilfe für die frühe Entwicklung. Modell (1963) ging davon aus, daß die Objektbeziehungen des Borderline-Patienten im Stadium des Übergangsobjekts stehengeblieben sind. Später (1968, 1970) betonte er, daß das Übergangsobjekt sowohl regressive wie progressive Seiten habe (wobei er das Bild einer Wasserscheide vor Augen hatte). Die beiden entgegengesetzten Seiten korrelieren mit dem Akzeptieren oder Nicht-Akzeptieren äußerer Objekte. Fintzy (1971) stellte die Frage, ob eine Fixierung nicht eine allmähliche Transformierung von Übergangsobjekten durch das ganze Leben hindurch verursachen könnte; er stellte die Hypothese auf, daß es die *versteckte* Existenz eines Übergangsobjektes sei, die eine progressive Seite habe, und daß dieser Umstand es der Borderline-Persönlichkeit erlaube, außerhalb der Therapie eine normale Fassade aufrechtzuerhalten.
Die Hypothese, die ich vorschlage (1973), entspricht der von Fintzy; ich bin der Ansicht, daß der Patient absolute globale Kontrolle über sein Übergangsobjekt erreicht (das ein reaktiviertes sein kann). Er stellt es zwischen sich und seine Umgebung; so glaubt er eine ähnliche Souveränität über die Umwelt selbst genießen zu können, und er hegt das illusionäre Privileg, die Existenz der äußeren Objekte entsprechend dem Druck seiner Ängste und Wünsche anzuerkennen oder zu leugnen. Er lebt in der Illusion, daß das Übergangsobjekt unter seiner absoluten Kontrolle stehe, gerade so, wie der Säugling die Brust magisch beherrscht, da die Mutter sich ihm unmittelbar nach der Geburt in einer Weise zur Verfügung gestellt hat, die die Illusion nährt,

daß ihre Brust ein Teil seines eigenen Körpers sei (Winnicott, 1953). »Man kann das Übergangsobjekt als etwas betrachten, das sich auf einer in beiden Richtungen befahrbaren Straße bewegt, auf einem Weg vom Inneren zum Äußeren und umgekehrt. Während sich das Kleinkind von der Mutter zum Übergangsobjekt hin wendet, kann es sein, daß der Borderline-Patient, da er ja auf der Ebene des Übergangsobjektes fixiert ist, sich auf dem Wege über das unbelebte Objekt sinnvoller auf ein neues Individuum beziehen kann« (Fintzy, 1971, S. 112).

Der zu Beginn dieses Kapitels kurz erwähnte »Schildkrötenmann« nannte seine Schildkröte »Keuschheit«. Seine Psychose war zu einer Zeit aufgetreten, als er mit einem »losen« Mädchen ging, das seine Eltern ablehnten, und er fürchtete, daß sie schwanger geworden sei. Warzen (ein Panzer?) bildeten sich auf seinem Körper und mußten von seinem Vater, einem Chirurgen, entfernt werden. Ich brachte die Wahl des Namens »Keuschheit« mit diesen Ereignissen in Verbindung, aber während der Behandlung wurde deutlich, daß der Name auch seine Vorstellung von der Reinerhaltung seines Kuppel-Königreiches reflektierte, das er nur seinen »nur guten« Einheiten offenhalten wollte, die er auf diese Weise vor äußerer Gefahr schützen konnte.

Eine andere schizophrene Patientin auf derselben Station hatte ebenfalls eine Schildkröte. Sie nannte sie »Hoffnung«. Die beiden Patienten und ihre Schildkröten »verschmolzen« miteinander. Die Wahl des Namens »Hoffnung« ist interessant; die Ereignisse in der Therapie dieser Patientin zeigten, daß der Puffer, den der »Schildkrötenmann« benutzte, um die psychische Distanz zwischen sich und dem vertrauten anderen unter Kontrolle halten, zwischen den beiden zu einer *Brücke der Hoffnung* wurde. Diese doppelte Möglichkeit der Variationen des Übergangsobjekts interessiert uns hier. Zwar trennte die Kuppel, in die sich der »Schildkrötenmann« in seiner Phantasie zurückzog, ihn von der Außenwelt, aber sie war transparent und er konnte aus ihr heraussehen auf seine Feinde, die Insekten, und sie kennenlernen unter Bedingungen, die er unter Kontrolle hatte, während er sich vor ihrem Vordringen schützte. Darin war er wie die Schildkröte, die ihren Kopf vorstrecken und die Welt aus der Sicherkeit ihres Panzers heraus betrachten kann.

Eine genauere Untersuchung der verschiedenen Formen des »Objektersatzes«, die von Schizophrenen und Borderline-Patienten benutzt werden, enthüllt sowohl Elemente des »Mutter-Ich« und des »Nicht-Ich« wie auch eine Verbindung zwischen beiden, eine Verbindung, die unter der illusorischen globalen Kontrolle des Patienten steht. Searles weist auch auf den Aspekt der nicht-menschlichen Umgebung hin, der auf die Mutter gerichtet ist, obwohl er zu Anfang, in seinem Hauptwerk über

dieses Thema (Searles, 1960), die Meinung vertrat, daß für das normale Kind (und den schizophrenen Erwachsenen) die nicht-menschlichen Aspekte der Umgebung selbst, jenseits des Einflusses irgendeines Menschen, von besonderer Bedeutung seien. Später revidierte er diese Ansicht und stellte fest, daß der Bereich des Nicht-Menschlichen durch Verschiebung ein gewisses Wachstum der im wesentlichen auf die Mutter gerichteten kindlichen Gefühle von Liebe, Abhängigkeit usw. repräsentiert: »Ich habe gelernt, daß in dieser Phase (der therapeutischen Symbiose) die Gesamtheit der früheren ›Realität‹ des Patienten, einschließlich des gesamten nicht-menschlichen Bereiches, gleichsam in die Symbiose mit dem Therapeuten hineinfließt, und daß gerade aus dieser Symbiose heraus die ›Realität‹ des Patienten tiefer mit Gefühlen und deshalb mit einem echten Realitätssinn besetzt wird, daß er dementsprechend in tieferem Sinne fähig wird, zwischen Bereichen wie menschlich und nicht-menschlich, belebt und unbelebt zu unterscheiden, weil er sie im Therapeuten/der Mutter wiederentdeckt« (Searles, 1963, S. 50).
Später stellte Searles fest, daß im Idealfall die Mutter die gesamte innere und äußere Realität des Säuglings und des Kleinkindes »humanisiert«. Er weist darauf hin, daß die Praxis der Kindererziehung selten ideal ist, und stellt in diesem Zusammenhang fest, daß jedes Kind bis zu einem gewissen Grad den Kampf, zwischen Menschlichem und Nicht-Menschlichem und zwischen Belebtem und Unbelebtem zu differenzieren, durchstehen muß: »Jedes Kind wird sich ... diesem Kampf stellen müssen, den der schizophrene Patient so unüberwindlich fand. Ja, wenn die Mutter dem Kind diese Unterscheidung überhaupt abnehmen könnte, würde dieses vermutlich niemals eigene Individualität erlangen, denn der nie endende Kampf, diese Differenzierung zu leisten, ist für die Erlangung und Aufrechterhaltung menschlicher Individualität wahrscheinlich von entscheidender Bedeutung« (Searles, 1965, S. 30).
Unter dem Einfluß von Kohuts Arbeit über Narzißmus (1971) — zum Vergleich gegensätzlicher Auffassungen über die narzißtische Persönlichkeit vgl. Kapitel 9 — veränderte Tolpin (1972) das Konzept des Übergangsobjektes etwas, indem sie, im Gegensatz zu Winnicott, den Standpunkt vertrat, daß bestimmte Aspekte des Übergangsobjektes als seelische Struktur »verinnerlicht werden«. Zum Schicksal des Übergangsobjekts stellte sie fest, daß dieses gerade weil seine beruhigenden Funktionen als seelische Struktur »verinnerlicht werden«, nicht vermißt, betrauert, verdrängt oder vergessen wird, es wird einfach nicht länger gebraucht. Tolpin stellte weiterhin fest, daß das Übergangsobjekt Erbe eines Teils des ursprünglichen Narzißmus des Kleinkindes ist, der erhalten bleibt, wenn er der idealisierten Elternimago hinzugefügt wird.

Eine »Übertragung« der narzißtischen Besetzung von den verlorengegangenen beruhigenden Funktionen der idealisierten Mutterimagines auf das Übergangsobjekt schafft eine »Übergangs-Selbst-Objekt-Imago«, die einen Umweg zu den umwandelnden Internalisierungen der mütterlichen Funktionen beschreibt, die die Kohärenz des Selbst, wie Kohut sie beschrieben hat, fördert. »Wenn das Kind jedoch schwere narzißtische Traumen erleidet, dann verschmilzt das Größen-Selbst nicht mit dem maßgeblichen Ich-Gehalt, sondern bleibt in unveränderter Form erhalten und strebt nach Erfüllung seiner archaischen Ziele. Und wenn das Kind traumatische Enttäuschungen von dem bewunderten Erwachsenen erfährt, dann bleibt auch die idealisierte Elternimago in ihrer unveränderten Form erhalten, sie wird nicht in eine spannungsregulierende psychische Struktur umgewandelt, erreicht nicht die Position eines zugänglichen Introjektes, sondern sie bleibt ein archaisches Übergangs-Selbst-Objekt, das für die Aufrechterhaltung des narzißtischen Gleichgewichts gebraucht wird« (Kohut, 1971, dt. S. 46).
Nach Tolpin sollte das Übergangsobjekt (-phänomen) zu den psychischen Organisatoren (wie sie von Spitz beschrieben worden sind, 1950) gerechnet werden: »Als psychisches ›Relikt‹ einer älteren Form (Selbst-Objekt, bedürfnisbefriedigend) der psychischen Organisation und zusätzlicher Weg zur Erlangung einer neuen (das Selbst stützenden) Struktur hilft das Übergangsobjekt dem Kleinkind bei der Arbeit des Trennungsprozesses [S. 348] ... Wenn die beruhigenden Funktionen der Mutter und der Bettdecke [des Übergangsobjektes] effektiv internalisiert sind, ist eine — normale — Phase relativer struktureller Insuffizienz überwunden« (Tolpin, 1972, S. 333).

Unterschiede zwischen Übergangsobjekt, Fetisch und verbindendem Objekt

Nicht alle belebten oder unbelebten nicht-menschlichen Objekte, die einen erwachsenen Patienten präokkupieren, sind reaktivierte Übergangsobjekte; sie können durchaus mit einem Symbolismus auf höherer Ebene verbunden sein. So liegt z. B. die dominierende Bedeutung des Schuhs für den erwachsenen Fetischisten darin, daß er den weiblichen Penis vertritt. Wenn die nicht-psychotischen Seiten eines Schizophrenen oder eines Borderline-Patienten solche Objekte als Symbole auf höherer Ebene benutzen, ist es jedoch durchaus möglich, daß seine psychotischen Seiten sie gleichzeitig als präsymbolische (Übergangs-)Objekte benutzen, als eine Art januskӧpfiges Bindeglied zwischen »Mutter-Ich« und

»Nicht-Ich« (Volkan und Kavanaugh, 1974). Berman (1972) zitiert ein Beispiel, in dem ein Patient Diättabletten zugleich als Fetisch und als Übergangsobjekt benutzte. Ich bin der Ansicht, daß im allgemeinen Kindheitsfetische, Fetische von Erwachsenen und verbindende Objekte, die von pathologisch Trauernden benutzt werden, als Variationen des Themas Übergangsobjekt betrachtet werden können. Jede von ihnen spielt offensichtlich eine dominierende Rolle, die sich von der des eigentlichen Übergangsobjekts unterscheidet. Welcher der Faktoren *dominieren* wird, hängt von der Position des Patienten auf jenem Spektrum ab, dessen vielfache Schattierungen die Kompetenz des Ichs, das konkrete, auf einer höheren Ebene symbolhaltige Objekt zu benutzen, am oberen Ende und die Regression, in der das Objekt als Bindeglied zwischen »Mutter-Ich« und »Nicht-Ich« benutzt wird, am unteren Ende des Spektrums einschließen. Ein kurzer Überblick über die Charakteristika dieser verschiedenen, aber einander doch nicht gänzlich unähnlichen Arten bedeutungsvoller unbelebter Objekte ist angebracht.

Ich sehe Überschneidungen zwischen dem Übergangsobjekt und dem Kindheitsfetisch und sehe sie innerhalb eines Spektrums, das von der Normalität bis zur Pathologie reicht. Wenn die Entwicklung des Kindes normal verläuft, hilft ihm das Übergangsobjekt, sich von der Mutter zu trennen, wenn jedoch die Mutter-Kind-Beziehung gestört ist, kann das Übergangsobjekt zu einem Kindheitsfetisch werden, der benutzt wird, um die Illusion eines Körperdefekts zu reparieren, die aus der unvollständigen Individuation von der Mutter herrührt. Das Individuum, das einen Kindheitsfetisch hat, kann als Erwachsener zum Fetischisten werden, obwohl das nicht der Fall sein muß.

Im klassischen Sinne repräsentiert der Fetisch des Erwachsenen den illusorischen Penis der Mutter, und er kann den letzten Augenblick repräsentieren, in dem die Frau als phallisch phantasiert werden konnte (Freud, 1927). So bietet er eine spezielle Lösung für die Kastrationsdrohung. Nach Winnicott (1953) »kann der *Fetisch* dahingehend beschrieben werden, daß in ihm ein spezifisches Objekt oder ein spezifischer Typ von Objekt fortbesteht, das auf die infantile Erfahrung im Übergangsfeld zurückgeht und mit der Illusion eines mütterlichen Phallus verbunden ist« (S. 97). Neuere Arbeiten über den Fetischismus beschreiben den Fetisch als einen Kompromiß zwischen Trennung und Kastration. Bak (1953) stellt fest, er reflektiere 1. den Wunsch, den Penis aufzugeben, um sich mit der Mutter zu identifizieren, die keinen Penis hat, und so die Gefahr der Trennung von ihr zu meiden; und 2. die alternative Gefahr der Kastration. Wie er in einem Fallbericht darlegt, kann die Angst vor dem Verlassenwerden fetischistische Rituale entstehen lassen. An diesem Beispiel ist die Reaktion auf einen drohenden Verlust deutlich zu beobachten.

Die Hauptfunktion des verbindenden Objekts (Volkan, 1972) bei pathologisch Trauernden ist eine Antwort auf einen Verlust (in unserer Untersuchung: Verlust durch den Tod). Freud paraphrasierend, habe ich (1970) die Ansicht dargelegt, daß bei bestimmten Erwachsenen das verbindende Objekt ein »Zeichen des Triumphes« über den Verlust durch Tod ist.

Das Kind hält, sieht und riecht sein Übergangsobjekt. Der pervertierte Erwachsene braucht zumindest den Anblick des Fetischs, um sexuelle Potenz zu erlangen. Pathologisch Trauernde müssen zu jedem Zeitpunkt wissen, wo ihre verbindenden Objekte sich befinden, aber es ist wichtig für sie, sie eher auf Distanz zu halten, als sie an sich zu drücken. Der typische Fetisch (des Erwachsenen) ist meist ein Kleidungsstück, oft ein schwarzer Schuh (als Repräsentation der Schamhaare), und auch der Geruch ist von Bedeutung. Der Fetisch ist symbolisch bisexuell. Das verbindende Objekt dagegen braucht kein Merkmal aufzuweisen, das leicht mit einem Körperteil zu assoziieren ist, sondern es erhält seine Macht aus der Vorstellung, die eine symbolische Verbindung zwischen dem Trauernden und dem Toten hergestellt hat. Wie Greenacre (1969) gezeigt hat, enthält der Fetisch erstarrte Wut, die aus der panischen Angst vor Kastration geboren ist. Auch das verbindende Objekt enthält Wut; es ist ein Instrument, um die Entladung einer aus Trennungspanik entstandenen Wut zu beherrschen. Ich bin außerdem der Meinung, daß das verbindende Objekt in signifikanterer Weise mit dem Aggressionstrieb besetzt ist als der typische Fetisch, und daß diese Besetzung das allgemein zu beobachtende Bedürfnis, es von sich zu entfernen und zu meiden, erklärt. Ganz sicher befinden sich Trennungs- und Kastrationsängste auf demselben Spektrum, und die Funktion des typischen Fetischs verwischt sich mit der des verbindenden Objekts. Trotzdem kann man signifikante Unterschiede feststellen. Während das verbindende Objekt den letzten Augenblick darstellt, in dem der Tote als lebendig erlebt wurde, repräsentiert der in der Perversion von Erwachsenen benutzte Fetisch den letzten Augenblick, in dem Frauen als einen Penis besitzend erlebt wurden.

Das verbindende Objekt ist ein Mittel, mit dessen Hilfe die Objektbeziehung zu einem Toten äußerlich aufrechterhalten werden kann. In ihm hat sich der ambivalente Wunsch verdichtet, den Toten zurückkehren und ihn ganz verschwinden zu lassen, so daß die schmerzliche Trauerarbeit einen äußeren Anhalt hat und damit einer endgültigen Lösung entgeht.

Aus dieser kurzen Übersicht über das Konzept des Übergangsobjekts und die »Variationen auf das Thema Übergangsobjekt« geht hervor, daß sie dem Schizophrenen oder dem Borderline-Patienten auf der niedrigsten Ebene, noch vor der Verwendung des Symbols auf einer höheren Ebene, dazu dienen, die Illusion aufrechtzuerhalten, er könne die Kontrolle über seine psychische Distanz von äußeren Objekten behalten und zugleich eine Verbindung zu ihnen herstellen. Andere unbelebte Objekte, die weder mit dem klassischen Fetisch noch mit dem verbindenden Objekt identisch sind, werden zur Bewältigung von Trennungsangst im allgemeinen benutzt; auf einer niedrigeren Ebene können sie elementare Funktionen haben, die denen des Übergangsobjekts nicht unähnlich sind. Der Fall eines »mechanischen Jungen« (Volkan und Luttrell, 1971) veranschaulicht diesen Prozeß.

Der Patient war der achtzehnjährige Jim, der eine Reihe von mechanischen Apparaten baute und benutzte, mit denen er zeitweise so »verschmolz«, daß er den Eindruck machte, selbst ein Apparat zu sein. Wenn er einen Raum betrat, schien er eine Kamera zu sein und die Gegenstände darin zu fotografieren; seine Augen waren halb geschlossen und richteten sich auf einen Gegenstand nach dem anderen, statt über die Umgebung hinzuschweifen. Wir gaben ihm den Beinamen »mechanischer Junge«, nach einem Patienten, den Bettelheim (1959) beschrieben hat. Da die Einzelheiten seines Falles und seiner Behandlung andernorts beschrieben werden, beziehe ich mich hier nur auf diejenigen seiner Kreationen, die seiner absoluten Kontrolle unterworfen waren und die er zwischen sich selbst und andere Menschen stellte, um sowohl psychische Distanz als auch eine Verbindung zu ihnen herzustellen.

Die ersten acht Monate seiner Behandlung fanden in der Klinik statt; danach wurde Jim ambulant behandelt. Die ersten Sitzungen gingen weitgehend mit seiner Beschreibung elektrischer Instrumente hin, da er eine außerordentliche Vorliebe für »technische Dinge« und deren Funktionsweise hatte. Diese Intellektualisierung oder »Mechanisierung« gab gewissermaßen das Tempo für seine therapeutischen Sitzungen an. Zwei Wochen nach seiner Aufnahme in die Klinik begann Jim, ein Tonbandgerät zu benutzen, so, als ob es ein eigenes Leben hätte. Er stellte den Apparat zwischen sich und äußere Objekte (Angestellte des Krankenhauses und andere Patienten). Der Apparat erlaubte ihm, seinen Therapeuten und andere Menschen auf Distanz zu halten, während er ihn gleichzeitig mit ihnen verband. Ekstein (1966) berichtet von Tommy, dem »Raum-Kind«, der den Abwehrmechanismus der Distanzierung in ganz ähnlicher Weise benutzte. Sinnvolle Beziehungen können von solchen Menschen nur unterhalten werden, wenn die Distanz zu den anderen befriedigend ist und sie jederzeit die Kontrolle darüber haben.

Zu Beginn des dritten Monats seines Klinikaufenthaltes baute Jim einen Apparat, den er den »Schall-Anästhesie-Apparat« nannte und mit dem er das auf Band aufgenommene Geräusch eines elektrischen Rasierapparates durch ein Stethoskop zu seinen Ohren leitete. Später verfeinerte er das Gerät noch, indem er Kopfhörer hinzufügte und ein spezielles Instrument erfand, mit dem sich metallische Geräusche von wechselnder Intensität hervorbringen ließen. Jim konnte mit dieser Erfindung, wie mit dem Tonbandgerät, die Außenwelt einlassen oder ausschließen und in omnipotenter Weise Veränderungen herbeiführen. Dies erinnert an das Verhalten der im vierten Kapitel beschriebenen Patientin, die sich »Lifesavers« in den Mund stopfte, um ihren Analytiker (das angsterregende äußere Objekt) am Eindringen zu hindern, und die so die Illusion aufrechterhalten konnte, daß nur lebensrettende Elemente in ihr Inneres gelangten. Jim behauptete, der Apparat könne den Schlaf herbeiführen; den größten Teil seines Klinikaufenthaltes verbrachte er schlafend. Er schien autistisch in seinem Rückzug von der Außenwelt, wir glaubten jedoch, daß er nicht gänzlich »allein« war, da er das Stethoskop seines Schall-Anästhesie-Apparates dazu benutzte, die Herzschläge seiner Mitpatienten und anderer Menschen »zu sammeln«, eine Geste, die uns symbolisch erschien im Hinblick auf seine Anstrengung, mit seinem Bild der »guten Mutter« zu verschmelzen.

Innerhalb eines Jahres erfand Jim neun Apparate; einige waren introjektiv, einige projektiv, da er, wie zu erwarten gewesen war, in einer introjektiv-projektiven Bezogenheit lebte und die primitive Spaltung benutzte. Das Tonbandgerät, die Kameras und der Schall-Anästhesie-Apparat waren introjektiv. Eine spätere Erfindung, der »Hypnose-Apparat«, war projektiv; als erweiterte Version seines Schall-Anästhesie-Apparates übermittelte er mehreren Personen zugleich metallische Geräusche, wobei eine Verschiebung des früheren Musters, metallische Geräusche nur nach innen zu vermitteln, eingetreten war. Im achtzehnten Monat seiner Behandlung, als er aufgehört hatte, derartige Apparate zu bauen, fand Jim eine Arbeit, die ihm die Möglichkeit zur Sublimation gab und zugleich seinem Bedürfnis nach Projektion entgegenkam; er wurde als Filmvorführer in einem Filmtheater angestellt.

Obwohl die Apparate, die Jim erfand, besonders die beiden ersten, konkrete Beispiele dafür waren, wie er seine Distanz zu äußeren Objekten unter Kontrolle zu halten wußte, hatten sie trotzdem einen progressiven

Aspekt, indem sie ihn mit den anderen verbanden. Jims Apparate, wie die Apparate in den beiden Fällen, die Giovacchini (1959) beschrieben hat, »verstärkten die Sekundärprozesse, wodurch sie die integrierenden und synthetischen Funktionen des Ichs verstärkten«. In dieser doppelten Rolle — ähnlich einer Wasserscheide — sehe ich Ähnlichkeiten zwischen Jims Apparaten und dem eigentlichen Übergangsobjekt.

Technische Überlegungen

Fintzy (1971) stellt die Frage, ob es wirklich möglich sei, ein Übergangsobjekt (oder eine Variation des Übergangsobjekts) in die Therapie eines Borderline-Patienten einzuführen, als ersten Schritt zur Überbrückung der Kluft zwischen dem Patienten und dem Therapeuten. Seine Überlegung mag nur die Behandlung von Borderline-Kindern betreffen, aber Jim, der kein Kind mehr war, führte in gewissem Sinne selbst seine unbelebten Objekte in die Therapie ein. Fintzy findet eine Bestätigung durch Bettelheims Vorgehen (1967), der in die Therapie eines elfjährigen autistischen Kindes ganz bewußt und erfolgreich ein Übergangsobjekt einführte. Ich habe »verbindende Objekte« in die sogenannte »regrief therapy« (eine Therapie, deren Ziel die Wiederbelebung der Trauer ist) eingeführt, um Patienten, die in einer pathologischen Trauer fixiert waren, zu helfen, sich aus ihrer Erstarrung zu lösen (Volkan, 1971; Volkan, Cilluffo und Sarvay, 1974). Fintzys Patient Alfred, ein Borderline-Kind von fünfeinhalb Jahren, hatte die Gewohnheit, etwas von zuhause mitzubringen, von dem es glaubte, daß es mit omnipotenten Eigenschaften ausgestattet sei, es dem Therapeuten zu zeigen und sich dadurch mit ihm zu verbinden, nur um gleich danach ins Spiel zu flüchten. Da der Therapeut das Interesse seines Patienten von unbelebten auf belebte Objekte überleiten wollte, begegnete er dem Kind, als es während seiner vierundzwanzigsten Sitzung einen Spielzeuglastwagen als »Freund« einführte, mit der Feststellung, daß er lieber einen wirklichen Freund treffen würde, einen, der fühlen, sprechen und antworten könnte.

Eine andere technische Frage erhebt sich, wenn ein Patient ein konkretes Objekt zugleich als Fetisch und als Übergangsobjekt benutzt und der Therapeut entscheiden muß, welche Manifestation zuerst Beachtung verdient. Der gut ausgebildete und erfahrene Therapeut wird von der Oberfläche in die Tiefe gehen; es muß jedoch hervorgehoben werden, daß z. B. bei Borderline-Patienten die tiefere Bedeutung des konkreten Objekts (die Benutzung als Übergangsobjekt) an der Oberfläche liegen kann und es keinen therapeutischen Fortschritt herbeiführen würde, wenn man zu diesem Zeitpunkt dem auf einer höheren Ebene liegenden Symbolcharakter desselben Objekts (seiner Funktion als Fetisch) Aufmerksamkeit zuwenden würde. Ich habe sogar beobachtet, wie Patienten einen Aspekt des Bedeutungsgehalts des nicht-menschlichen Objekts besonders hervorheben, wenn sie Angst davor haben, einen anderen Aspekt desselben Objekts durchzuarbeiten. Der Analytiker muß einer solchen im Dienste der Abwehr stehenden Schwerpunktverschiebung folgen.

Im folgenden werde ich Beispiele von der Arbeit mit Patienten geben, bei denen die Aktivierung primitiver internalisierter Objektbeziehungen das Bild beherrschte, während sie sich nicht-menschlicher Objekte als Variationen des Übergangsobjektes bedienten. So benutzten z. B. zwei Patientinnen Katzen als Übergangsobjekte, als sie eine intrapsychische Trennung von ihrem Analytiker/ihrer Mutter zu erreichen versuchten. Bei diesen Patientinnen hätte der Analytiker, wenn er sich auf die fetischistischen Aspekte der Katzen konzentriert und darauf bezogene Interpretationen gegeben hätte, das Ziel verfehlt. Ich weise zum Vergleich auf einen analytischen Fall hin, den Berman (1972) eindrucksvoll beschrieben hat und in dem das Einnehmen von Amphetamin-Tabletten durch eine junge Frau zuerst in ihrer fetischistischen Bedeutung und später, als diese durchgearbeitet worden war, als Übergangsobjekt analysiert wurde. Danach bewegte sich der analytische Prozeß *hauptsächlich* in Richtung auf das Verständnis oraler Elemente, nachdem die phallischen Elemente schon früher behandelt worden waren; diese Reihenfolge kann bei Schizophrenen und bei Borderline-Patienten umgekehrt werden. Bermans Patientin war unverheiratet, Anfang zwanzig und kam in die Analyse aufgrund von Schuldgefühlen wegen ihrer sexuellen Promiskuität und häufigen Anfällen von Angst und Depression. Nach eineinhalb Jahren Analyse gestand die Patientin ihre Abhängigkeit von Amphetamin-Tabletten seit ihrer Pubertät; diese wurde das zentrale Problem der Analyse. Die Tabletten machten sie munter und beschützten sie gegen unerträgliche Gefühle der Schwäche und der Weiblichkeit. Die Menstruation war für sie der Inbegriff alles dessen, was ihr an ihrer Weiblichkeit unerwünscht war, und während der Menstruation erhöhte sie die Amphetamin-Dosis. Sie erlebte ihre Genitalien als undicht, schlapp, haarig und ekelhaft, und die Analyse deckte auf, daß die Tablette für sie objektive Maskulinität symbolisierte, ihren illusorischen Penis, abgesehen von dem pharmakologischen »Lift«, den sie ihr verschaffte.

In dem Maße, wie die Analyse Fortschritte machte, reduzierte sie ihre

Amphetamin-Dosis, trug aber weiterhin einen winzigen Teil der Tablette bei sich, bis sie erkannte, daß sie ursprünglich angefangen hatte, Amphetamine einzunehmen, um das Wiederauftauchen von Kindheitsgefühlen abzuwehren, daß sie im Genitalbereich verunstaltet und deshalb nicht liebenswert sei. Diese Erkenntnis brachte sie dazu, das Rezept für Amphetamin feierlich zu verbrennen.

Berman beschreibt und dokumentiert tiefliegende orale Fixierungen, die den blühenden phallischen Symptomen der Patientin zugrunde lagen, und das Zusammenfallen der phallischen und oralen Elemente. Die pharmakologischen Wirkungen der Tablette verstärkten die phallischen Impulse der Patientin, erleichterten ihre Krämpfe während der Menstruation und wirkten Fettleibigkeit und unattraktiver Femininität entgegen. Die Tabletten repräsentierten für sie auch »Not-Rationen« und halfen ihr, primitive Ängste vor oralem Verlassenwerden abzuwehren. »Als Substanz, die gegessen wurde, um das Essen zu verhindern, konnte die Diättablette sowohl die nährende als auch die versagende Mutter symbolisieren.« Berman stellt fest, daß die pharmakologischen Wirkungen des Amphetamins, die Gefühle von Wärme, Wohlbefinden und Sicherheit, enger mit dem Übergangsobjekt als mit dem Fetisch verbunden waren.

Margaret, eine meiner Borderline-Patientinnen, war »süchtig« nach Tabletten, besonders wenn sie sie stehlen konnte. Wenn sie bei anderen zu Besuch war, pflegte sie eine Ausrede zu finden, um das Badezimmer aufzusuchen, wo sie in den Arzneischrank sah und zu ihrem eigenen Gebrauch Tabletten herausnahm, die sie dort fand, besonders solche, die den Frauen des Hauses verschrieben worden waren. Sie »stahl« auch Tabletten von ihrer Mutter. Obwohl wir während der Analyse herausfanden, daß die Tabletten weibliche Penisse repräsentierten, war es zu Anfang und lange Zeit hindurch notwendig, daß wir uns auf die *dominierende* Bedeutung der Tabletten als Übergangsobjekte konzentrierten; in diesem Fall bewegte sich die Analyse in umgekehrter Richtung als bei der von Berman beschriebenen Patientin. Im folgenden beziehe ich mich auf Margaret und auf ihre »Fusselbällchen«, um ein klinisches Beispiel dafür zu geben, wie Übergangsobjekte und Übergangsobjektbezogenheit das klinische Bild beherrschen können.

Fusselbällchen

Margaret ist ein Beispiel dafür, wie ein Übergangsobjekt vom Kleinkindalter bis weit ins Erwachsenenalter hinein benutzt werden kann. In ihrem Falle glaube ich, daß die Objekte, die sie benutzte, ihrer Funktion nach überwiegend Übergangsobjekte waren, obwohl auch ihre fetischistischen Aspekte Aufmerksamkeit verdienen. Sie war in einer Übergangsobjekt-*Bezogenheit* fixiert. Ihre Selbst- und Objektvorstellungen verschmolzen gelegentlich miteinander, besonders in ihren Beziehungen zu ihr wichtigen anderen Menschen in intimen Situationen. In anderen Beziehungen konnte sie dagegen zwischen ihren Selbst- und Objektbildern differenzieren. Die endgültige Aufgabe ihrer Übergangsobjekte im Verlauf der Behandlung, in dem Bemühen, sich über die Art der damit verbundenen Bezogenheit hinauszuentwickeln, ist bemerkenswert.

Margaret kam im Alter von neunzehn Jahren in die Analyse, nach einem gefährlichen LSD-Trip, nach dem sie die uneingeschränkte Fähigkeit zur Realitätsprüfung eingebüßt hatte. Sie war das dritte Kind einer Familie, die dem Mittelstand in den Südstaaten angehörte. Ihr Vater war in der Public-Relations-Abteilung einer Nahrungsmittelverarbeitungsfabrik angestellt und seit ihrer Kindheit oft geschäftlich von zuhause fort. Ihre Mutter hatte eine eineiige Zwillingsschwester, und obwohl die Mutter der Zwillinge deren Geburt um zehn Jahre überlebt hatte, behauptete die Familie stets, daß ihr Tod einer Schädigung zuzuschreiben gewesen sei, die sie bei der Geburt der Zwillinge erlitten hätte. Margarets Mutter hatte den Tod ihrer eigenen Mutter niemals vollkommen akzeptiert und sehnte sich unaufhörlich nach ihrer Rückkehr. Sie fühlte sich ohne ihre Zwillingsschwester immer »unvollständig« und lebte in deren Nähe, auch nachdem beide geheiratet hatten. Margaret war empfangen worden, als ihre Mutter eine Zeitlang fern von ihrer Zwillingsschwester lebte. Ihre Mutter litt zu dieser Zeit unter einer Depression, die Margarets erstes Lebensjahr hindurch andauerte. Als Margaret geboren wurde, sah ihre Mutter in ihr unbewußt nicht nur ein Bindeglied zwischen ihr und ihrer verlorenen Mutter, sondern auch zwischen ihr und ihrer »verlorenen« Schwester. Die Unfähigkeit der Mutter, eine echte Individuation zu erreichen — trotz der vielen Interessen und Leistungen, die sie aufzuweisen hatte — war in nicht geringem Maße verantwortlich für Margarets Fixierung auf einer symbiotischen und frühen Trennungs-Individuations-Ebene. Margarets vier Geschwister — zwei davon waren älter, zwei jünger als sie — heirateten später, und Margaret blieb mit ihrer Mutter zurück. Sie standen sich so nahe, daß sie, wenn Margaret krank war, oft so nebeneinander auf dem Bett lagen, daß ihre Körper gegeneinander gebogen waren, als ob sie die Hälften eines verschmolzenen Ganzen wären. Zu der Zeit, als Margaret in die Analyse kam, glaubte sie die Fähigkeit zu haben, mit ihrer Mutter und ihrem Analytiker durch »Wellen«, »Osmose« oder ein »drittes Auge« zu kommunizieren.

Eine Verhaltensbesonderheit, die Margaret in der Kindheit angenommen und in einer Art Sucht bis in ihr erwachsenes Leben beibehalten hatte, war ihre Gewohnheit, kleine Baumwollstückchen zu sammeln und zwischen den Fingern zu »Fusselbällchen« zu drehen, während sie an ihren getragenen Slips roch und Kaugummi kaute. Bis sie vier oder fünf war, hatte sie eine rote Decke mit sich herumgetragen; die Fusselbällchen waren eindeutig eine Kompensation für das Verschwinden der Decke. Als Kind und selbst gelegentlich als Erwachsene stahl Margaret Dinge von anderen Menschen. Winnicott (1953) hat festgestellt, daß »*Stehlen* beschrieben werden kann als unbewußter Drang eines Individuums, eine Lücke in der Kontinuität der Erfahrung im Hinblick auf ein Übergangsobjekt zu überbrücken« (S. 97). Die Analyse von Margarets Stehlen enthüllte, daß sie, wenn sie Belastungen ausgesetzt war, das Bedürfnis hatte, sich eine »Augenblicksmutter« zu erschaffen, um die Terminologie von Speers und Lansing (1965) zu benutzen, und daß die Objekte, die sie »brauchte« und sich unerlaubt aneignete, das Äquivalent einer großzügigen und verständnisvollen Mutter waren, auf deren Wohltaten sie ein Anrecht hatte, ohne sich schuldig fühlen zu müssen.
Einige Monate vor dem Beginn ihrer analytischen Behandlung war sie mit ihrem Auto unterwegs, als sie ein Kind mit einer Katze sah, die sie sich aneignete. Es war eine Katze, aber sie benannte sie nach ihrem Vater, verband sie also mit bisexuellen fetischistischen Qualitäten. Im zweiten Jahr ihrer fünfmal wöchentlich stattfindenden Analyse bemühte sie sich um Individuation und versuchte, die Bezogenheit auf den Analytiker/die Mutter auf der Ebene der Übergangsobjektbezogenheit zu beenden. Zu dieser Zeit begann sie, sich besonders intensiv mit ihrer Katze zu beschäftigen, die zu einem besonderen »Fusselbällchen« wurde. Die Katze wurde wichtig für sie als Übergangsobjekt, das sie mit ihrem Kindheitsschatz verband, der roten Decke. Wenn sie allein war, nahm sie die Katze mit ins Bett, um sich »vollständig« zu fühlen. Sie mußte ihr Schoßtier lieben und hegen — oder gelegentlich auch hassen —, um schlafen zu können.
Ihre Durcharbeitung des Bemühens, die symbiotische Bindung an den Analytiker/ die frühe Mutter zu durchtrennen, vollzog sich in dramatischer Weise. Es bestand eine übertrieben starke introjektiv-projektive Bezogenheit zwischen Margaret und mir, von der ich zu diesem Zeitpunkt ihrer Analyse glaubte, daß sie unserem Verständnis ihrer frühesten Mutter-Kind-Bezogenheit diente. Als Margaret ein kleines Kind gewesen war, war ihre Mutter depressiv gewesen. Jetzt, in der Übertragung, erlebte Margaret mich an einem Tage als so depressiv, daß sie phantasierte, mich in ein Krankenhaus zu schicken. Am nächsten

Tage war sie dann selbst deprimiert, so, als ob die Niedergeschlagenheit von der depressiven Mutter/dem Analytiker in sie hineingeflossen wäre. Ich interpretierte die Wahrnehmung und das Erlebnis affektiver Verschiebungen im Zusammenhang mit ihrer infantilen Bezogenheit auf ihre Mutter. Der Höhepunkt dieses Prozesses beim Durcharbeiten ihrer infantilen Bezogenheit wurde von ihrem erhöhten Interesse an der Katze begleitet. Sie hatte Angst, wenn die Katze im Freien war, und fühlte sich nicht wohl, bis sie zurückkam. Ihren Berichten zufolge entwickelte das Tier menschliche Eigenschaften — es wurde, menschlich gesprochen, »neurotisch«. Seine Stimmungen schwankten; es wechselte zwischen »nur gut« und »nur böse«. Sie mußte ihr Schoßtier bei sich im Bett haben, um einzuschlafen. Eines Morgens wurde sie von ihren Gefühlen überflutet und trat nach der Katze, so, als ob sie sie töten wollte. Während sie dies tat, sagte sie zu sich selbst: »Dies ist Wut«, und ihr emotionaler Ausbruch ebbte ab.

Ihrem Versuch, die Katze zu töten, folgten zwei Träume, die sie während derselben Sitzung erzählte. Im ersten Traum träumte sie vom Tode ihrer Mutter, im zweiten blätterte sie in einem Wörterbuch, um nach einer Definition von Integrität und Integration zu suchen. Sie brachte diese Träume mit ihrem Wunsch in Zusammenhang, die Trennung von ihrer frühen Mutter/dem Analytiker zu vollziehen und ihre eigene Integrität zu finden. Nachdem sie die Träume erzählt hatte, überkam sie das Gefühl, über der Couch »zu schweben«, bis diese selbst wieder an ihren Platz unter ihr geschwebt war. Diese Erfahrung war ein weiterer Hinweis darauf, daß sie sich von der Mutter/dem Analytiker entfernen, gleichzeitig aber mit ihr/ihm verbunden bleiben wollte. Die darauf folgenden Träume waren von eigenartiger Qualität; sie konnte sich nicht an ihren Inhalt erinnern, aber sie hatte das Gefühl, daß sie »mit ihnen durch eine Nabelschnur verbunden war«.

Seit dem Beginn ihrer Analyse brachte Margaret Fusselbällchen zu ihren Sitzungen mit, ähnlich wie Fintzys Patient, der immer etwas von zuhause mitbrachte. Während sie auf der Couch lag, rollte sie gewöhnlich ihre Fusselbällchen zwischen den Fingern, manchmal offen, manchmal heimlich. Nachdem sie versucht hatte, das besondere Fusselbällchen, ihre Katze, zu töten, begann sie, das Fusselbällchen, mit dem sie während der Sitzung gespielt hatte, zurückzulassen. Sie bemerkte das nicht, aber ich sammelte sie alle in einem Aschenbecher, der neben der Couch stand. Einen Monat lang sah sie sie nicht. Eines Tages, als sie zu mir sagte: »Ich will meine chaotischen kleinen Bällchen nicht in Ihr geordnetes Leben bringen«, machte ich sie auf den wachsenden Stapel von Fusselbällchen in dem Aschenbecher aufmerksam. Verlegen und nervös lachend bemerkte sie jetzt erst, daß sie sie zurückgelassen hatte. Dann gab sie zu, daß sie sie nicht mehr beruhigten, wenn sie Angst hatte, und ich kam zu dem Schluß, daß die beruhigenden Funktionen der Fusselbällchen vielleicht deshalb verschwunden waren, weil diese Funktionen nun internalisiert worden waren. Es war für mich offensichtlich, daß Margaret eine neue innere Struktur erworben hatte und daß ihr Bedürfnis nach beruhigenden Übergangselementen im Verschwinden begriffen war. Ich interpretierte die Art und Weise, wie sie die Fusselbällchen als Übergangsobjekte benutzt hatte. Einen Monat später versuchte sie, sich zu entspannen, indem sie ein Fusselbällchen rollte und masturbierte, aber zu guter Letzt sammelte sie sämtliche Fusselbällchen ein und spülte sie in der Toilette weg. Drei Monate später gab sie ihre Katze fort; sie holte sie wieder zurück, als die Analyse weitere Fortschritte machte, aber die Katze hatte für sie keine magischen Qualitäten mehr, obgleich sie bei seltenen Gelegenheiten immer noch zu einem Fusselbällchen werden konnte. Ein Überbleibsel des Fusselbällchens trat eine Woche vor dem Abschluß ihrer Analyse auf, als sie sich »aus Versehen« in den Finger schnitt, ihn verband und, während sie auf der Couch lag, den Verband rieb, wie sie vorher die Fusselbällchen gerollt hatte. Mitten in der Sitzung interpretierte sie selbst dieses Verhalten als Bemühen, ihre Fusselbällchen-Bezogenheit noch einmal wiederzufinden, da die Trennung von ihrem Analytiker bevorstand.

Katzen als Variation des Übergangsobjekts

Das Phänomen einer Katze, die als Variation des Übergangsobjekts und als Identifikationsobjekt dient, tauchte in den Fällen von Margaret und Samantha auf (Kapitel 2). Auch für meine Patientin Jane, die zu Beginn ihrer sechsjährigen Therapie einundzwanzig war und an einem College studierte (ich habe ihren Fall in Kapitel 4 beschrieben), verkörperte eine Katze Ich, Nicht-Ich und die Verbindung zwischen ihnen. Auf der Borderline-Ebene sind äußere Objekte aufgrund der primitiven Spaltung in die Kategorie »nur gut« oder »nur böse« getrennt. Es gibt Hinweise, daß im Lauf der Geschichte durch alle Kulturen hindurch Katzen als »nur gut« oder »nur böse« betrachtet wurden — selbst als göttlich —, möglicherweise aufgrund der Tatsache, daß sie abhängig und unabhängig zugleich sind, sanft und verführerisch trotz ihrer schnellen Krallen. Als Haustier ist die Katze, ganz anders als der Hund, unbeständig und launenhaft und nicht immer umgänglich. Auf der Funktionsebene, um die es hier geht, wechselt das Kind (oder der erwachsene Borderline-

Patient) zwischen einer unterwürfig einschmeichelnden, anhänglichen Haltung und vorübergehenden Gefühlen der Grandiosität, in denen es seine »Unabhängigkeit« von denen demonstriert, die die Autorität besitzen. So kann die Katze das Bindeglied zwischen dem Patienten und dem Therapeuten/der Mutter symbolisieren — und sie kann für die psychotische Seite des Patienten sogar zu diesem Bindeglied *werden.*
Jane erwähnte, wie Margaret, ihre Katze nicht ständig, sondern konzentrierte ihr Interesse auf sie, als sie die Lösung der symbiotischen Bezogenheit durcharbeitete. Das Verhalten dieser jungen Frauen ähnelt dem von Shengolds (1967, 1971) Rattenmenschen, die nicht ständig von Mäusen und Ratten redeten, die aber, als während ihrer Behandlung die Derivate kannibalischer Impulse aktiviert wurden, nicht nur von Nagetieren sprachen, sondern auch mit den Zähnen knirschten. Sie waren als Kinder überreizt, verführt oder geschlagen worden.

Miss Kitty

Als Jane im dritten Jahr ihrer Behandlung dabei war, ihre symbiotischen Bande mit dem Analytiker/der Mutter zu lösen, traten bedeutungsvolle Veränderungen in ihren Beziehungen zu ihrer direkten Umgebung auf. Sie begann daran zu denken, das elterliche Haus zu verlassen, und fand schließlich eine eigene Wohnung. Zu diesem Zeitpunkt wurde die Katze das für sie wichtigste Objekt, und sie füllte ihre therapeutischen Sitzungen mit Erzählungen über Miss Kitty. Als sie versuchte, eine physische und intrapsychische Trennung von ihrer Mutter zu erreichen, fürchtete sie, von dieser vergiftet zu werden, und hielt auch den Analytiker für gefährlich. Zeitweise wurde die Katze zu einer totalen Repräsentation ihrer selbst, so daß sie fürchtete, auch sie laufe Gefahr, von ihrer Mutter vergiftet zu werden. Den größeren Teil der Zeit jedoch repräsentierte sie — oder, wie die folgenden Ereignisse zeigen werden — *wurde* sie ihre symbiotische Verbindung mit dem Analytiker/der Mutter bzw., präziser ausgedrückt, eine Variation des Übergangsobjekts. Sie selbst sagte von der Katze, sie sei »eine Wurzel, die in meine Mutter hineinreicht.«
Als sie schließlich ihre eigene Wohnung bezog, wollte sie die Katze ihrem Analytiker schenken. Auf einer Ebene bedeutete dies, daß sie ihre Vulva (»pussy«) dem Vater/dem Analytiker anbot, aber ihre Assoziationen zeigten, daß der »heiße« Aspekt dieser Geste sich auf die Mutterübertragung bezog. Die Übertragung ihrer Bezogenheit auf die frühe Mutter auf den Analytiker wurde interpretiert und durchgearbeitet.

Nach einem beträchtlichen inneren Kampf, der mehrere Monate andauerte, nahm sie Miss Kitty mit in ihre Wohnung. So war sie nicht mehr allein, da ein Teil des Analytikers/der frühen Mutter und der Teil ihrer selbst, der in ihrem Analytiker/ihrer Mutter »wurzelte«, mit ihr in ihr neues Zuhause kamen. Nachts nahm sie die Katze mit ins Bett; wie Margaret brauchte sie die Gegenwart der Katze, um schlafen zu können.

Als sie ihr Bemühen, sich noch weiter vom Analytiker/der Mutter zu differenzieren und zu einer eigenen Individuation zu gelangen, durcharbeitete, kam sie zu der Überzeugung, daß Miss Kitty — jene in ihre Mutter hineinreichende Wurzel — krank war. Sie brachte sie zum Tierarzt und überredete ihn zu einer Hysterektomie, obwohl sie selbst ohne seine Warnung wußte, daß die alte Katze diese nicht überleben würde. Ihre Assoziationen zu der Katze waren zu dieser Zeit auf Brüste und Brustwarzen reduziert. Da sie künstlerisch begabt war, zeichnete sie ein Bild von Miss Kitty, wie sie auf dem Rücken lag und auffällig große Zitzen zeigte. Wie erwartet starb die Katze an der Operation, die Jane arrangiert hatte. Am nächsten Tag fragte mich Jane: »Wußten Sie, daß ein Teil von mir wollte, daß Miss Kitty stirbt?« Dann wurde sie traurig, erlebte jedoch keine Trauer im erwachsenen Sinne.

Einige Monate später erwarb Jane eine andere Katze, was offensichtlich ein Manöver war, die durch Miss Kitty repräsentierte archaische Bezogenheit zu wiederholen. Sie hatte intime Beziehungen zu einem jungen Mann aufgenommen, und wenn sie beieinander lagen, hatte sie die Phantasie, seine Brustwarzen zu beißen, und legte die Katze zwischen sich und ihn. Sie wußte, daß sie mit diesem Verhalten die Katze als Symbol benutzte, und erinnerte sich daran, daß diese früher ein präsymbolisches Übergangsobjekt gewesen war. Trotzdem hatte dieses Tier noch immer magische Qualitäten. Janes Besetzung der Katze mit magischen Eigenschaften verschwand allmählich, als ihre Analyse weitere Fortschritte machte. In der letzten Sitzung, die sie mit Alices Reise ins Wunderland verglich, kam ihr ein Bild vom Grinsen der Ceshire-Katze, das langsam verblaßte.*

---

* Die Ceshire Cat ist eine der Erscheinungen, denen Alice in Lewis Carrolls *Alice's Adventures in Wonderland* begegnet und die nicht kommt und geht, sondern je nach Wunsch schnell oder langsam erscheinen und verschwinden kann, so daß manchmal nur ihr Kopf, manchmal auch nur das Grinsen ohne das dazugehörige Gesicht sozusagen in der Luft schweben (Anm. d. Übers.).

Das psychoanalytische Interesse an den Übergangsobjekten hat sich hauptsächlich auf die konkreten Objekte konzentriert, die kleine Kinder auswählen aus dem, was sie sehen, riechen, fühlen oder schmecken können; man hat jedoch festgestellt, daß dieses Phänomen auch in immaterieller Form auftreten kann. In Kapitel 2 habe ich erwähnt, daß McDonald (1970) bestimmte Schlaf- und Wiegenlieder als »Übergangsmelodien« behandelt, und ich habe spezifische wiederkehrende Phantasien eines meiner Patienten »Übergangsphantasien« genannt (Volkan, 1973).

Greenacre (1970) hat zwei Möglichkeiten beschrieben, wie das Übergangsobjekt seine Bedeutung verlieren kann; entweder das Kind »verbraucht« es, bis nicht mehr als ein kleines Stückchen davon übrig bleibt, eine verblaßte Erinnerung, verwandelt es in ein Spielzeug oder »in eine *brauchbare kohärente Phantasie, die als immaterieller Trost zur Schlafenszeit dient* [Hervorhebung vom Verf.], oder [es] wird am Tage ins Spiel einbezogen. Oder das Kind kann in einer anderen kreativen Form nach einer Vertretung des Objekts suchen. Diese Veränderungen sind erst um das vierte Lebensjahr herum möglich oder später, wenn die Ichentwicklung so weit fortgeschritten ist, daß dem Kind bewußt ist, daß sein Denken zu ihm gehört und in gewissem, abschätzbaren Maße seiner eigenen Kontrolle unterliegt« (S. 352).

Manche Patienten wählen aus allen Phantasien, die sie haben, ganz bestimmte Phantasien aus, zu denen sie immer wieder Zuflucht nehmen. Diejenigen, die sie auswählen, um sie immer wieder aufs neue zu benutzen, schließen Aspekte von Wünschen und Aspekte der Abwehr von Konflikten aus verschiedenen psychosexuellen Phasen ein. Auch eine angemessene Interpretation dieser Aspekte läßt sie nicht verschwinden, und bald wird sowohl dem Analytiker als auch dem Patienten klar, daß der letztere nach ihnen *süchtig* ist wie ein Kind nach seinem Übergangsobjekt. Ich halte solche Phantasien für immaterielle Vertretungen von Übergangsobjekten. Sie sind oft so klar und real, daß der Patient sie mit Namen identifiziert; ihre Themen ändern sich nur oberflächlich. Obwohl sie lediglich von etwas in der Außenwelt ausgelöst werden, identifiziert der Patient sie nicht als seine eigenen Schöpfungen, sondern betrachtet sie als tatsächlich »da draußen« existent. Sie reflektieren die gegenseitige Durchdringung der wirklichen und der inneren Welt. Manchmal haben sie die Macht, dem Gesichts-, Geruchs-, Geschmacks-, Gehör- und Tastsinn sensorische Stimulierung zu geben. Da sie Erleichterung und Schlaf bringen, werden sie geliebt, und gleich

einem arg zugerichteten Teddybär werden auch sie im Laufe ihres nützlichen Dienstes mißhandelt. Einer meiner Patienten (dessen Fall ich in Kapitel 10 detailliert beschreiben werde) pflegte eine seiner liebsten Übergangsphantasien anzufangen und sie bis zum Ende fortzuführen, nur um sie immer wieder mit leichten Variationen hier und dort »durchzuspielen«; diesen Prozeß wiederholte er immer wieder, so, als ob es ihm großen Genuß bereitete, an ihr zu ziehen und zu zerren wie an einem Kissen, bis es sich vertraut und tröstlich anfühlte.
Winnicott (1953) hat festgestellt, daß das Kleinkind von omnipotenter zu manipulierender Kontrolle übergeht, indem es sich eines Übergangsobjekts bedient; Muskelerotik und Vergnügen an der Koordination sind daran beteiligt. Auf ähnliche Weise kann das Individuum die immaterielle Vertretung eines Übergangsobjektes unter seine Kontrolle bringen; seine Phantasien unterliegen einer Art Gedankenprozeß, den es beherrscht. Ein Patient nannte seine Übergangsphantasien »Kissen um mich herum«. Sie bildeten sowohl einen Puffer als auch ein Bindeglied zwischen ihm und der Außenwelt und ermöglichten es ihm, sie entweder zu akzeptieren oder zu leugnen, entsprechend Modells Konzept der »Wasserscheide«. Solange dem Individuum seine Übergangsphantasie zur Verfügung steht, kann es sich davor schützen, desillusioniert zu werden, allerdings auf Kosten einer Beziehung zu realen Objekten in der realen Welt — von Frustration und Trennung —, da die Kontrolle über seine Phantasie ihm die Illusion gibt, auch das unter Kontrolle zu haben, was außerhalb seiner selbst liegt. Das Auftreten von Übergangsphantasien während der Analyse eines narzißtischen Patienten wird in Kapitel 10 behandelt werden. Dieser Patient hatte eine ungewöhnliche Fähigkeit, affektbeladene Vorstellungsreaktionen auf den visuellen Bereich oder andere Wahrnehmungsbereiche zu übertragen. Ich merkte, daß er auf seine eigene Weise schöpferisch war und daß seine Übergangsphantasien die Quelle seiner Kreativität waren. Die Einzelheiten und die Wahrnehmungsaspekte dieser Phantasien nahmen für ihn lebensgroße Dimensionen an. Hamilton (1974) bezog sich auf meine Arbeit mit diesem Patienten und erforschte die Zusammenhänge zwischen Übergangsphantasien und dem schöpferischen Prozeß, wobei er an illustrativen Beispielen aus den Werken von O'Neill, Ingmar Bergman und Picasso zeigte, daß die Übergangsphantasie ein Mittel ist, mit Trennung und Individuation verbundene Konflikte zu bewältigen.

9

Primitive internalisierte Objektbeziehungen in der narzißtischen Persönlichkeit

Die Pathologie primitiver internalisierter Objektbeziehungen beim narzißtischen Patienten wird an einem Fall exemplifiziert, an dem auch Aspekte der Analyse des Patienten beschrieben werden. Das überhöhte Selbstbild der narzißtischen Persönlichkeit umfaßt eine Abwehr-Verschmelzung von Ideal-Selbst, Ideal-Objekt und tatsächlichen Selbstbildern. Gleichzeitig entwertet das Individuum Objektbilder und äußere Objekte. Im Zentrum des klinischen Bildes der narzißtischen Persönlichkeit steht das Unvermögen, Ichideal und Überich zu integrieren, aber hinter diesem Unvermögen ist eine primitive Spaltung von »nur guten« und »nur bösen« Selbstbildern, Objektbildern und ihren affektiven Bindungen mit den sie begleitenden Abwehrmechanismen zu erkennen. Obwohl eine solche Persönlichkeit an der Oberfläche durch ihre überhöhte Selbstvorstellung geschützt ist, enthüllt sich auf einer tieferen Ebene das Bild eines zu kurz gekommenen, hungrigen Kleinkindes, das einer aus oral-aggressiven Konflikten herrührenden Spannung ausgeliefert ist. Diese Konzeption der pathologisch überhöhten Selbstvorstellung wird einer Konzeption gegenübergestellt, die darin nur den Beweis eines Entwicklungsstillstandes sieht.

Narzißmus

Die Begriffe »Narzißmus« und »narzißtisch« sind in der psychoanalytischen Literatur unterschiedlich benutzt worden, wie Pulver (1970) in seiner Zusammenfassung gezeigt hat. Dieses Kapitel konzentriert sich hauptsächlich auf die klinischen Aspekte der narzißtischen Persönlichkeit, ohne jeden Versuch, die Literatur auf Definitionen des Begriffs Narzißmus hin zu untersuchen, den Hartmann (1950) ein »vielseitiges und noch immer rätselhaftes Problem« genannt hat. Hartmann würdigte die Tatsache, daß viele Analytiker zu jener Zeit in der psychoanalytischen Literatur den Begriff des Narzißmus noch als Äquivalent der libidinösen Besetzung des Ichs gebrauchten, obwohl, wie Hartmann meinte, Freud selbst nach seiner Schrift *Zur Einführung des Narzißmus* (1914) — die er geschrieben hatte, als die Strukturtheorie erst in Umrissen formuliert war — den Begriff des Narzißmus auch im Sinne einer

Besetzung der eigenen Person, des eigenen Körpers oder des Selbst verwendete. Wir verdanken Hartmann die Hervorhebung des Unterschiedes zwischen dem Konzept des Ichs (als eines psychischen Systems) und dem Konzept des Selbst (der eigenen Person). Er stellt fest, daß wir Narzißmus tatsächlich in allen drei psychischen Systemen finden: dem Es, dem Ich und dem Überich. Er schreibt: »Das Gegenteil von Objektbesetzung ist jedoch nicht Ich-Besetzung, sondern Besetzung der eigenen Person, das heißt Selbstbesetzung. Mit dem Wort Selbstbesetzung wollen wir nicht andeuten, wo diese Besetzung lokalisiert ist, im Es, im Ich oder im Überich ...
Es trägt deshalb zur Klärung bei, wenn wir Narzißmus als Libidobesetzung nicht des Ichs, sondern des Selbst definieren. (Es mag außerdem nützlich sein, den Ausdruck Selbst-Repräsentanz, im Gegensatz zur Objekt-Repräsentanz, anzuwenden.) Wenn wir von Ich-Libido sprechen, meinen wir oft nicht, daß diese Form der Energie das Ich besetzt, sondern vielmehr, daß die eigene Person und nicht eine Objekt-Repräsentanz besetzt wird« (Hartmann, 1950, dt. S. 132).
Dieses Kapitel konzentriert sich auf die Analyse eines narzißtischen Patienten mit einer überhöhten Selbstvorstellung, die von Abwehrmechanismen begleitet war, wie sie für primitive internalisierte Objektbeziehungen charakteristisch sind. Ich werde mich zunächst mit der Auffassung, daß die narzißtische Selbstvorstellung pathologisch sei, auseinandersetzen, eine Auffassung, die von Kernberg (1970 a, 1970 b) geteilt wird, und dann mit Kohuts (1966, 1971, 1973) Konzeption, der eine überhöhte Selbstvorstellung (das Größen-Selbst) als Beweis eines Entwicklungsstillstandes betrachtet.

Der letzte Renaissance-Mensch

George, »der letzte Renaissance-Mensch«, der zu Beginn von Kapitel 2 kurz erwähnt wurde, war in einen Autounfall verwickelt gewesen, ehe er in die Analyse kam. Nach dem Unfall war er in die Notaufnahme eines Krankenhauses gebracht worden, wo er seine Verletzungen als ganz geringfügig hinstellte, sich wie ein Supermann aufführte und erreichte, daß man ihn nach Hause schickte. In der gleichen Nacht hatte er, bevor er sich schlafen legte, trotz erheblicher Schmerzen noch Geschlechtsverkehr mit seiner Freundin. Als das Mädchen am nächsten Morgen erwachte, war George dem Tode nahe, und sie ließ ihn sofort in ein Krankenhaus bringen, wo festgestellt wurde, daß er einen Milzriß hatte und sofort operiert werden mußte. Der Chirurg klärte ihn über

den Ernst seines Zustandes auf und erbat seine Zustimmung, ihn sofort in den Operationssaal bringen zu dürfen. George war sich völlig im klaren darüber, daß er in Todesgefahr schwebte, aber der Horror davor, Narben auf seinem Körper zu haben, machte einen noch tieferen Eindruck auf ihn. Er handelte mit dem Chirurgen, indem er die Zustimmung zur Operation zurückhielt, bis dieser ihm versprach, es würden überhaupt keine sichtbaren postoperativen Narben zurückbleiben.
George war jung und sah gut aus, er sah sich selbst als griechischen Gott. Er brachte Stunden vor dem Spiegel zu mit dem Kämmen und Bewundern seines Haares und posierte, um sich von imaginären Zuschauern bewundern zu lassen. Er war unverheiratet und hatte unzählige Verehrerinnen, die er zunächst idealisierte, um dann später zu dem Schluß zu kommen, daß keine gut genug für ihn war. Die eine hatte Falten, die andere dicke Fesseln und die dritte hatte zu große Brüste. Bei jedem seiner Mädchen dachte er: »Angenommen, ich heirate diese. Da sie dicke Fesseln hat (oder eine große Nase oder was auch immer), würden wahrscheinlich auch ihre Kinder unvollkommen sein, und ich will vollkommene Kinder haben. Also kann ich sie nicht heiraten!« Er pflegte sich mit drei Mädchen gleichzeitig zu verabreden; eines nahm er mit zu sich nach Hause, sagte ihr, daß sie sich eine Weile allein beschäftigen sollte, und verließ sie dann, um mit einem zweiten Mädchen ins Kino zu gehen, nur um dieses mit irgendeiner Ausrede dort zurückzulassen und ein drittes Mädchen abzuholen, mit dem er schlief, während die beiden anderen auf seine Rückkehr warteten.
George schrieb Gedichte und hielt sich für einen hervorragenden Sportler und Kunstkenner. Er glaubte, er sei fähig, seine Freunde durch seine weisen Ratschläge zu »retten«, und war durchaus bereit, auch lange Entfernungen zurückzulegen, um irgendeinen seiner Freunde aufzusuchen, der sich in Schwierigkeiten befand und seiner überlegenen Einsicht bedurfte. Er war ein vollendeter Eindruckschinder. Auf einer seiner Good-Will-Reisen mußte ihm in einem Krankenhaus ein Staubkörnchen aus dem Auge geholt werden; er vergaß nicht zu erwähnen, daß er in dem Krankenhaus gewesen war, in dem der berühmte Senator Soundso seine Routineuntersuchungen vornehmen ließ. Er sprach von »unglaublich« schönen und brillianten Menschen, die er zu seinen Bekannten zählte, und war unerschütterlich in seiner Überzeugung, daß kein Mädchen seinem Charme widerstehen könne. Seine Freunde schlossen sogar Wetten ab, ob dieses oder jenes Mädchen auf einer Party sich ihm nähern und ihn ansprechen würde oder nicht, da er ein Mädchen gewöhnlich schon anziehen konnte, indem er es nur mit Interesse betrachtete.

De Saussure (1971) hat sich mit dem Glauben des narzißtischen Patienten an die Macht des Gesichts befaßt. George hatte diesen Glauben, und lange Zeit bestand er, wenn er mit einem Mädchen allein war, darauf, daß sie sich in einem langsamen Striptease vor ihm entkleidete, machte aber das Licht aus, bevor er seine eigenen Kleider ablegte. In der Analyse wurde mir klar, daß dieses Manöver nicht nur seine Kastrationsangst reflektierte, sondern auch eine Vorsichtsmaßnahme dagegen war, daß das Mädchen seine Schönheit »stehlen« könnte, wenn sie sie visuell in sich aufnähme. Seine Schönheit war etwas, das seiner eigenen Freude diente; er konnte sie nicht mit jemandem teilen.
De Saussure (1971) weist darauf hin, daß solche Patienten auf jedes Selbstbild, das nicht das Idealbild ist, ganz ähnlich reagieren, wie Kleinkinder auf einer bestimmten Stufe, nachdem sie das Gesicht der Mutter durch das perfekte Selbstbild ersetzt haben, auf jedes andere Gesicht als das ihre reagieren. Sie sagt über das Idealbild: »Dieses Bild muß, obwohl es eine innere, vom Ich geschaffene Vorstellung ist, mit dem Bild, das sie von sich selbst haben und von dem sie glauben, daß es durch das Objekt widergespiegelt wird, übereinstimmen. Ein wesentlicher Teil der Phantasie, die diesem Aspekt der Selbstachtungsregulierung zugrunde liegt, ist die Illusion, daß der Anblick des perfekten Selbstbildes eine perfekte Erfahrung hervorbringen wird. In gewisser Weise haben diese Patienten einen Seinszustand idealisiert, der dem eines Säuglings ähnelt, der das Gesicht der Mutter ansieht, während er ihre Brust in seinem Munde fühlt ... In ihren Phantasien der Fusion zwischen dem, was sie sehen, und dem, was sie fühlen, scheint die kontrollierende Macht dem Gesicht zugeschrieben zu werden« (S. 95).
Ich könnte noch viele Einzelheiten über andere Aspekte von Georges Supermann-Selbstbild geben, von seiner Selbstanbetung und seinen Überlegenheitsgefühlen. Andere Menschen mußten »unglaublich gut« sein, um seiner Gesellschaft würdig zu sein. George repräsentierte eindeutig das, was man gewöhnlich eine narzißtische Persönlichkeit nennt. Es fehlte ihm an Empathie, er war egozentrisch und hatte ein unersättliches Bedürfnis nach Bewunderung. Seine Beziehungen zu Frauen hatten ein einziges Ziel — noch mehr Bewunderung —, obwohl er die Gabe hatte, jedes Mädchen glauben zu machen, daß er ihr ergeben sei. Seine narzißtischen Eroberungen fielen ihm immer sehr leicht, aufgrund seines guten Aussehens, seiner Kreativität und seiner wirklichen Intelligenz. Man könnte auch sagen, daß seine narzißtischen Forderungen selbst ein Echo in der realen Welt fanden. Oberflächlich funktionierte er gut, sicherlich viel besser als der durchschnittliche Borderline-Patient. Er hatte das, was Kernberg (1970 a) als ein »pseudo-sublimierendes

Potential« beschrieb, die Fähigkeit, im täglichen Leben zu funktionieren, einigen seiner Verantwortlichkeiten nachzukommen und seine Ambitionen wenigstens teilweise zu realisieren. Kernberg meint, daß manche Patienten sozial erfolgreiche narzißtische Persönlichkeitsstrukturen haben und daß die Analyse ihnen im mittleren Alter unter Umständen mehr helfen kann als in ihrer Jugend, da solche begabten Individuen als junge Erwachsene aus den normalen Befriedigungen, die das Leben mit sich bringt, einen Sekundärgewinn ziehen (Wylie, 1973). George hatte aus seinem Lebensstil sicher einen Sekundärgewinn gezogen. Er kam in die Analyse nur aufgrund eines traumatischen Ereignisses, das eine erhebliche Desorganisation mit sich brachte. Wie ich früher (vgl. Kapitel 2) berichtet habe, wurde Georges »omnipotenter« Großvater brutal ermordet, als George im ersten Jahr auf der Universität war. Ich glaube allerdings, daß das, was diesen jungen Mann am stärksten verunsicherte, die Tatsache war, daß man auf der Universität von ihm erwartete, daß er viele Stunden mit Lernen zubrachte und eine große Menge Stoff rein mechanisch auswendig lernte, während ihm in der Vergangenheit seine natürliche Begabung erlaubt hatte, mit sehr wenig Arbeit und ohne besondere Zeiteinteilung in der Schule erfolgreich zu sein. Seine narzißtische Persönlichkeit hatte keine Gelegenheit gehabt, mit solchen Dingen fertigzuwerden, von denen er glaubte, daß nur »durchschnittliche« Menschen sie nötig hätten. Er geriet deshalb mit seinem Studium in Schwierigkeiten und erlitt einen Verlust an Selbstachtung.

Ich möchte damit nicht sagen, daß George, ehe er auf die Universität kam, nur deshalb gut funktioniert hatte, weil seine narzißtischen Forderungen vom Leben erfüllt worden waren. In Wirklichkeit war sein Leben ziemlich tragisch gewesen, und er hatte unter überwältigendem psychischem Streß gestanden. Seine Mutter hatte zu der Zeit, als sie ihn zu stillen begann, eine Brustentzündung gehabt, und die Schmerzen machten das Stillen sehr schwierig, obwohl sie viel Milch hatte. Den Erinnerungen der Familie nach war das Kind bald auf eine bestimmte Rolle festgelegt worden. Die Eltern stritten sich heftig und ließen sich schließlich scheiden, als George in der sechsten Klasse war. Da sie selbst gutaussehende und narzißtische Menschen waren, erwarteten sie, daß ihr Kind perfekt sei, und reagierten auf jedes auch nur vorübergehende Pickelchen in seinem Gesicht mit großer Aufregung. Die Mutter war künstlerisch veranlagt, ihre mütterliche Fürsorge ließ jedoch zu wünschen übrig, darin war sie eher kalt; George hielt an dem Glauben fest, daß sie ihn vor seinem siebzehnten Lebensjahr niemals geküßt habe.

Sein Gefühlszustand in seiner frühen Kindheit war im allgemeinen der eines Kindes, das mit dem Kopf solange gegen die Gitterstäbe seines Bettchens schlägt oder seinen Kopf zwischen die Stäbe zwängt, bis es Schmerz empfindet. Reste autoaggressiven Verhaltens wurden in das Erwachsenenleben hinübergenommen. Das Fehlen angemessener beschützender mütterlicher Fürsorge in seiner frühen Kindheit führte dazu, daß seine Aggression ihre Richtung nicht wechseln konnte. Da er keine Befriedigung seiner narzißtischen Ansprüche finden konnte, richtete er seine Aggression gegen seinen eigenen Körper, nach einem Muster, das schließlich zu einer Reihe selbst herbeigeführter Unfälle führte. So fuhr er z. B. rücksichtslos mit dem Motorrad, mit dem Ziel, sich selbst zu verletzen. Während der ersten Monate seiner Analyse wurde dieses rücksichtslose Verhalten dahingehend verstanden, daß es ihm dazu verhalf, sich »lebendig zu fühlen« (Mahler, 1968, S. 215). Eine andere Version desselben Verhaltensmusters war seine Sucht, emotionale und physische Krisen herbeizuführen, besonders solche, in denen seine Selbstachtung einen Schlag erlitt. Er war imstande, sich während des kurzen Weges von seiner in der Nähe gelegenen Wohnung zu meiner Praxis in eine wirkliche Krise hineinzumanövrieren, und dann wies er mich darauf hin, daß er sich nur durch den »Schmerz«, den diese Krise bei ihm hervorgerufen hatte, lebendig fühle und seiner Ichgrenzen bewußt werde.

Erst nach langer Arbeit in der Analyse gab George zu, daß der eigene Narzißmus seines Großvaters — obwohl dessen Interesse für ihn »lebensrettend« gewesen war — ihn daran gehindert hatte, den Jungen mit der Realität bekannt zu machen, und daß er stattdessen die Illusion genährt hatte, George sei ein Supermann. Reich und sehr gut gekleidet, nahm der Großvater den Jungen in die besten Restaurants, Clubs und Hotels mit, wo es der wirklich begabte und attraktive junge Mann nicht schwer hatte, von der realen Welt positive Reaktionen auf seine narzißtischen Wünsche zu erhalten.

George sah in seiner »unglaublich« schönen und verführerischen Mutter eine »Mörderin«, wenn sie wütend war, und er war unfähig, die entgegengesetzten Bilder ihres Wesens zu integrieren. Ehe sie sich von Georges Vater scheiden ließ, nahm sie sich einen Liebhaber, einen Arzt, den George »DEN Arzt« nannte und den er als Repräsentanten aller Ärzte in der Welt und aller Männer, die er fürchtete, betrachtete. Obwohl der Arzt der Liebhaber seiner Mutter blieb, heiratete er sie nicht. Er war in dunkle Geschäfte verwickelt und behandelte Mitglieder eines kriminellen Syndikats. Für George wurde er das Symbol seines nicht integrierten und externalisierten Überichs. Georges Vater war ein starker Trinker und wurde »schwach«. Zuvor, als er noch bei seiner Familie wohnte, hatte er seine Frau bei seinen Wutausbrüchen geschlagen, oder er schlug buchstäblich seine Faust durch eine Wand. Georges ursprüngliche Ängste ihm gegenüber wurden auf »DEN Arzt« übertragen, der nicht idealisiert werden konnte. Eine fünf Jahre jüngere Schwester und ein sechs Jahre jüngerer Bruder — »die Kinder«, wie er sie nannte — akzeptierten den Liebhaber ihrer Mutter leichter als George. Das Ergebnis war, daß dieser sie beschenkte, weshalb George eifersüchtig wurde und sich vernachlässigt fühlte. Diese Situation brachte George dem Großvater näher, der »DEN Arzt« auch nicht leiden konnte.

Nach dem Tode seines Großvaters versuchte sich George an Drogen; bei mehreren seiner LSD-Trips sah er, wenn er sich im Spiegel betrachtete, ein Ungeheuer. Vertraute Gesichter anderer verwandelten sich in schreckliche Fratzen, und George selbst hatte zeitweise das Gefühl, in »drei autonome Systeme« gespalten zu sein — Körper, Stimme und Geist. Er halluzinierte und sah seine Mutter voll mörderischer Wut. Er träumte, daß sie ihn mit einem Messer in der Hand durch ein verdunkeltes Haus hetzte. Er fühlte sich hoffnungslos und ohne Zuflucht, wie er sich in seiner Kindheit gefühlt hatte, als sie ihm, wie sich herausstellte, tatsächlich mit einem Messer nachgerannt war und ihn dann voller Schuldgefühle zurückgelassen hatte, weil er seine Mutter »böse« gemacht hatte. In einer Reihe anderer Träume schlug er auf Menschen ein, so sehr er konnte, aber sie brachen nicht vor ihm zusammen. Er suchte psychiatrische Hilfe und erhielt zwei Jahre lang eine stützende Therapie, bis sein Therapeut überzeugt war, daß er für eine Analyse bereit sei, und ihn mit der klinischen Diagnose einer narzißtischen Persönlichkeit zu mir überwies.

Die Widersprüche in Georges Persönlichkeitsaufbau

Als George erst einmal in der Analyse war, wurde es möglich, hinter die Fassade seiner narzißtischen Persönlichkeit zu schauen. Wie zu erwarten gewesen war, zeigten sich dahinter widersprüchliche Elemente. Hinter dem narzißtischen Panzer verbarg sich ein »hungriges Kind«, das eifrig narzißtische Vorräte sammelte, die es sich zeitweise gar nicht zu verbrauchen traute, für den Fall, daß kein Nachschub käme. So konnten wir seine merkwürdige Angewohnheit verstehen, jeden Bonbon, den er bekam, »für Notzeiten« in den Kühlschrank zu legen, statt ihn gleich aufzuessen, und ihn dort so lange liegen zu lassen, bis er schlecht geworden war. Das »Gute« verwandelte sich dann in etwas »Böses«, in einer Weise, die sein Mißtrauen rechtfertigte. In ähnlicher

Weise pflegte er in der Analyse meine richtigen Interpretationen »auf Eis« zu legen, wo sie ihm nichts nützten. Er hielt sich einen übermäßigen Vorrat an Lebensmittelkonserven in seiner Wohnung, da jede Verringerung seiner Vorräte ihm Angst machte. Immer wieder beschloß er, keine alkoholischen Getränke mehr zu trinken, aber der Gedanke an einen solchen Entzug brachte ihn jedesmal dazu, alle Getränke, die er zur Hand hatte, auszutrinken, um sich auf die durstigen Stunden, die nun vor ihm lagen, vorzubereiten. Auf diese Art trank er, wenn er allein war; er fühlte sich wirklich »hungrig« und empfand sich als eingesperrt, beraubt und »Angriffen« ausgesetzt von jemandem, der ihm feindlich gesonnen war.

Der auffälligste Widerspruch in diesem Mann war der, daß er unter der Oberfläche arroganter Superiorität intensive Angst vor anderen Menschen hatte. Er fürchtete jede längere intime Beziehung zu einer Frau, aus Angst, sie könnte ihn ersticken. Seine Angst vor Menschen war geronnen zu seiner Angst vor dem Liebhaber seiner Mutter, den er im Grunde als verschlingende Gestalt erlebte, als einen Abtreiber, der seine Opfer durchbohrte und zerfetzte. In diesem Bild waren ödipal-kastrierende Elemente kondensiert. Obwohl er außerordentlich stolz war auf seine »maskulinen« Erfolge, hatte George homosexuelle Gedanken und gierte ebenso nach Anbetung von Männern wie von Frauen.

Alle seine äußeren Objekte waren entweder »unglaublich gut« oder »unglaublich böse«. In seinen frühen Masturbationsphantasien spielte dieser Typ primitiver Spaltung eine Rolle; er betrachtete die Frauen abwechselnd als Prostituierte und als Madonnen, der idealisierten Madonna gegenüber war er keiner erotischen Gefühle fähig.

Primitive internalisierte Objektbeziehungen in der narzißtischen Persönlichkeit

Aus diesem Bericht über Georges Symptome und Verhaltensbesonderheiten wird klar, daß er Abwehrmechanismen benutzte — primitive Spaltung, Verleugnung, Kontrolle über das äußere Objekt, entweder durch Entwertung oder Idealisierung, projektive Identifizierung, Omnipotenz —, die in Zusammenhang mit den bei ihm vorhandenen primitiven internalisierten Objektbeziehungen auftraten. Die bei ihm zu beobachtenden Abwehrmechanismen gleichen also denen der Borderline-Persönlichkeit. Narzißtische Patienten wie George zeigen auch die intensiven oral-aggressiven Konflikte, die für Borderline-Individuen charakteristisch sind (Kernberg, 1970 a). Ich werde weitere Beispiele dazu anführen, wenn ich auf seinen Traum vom »mittelgroßen Pfefferminzbonbon« zu sprechen komme.

Was beinhaltete sein überhöhter Selbstbegriff? Ich habe die Ereignisse im Zirkus beschrieben, die die Vorformung seiner narzißtischen Charakterstruktur symbolisieren, die Verschmelzung seines idealisierten Selbst mit dem idealisierten Objekt (vgl. Kapitel 2). Als er seinen angebeteten Filmstar sah, hatte er ein »Aha«-Erlebnis, das Erlebnis, selbst zu dieser Gattung von Menschen zu gehören. Als er mein Patient wurde, glaubte er, er sei äußerlich fast identisch mit einem bestimmten berühmten Schauspieler, und wenn er diesen gutaussehenden Mann auf der Leinwand sah, hatte er das Gefühl, sich selbst zu betrachten. Als seine Analyse fortschritt und er sich selbst von dem idealisierten Objekt zu differenzieren begann, machte ihm der Anblick dieses Schauspielers Angst und er fürchtete, dem Bild auf der Leinwand nicht zu entsprechen. Er brauchte zwei Jahre der Psychoanalyse, um den Schauspieler auf der Leinwand als jemanden zu sehen, der *wirklich* von ihm getrennt war. Er konnte sein Ideal-Selbstbild nicht von seinem wirklichen Selbstbild oder seinen Ideal-Objektbildern differenzieren. Nicht integrierte, aggressiv gefärbte primitive Vorläufer des Überichs waren durch Externalisierungsmechanismen aus dem überhöhten Selbstbegriff ausgeschlossen. »DER Arzt« war der Brennpunkt dieser Externalisierung. George geriet einmal in eine Situation, in der er jemandem eine Injektion geben mußte. Diese »Identifizierung« mit seinem externalisierten primitiven Überich-Teil ließ ihn in Panik geraten; er phantasierte, daß die Injektion den, der sie bekam, buchstäblich desintegrieren würde. Die narzißtische Persönlichkeit erreicht, obwohl sie besser organisiert ist als die Borderline-Persönlichkeit, nicht Kernbergs Stadium IV der internalisierten Objektbezogenheit, so daß Überich und Ichideal nicht integriert werden. Dies bedarf näherer Erläuterung.

Lampl-de Groot (1962) stellt Betrachtungen über Freuds Gründe an, die Begriffe Ichideal und Überich in gleichem Sinn zu benutzen. Sie glaubt, daß er dies tut, weil zu Beginn der Latenz die Etablierung beider um dieselben Objektrepräsentanzen zentriert ist — die Elternimagines. Sie stellt fest, daß ihre Funktionen jedoch entgegengesetzten Zielen dienen. Während das Ichideal der Wunscherfüllung dient und eine Befriedigung verschaffende Instanz ist, verbietet das Überich und ist eine einschränkende Instanz. Beide Instanzen vereinigen sich jedoch in einer Substruktur. »Der Gehalt des Ichideals: ›Ich bin wie meine Eltern‹, kann einen imperativen, zwingenden Charakter annehmen. ›Ich muß wie meine Eltern sein.‹ Später können hohe Ideale im allgemeinen als Forderungen erfahren werden« (S. 100). Sie stellt weiter fest, daß unter bestimmten pathologischen Bedingungen eine Regression auf primitive Ebenen eine »Desintegrierung« einer der beiden Instanzen von der anderen verursacht. Gewiß bedarf das Unvermögen zur Integrierung von Überich und Ichideal auch bei der Einschätzung von Fixierungen der Beachtung.

A. Reich (1953) weist ebenfalls deutlich auf den Unterschied hin, der zwischen dem Ichideal und dem Überich besteht, ehe sie miteinander verschmelzen. Sie schreibt: »Das Überich repräsentiert eine Übernahme der elterlichen Gebote und Verbote. Trotz kindlicher Mißverständnisse ist die Bildung des Überichs auf der Akzeptierung der Realität basiert; sie repräsentiert sogar den stärksten Versuch, sich der Realität anzupassen. Das Ichideal andererseits ist auf dem Wunsch basiert, in der einen oder anderen Form an einer Verleugnung der Beschränkungen sowohl des Ichs als der Eltern festzuhalten und die infantile Omnipotenz durch die Identifizierung mit dem idealisierten Elternteil wiederzuerlangen« (S. 188).

»... In Fällen ungenügender Akzeptierung der Realität kann die Differenzierung zwischen Ich und Ichideal diffus bleiben und unter bestimmten Bedingungen kann *magische Identifizierung* mit dem glorifizierten Elternteil ... an die Stelle des Wunsches treten, wie er zu sein« (S. 188).

An Georges Fall sehen wir die Ähnlichkeiten zwischen den Abwehrmechanismen dieser Patienten und denen von Borderline-Patienten, Ähnlichkeiten, die Kernberg (1970 a) hervorgehoben hat. Der fundamentale Unterschied im klinischen Bild liegt in dem Unvermögen des narzißtischen Patienten, Ichideal und Überich zu integrieren. Als Georges Analyse fortschritt und er die Irrealität seiner Erwartungen gegenüber seinem Ichideal (die in seinem Selbstbegriff enthalten waren) zu sehen und zu fühlen begann, bat er mich von Zeit zu Zeit, ihm den Kopf einzuschlagen, um ihn daran zu hindern, sich weiterhin irrealen, aber idealisierten Problemen hinzugeben. Er versetzte mich damit in die Position eines nicht idealisierten, strengen Überichs, das gegen die Irrealität seines Ichideals kämpfte.

Der Mechanismus der primitiven Spaltung, der von solchen Persönlichkeiten angewandt wird, macht es schwierig, Elemente des Überichs und Elemente des Ichideals zu integrieren. Die »nur gute« Selbst- und Objektbild-Einheit fördert die Schaffung eines allmächtigen Ichideals, während die primitiv gespaltene »nur böse« Selbst- und Objektbild-Einheit zu den Qualitäten des nicht integrierten Überichs beiträgt. Das klinische Bild des Patienten mit einer Borderline-Persönlichkeitsorganisation reflektiert deutlicher die Züge der Dichotomie zwischen »nur gut« und »nur böse«, wie ich anhand von Beispielen immer wieder dargelegt habe. Kernberg (1970 a) meint, daß eine Wiederverschmelzung der internalisierten Selbst- und Objektbilder bei der narzißtischen Persönlichkeit in einer Entwicklungsphase auftritt, in der die Ichgrenzen bereits stabil geworden sind. »An diesem Punkt besteht eine Fusion von Ideal-Ich, Ideal-Objekt und tatsächlichen Selbstbildern als Abwehr gegen eine unerträgliche Realität im zwischenmenschlichen Bereich, mit einer gleichzeitigen Entwertung und Destruktion sowohl von Objektbildern als auch von äußeren Objekten« (S. 55). So wird die Spannung zwischen dem tatsächlichen Selbst, dem Ideal-Selbst und dem Ideal-Objekt durch die Bildung eines überhöhten Selbstbegriffs aufgehoben. Reste der nicht akzeptierbaren Selbstbilder werden verdrängt und auf die devaluierten äußeren Objekte projiziert. Kernberg fährt fort: »Ein Ergebnis der Abwehrfusion von Ideal-Selbst, Ideal-Objekt und tatsächlichen Selbstbildern ist die Entwertung und Destruktion nicht nur von äußeren Objekten, sondern auch von internalisierten Objektbildern. Dieser Prozeß geht jedoch niemals so weit, daß keine inneren Bilder von Objekten bestehen: es würde wahrscheinlich unmöglich sein, unter solchen Umständen zu leben. Der Wunsch, von anderen bewundert und geliebt zu werden, macht es erforderlich, daß andere wenigstens bis zu einem gewissen Grade ›lebendig‹ erscheinen, innerlich sowohl wie äußerlich« (S. 57).

In meinem Bemühen, Georges narzißtische Persönlichkeit zu verstehen, fand ich es sehr nützlich, seinen überhöhten Selbstbegriff als eine pathologische Konstellation zu behandeln. Klinische Beobachtungen stützen die Interpretation, daß Georges überhöhte Vorstellung von sich selbst seine Art war, sich vor den Spannungen zu schützen, die aus dem mit den Augen eines »hungrigen« Kleinkindes gesehenen und tief bei ihm verankerten Bild einer erschreckenden Welt entstanden sind. Sein Unvermögen, »nur böse« und »nur gute« Einheiten zu integrieren, und seine Externalisierung der ersteren hatten auf tieferer Ebene eine »unglaublich«gefährliche Welt geschaffen. Der Zwang, eine solche Welt zu bewältigen, weckte in seinem »hungrigen Selbst« eine ohnmächtige Wut. Diese wurde in den Träumen reflektiert, in denen er gegen Menschen kämpfte, die nicht fallen wollten — und die nicht einmal den Aufprall seiner Schläge fühlten, da seine Hände durch ihre schemenhaften Formen hindurch ins Leere schlugen.

Als Georges Analyse einmal in Gang gekommen war, war ich für ihn ein »unglaublich« guter Analytiker. Es wurde mir bald klar, daß ich von ihm als »Nummer Eins« »auserwählt« worden war. Er hatte in einschlägigen Kreisen Günstiges über mich gehört, übertrieb das sehr und kam aus diesem Grund in die Analyse zu mir. Aber ich teilte das Schicksal seiner Freundinnen, deren Fesseln zu dick oder deren Brüste zu groß waren, als ich plötzlich das Objekt seiner Verachtung wurde: »Unglaublich inkompetent«, zweifellos gut genug für den Durchschnittspatienten, aber unfähig, *ihn* zu verstehen. Er begann seine analytischen Sitzungen damit, daß er mir eine detaillierte Geschichte seines Lebens und eine Zusammenfassung seines Problems gab, wie er es verstand. Ich merkte, daß er danach nur kam, um einfach bewundert zu werden. Er war einmal am Strand in Griechenland spazierengegangen, mit Sandalen an den Füßen und Muscheln im Haar, dabei hatte er das Gefühl gehabt, Christus zu sein. Er hatte nackt für einen Maler posiert und geglaubt, daß die Menschen kamen, um ihn wegen seiner »unglaublichen« Schönheit zu sehen. Seinen Erzählungen zufolge waren auch seine Freundinnen »unglaublich« schön, und ich stand vor der Wahl, alles, was er mir erzählte, zu akzeptieren oder entwertet zu werden wie all die anderen, für die er nur Verachtung hatte. Er »analysierte« seine eigenen Träume und entschied, welche wichtig waren und welche nicht. Ich ließ diesen Äußerungen seiner narzißtischen Selbstvorstellung ungehindert freien Lauf und mischte mich nicht ein in die Entwicklung einer narzißtischen Übertragung. Als ich ihn wegen des wiederholten Gebrauchs des Wortes »unglaublich« fragte, begann genetisches Material an die Oberfläche zu kommen.

Seine Kindheitssituation war »unglaublich« traumatisch. Als Kind war er von überwältigenden Reizen überflutet worden, die von seinen streitenden Eltern und von einer verführerischen, aber kalten Mutter ausgingen. Er hatte »unglaubliche« Ängste, und das Erreichen der Rolle eines »Supermannes« war lebensrettend für ihn gewesen. Das idealisierte Bild der schönen Mutter und das der kalten Mutter waren nicht integriert. Seine unzähligen Affären mit Mädchen zeigten dieselbe Unfähigkeit zur Integrierung. Zuerst idealisierte er jedes neue Mädchen, die Verbindung mit ihr erhöhte seine Selbstachtung. Innerhalb weniger Monate jedoch wurde sie für ihn zu einer Kopie seiner »verrückten, hysterischen Mutter«, und er mußte sich ihrer entledigen. Dieser Prozeß wiederholte sich natürlich in der Übertragung mit mir. Nach einer gewissen Zeit fing er an, Sitzungen auszulassen mit der Erklärung, daß er viel wichtigere Dinge zu tun hätte. Ich wies auf die Ähnlichkeit hin zwischen der Art, wie er seinen Analytiker behandelte, und der Art, wie er gewöhnlich mit seinen Freundinnen umging. Er gab zu, daß dieser Vergleich zutreffend war, erklärte aber, es sei durchaus möglich, daß ich wirklich nicht kompetent genug wäre, ihn zu verstehen. Ich sagte ihm darauf, es gebe meiner Ansicht nach nichts Wichtigeres als seine Sitzungen und ich bestünde darauf, daß er seine Termine einhalte. Von diesem Zeitpunkt an stand er, wenn er in meine Praxis kam, in gewisser Weise seiner »kalten« Mutter gegenüber. Er entwickelte eine paranoide Vorstellung, die verschwand, nachdem wir die genetischen Rekonstruktionen hergestellt hatten.

Ich will die ersten Monate von Georges Analyse zusammenfassen, ohne dabei zu sehr in die Einzelheiten zu gehen. Die narzißtische Übertragung war dominierend: Er glorifizierte sich selbst und betrachtete mich als eine Erweiterung seines Glanzes — oder er entwertete mich und tat mich ab als jemanden, der weit unter ihm stand. Die genetischen Rekonstruktionen, die wir während dieser Zeit herstellten, wirkten sich wenig auf sein klinisches Bild aus. Als ich acht Monate nach dem Beginn seiner Analyse in Urlaub ging, sammelte er in der Zwischenzeit seine Träume, aber als ich wiederkam, waren sie so »verdorben« wie die Bonbons, die er im Kühlschrank aufbewahrte. Kurz nach meiner Rückkehr merkte ich, daß er sich in meiner Gegenwart sicher fühlte, und er war allmählich fähig, auszudrücken, welche Auswirkungen meine Abwesenheit auf ihn gehabt hatte. Er war in eine »unglaubliche« Depression verfallen, die ebenso übertrieben war, wie seine triumphierende Übernahme seines Supermann-Status es gewesen war. Als er sagte, er würde sich am liebsten das Leben nehmen, gelang es mir, vorsichtig seine Neugier zu reizen bezüglich des Zusammenhangs zwischen meiner Abwesenheit und seiner Depression, und seine Kindheitserinnerungen an die traumatische Zurückweisung durch seine Mutter sprudelten heraus. Er reagierte auf die Zurückweisung durch die Mutter/den Analytiker (meinen Urlaub) zunächst mit einem narzißtischen Rückzug, aber nachdem er dies erkannte hatte, begann er, »Surrogate« anderer Menschen zu suchen, die in seiner Kindheit wichtig für ihn gewesen waren, die ihn vor der zurückweisenden Mutter/dem Analytiker retten sollten. Er posierte z. B. für einen Künstler, einen Homosexuellen, der denselben ethnischen Hintergrund hatte wie sein Vater, und gestattete diesem Mann gegen Bezahlung die Ausübung der Fellatio; als Entschuldigung für seine erste homosexuelle Erfahrung brachte er vor, daß er »hungrig« gewesen sei und kein Geld gehabt habe, sich etwas zu essen zu kaufen. Seine Assoziationen zeigten, daß seine Mutter/sein Analytiker ihm seine oralen Vorräte entzogen hatte (aufgrund meines Urlaubs) und daß er sich dem Vater (dem Künstler) zugewandt hatte, den er zunächst selbst mit Nahrung versorgen mußte (mit dem »unglaublichen« Sperma), um seinerseits ernährt zu werden. Dann wandte sich George dem Bild seines Großvaters zu, und zwar dem, was ich sein afrikanisches Perlenabenteuer genannt habe (vgl. Kapitel 2); die Identifizierung damit half ihm aus seiner Depression heraus. Der Großvater hatte ihn seinerzeit gerettet, als er Rettung aus dem »unglaublichen« Trauma zuhause brauchte, und sein Bild rettete ihn nun wieder.

Nachdem er sich von seiner »unglaublichen« Depression erholt hatte, verfiel George, anstatt nun um so stärker an seinem narzißtischen Selbstbegriff festzuhalten, in Depression, wenn er mit einer »Zurückweisung« durch mich oder andere Personen konfrontiert wurde, aber es waren nun kürzere und weniger schwere Depressionen. Früher hatte er immer, wenn ein Mädchen sich weigerte, bei der ersten Verabredung mit ihm zu schlafen, sehr schnell einen Makel an ihr gefunden und dann von sich selbst als von einem griechischen Gott geträumt. Jetzt führte ein solcher Zwischenfall zu einer »Depression«. Als ähnliche Vorfälle innerhalb der Übertragung vorkamen, begann ich langsam, seine narzißtische Persönlichkeit als pathologische Abwehrkonstellation zu interpretieren, die er aufgebaut hatte, um sich frühen Konflikten entgegenzustellen und seine ohnmächtige Wut zu bewältigen. Während George das Bild seines Großvaters zuvor immer glorifiziert und sich jeder Andeutung von Kritik an ihm enthalten hatte, begann er nun, die Rolle, die sein Großvater bei seiner »Rettung« gespielt hatte, zu untersuchen und die (narzißtische) Methode genauer zu betrachten, die dieser angewandt hatte, als er den Jungen in eine Welt einführte, die niemals bestand.

Der Großvater war von seinem Mörder eine Treppe hinuntergestoßen worden, und George träumte nun, er sei selbst eine Treppe hinuntergefallen. Er wußte, daß er sich mit dem Toten identifizierte, und war wütend auf ihn. Er warf ihm vor, daß er sein Geschäft in einem Teil der Stadt fortgeführt hatte, wo Gewalt zu erwarten gewesen war, und daß er dort den Tod gefunden hatte, obwohl man ihn vor einer solchen Gefahr gewarnt hatte. Georges Wut war ein Teil seiner Trauerreaktion, die sich voll entwickelte und interpretiert wurde. Ich merkte, daß seine Trauer damit zusammenhing, daß er nun nicht mehr so krampfhaft an seiner narzißtischen Selbstvorstellung festhielt, daß George in Wirklichkeit den omnipotenten Großvater losließ und daß dies ein bedeutsamer Markstein in seiner Analyse war. Die Träume, die nun folgten, bezogen sich nicht nur auf diesen Markstein in seiner Entwicklung, sondern lieferten weitere Beweise für die These, daß die überhöhte narzißtische Selbstvorstellung eine pathologische Konstruktion war, um frühe oral-aggressive Probleme abzuwehren, und daß George diese Konflikte durcharbeiten mußte, um seinen Narzißmus aufgeben zu können.

Eine Traumserie

Zwei Träume, die George in derselben Nacht hatte, wurden zusammen berichtet:

1. Ich sah diese phantastische, unglaubliche Welle, wirklich stark und gewaltig. Ich wollte hineingehen und surfen. Als ich auf die Welle zuzugehen begann, schien das Meer sich vor mir zurückzuziehen. Ich ging auf dem Sand und sah viele Eidechsen.
2. Ich war im Krankenhaus [wo sich die Praxis des Analytikers befindet]. Ich ging zum Pink Ladies' Shop, um »Mounds« [eine Art Bonbon] zu kaufen. Man gab mir einen Pfefferminzbonbon. Er hatte eine ungewöhnliche Größe. In Wirklichkeit gibt es diese Pfefferminzbonbons in zwei Größen, große und kleine, aber der, den man mir gab, war mittelgroß.

Ich verzichte darauf, Aspekte der in diesen Träumen kondensierten ödipalen Übertragungsneurose zu kommentieren; auch betonte George in seinen eigenen Assoziationen dazu die in ihnen enthaltenen prägenitalen Aspekte, ebenso wie die Durcharbeitung seiner narzißtischen Probleme.
George ist ein guter Surfer, und er hatte sich des langen und breiten über seinen »unglaublichen« Sieg über »unglaublich« mächtige und schöne Wellen ausgelassen. Er sah sich selbst als Sieger, als Bezwinger der Wellen. Seine Assoziationen wiesen darauf hin, daß die Wellen seine Mutter waren. Zum erstenmal sprach er von einer Phobie; er hatte immer große Angst davor, ins Wasser zu gehen, Angst, eingesogen zu werden, und er stellte sich Myriaden von schleimigen Substanzen unter der Wasseroberfläche vor. Die Eidechsen repräsentierten seine »Primitivierung« und seine kannibalischen Impulse. In seinen Assoziationen erzählte er von einem Leguan, den er als Kind gehabt hatte, und davon, wie er lebendige Insekten als Futter für ihn gesammelt hatte; er wurde ganz aufgeregt, als er beschrieb, wie das Reptil nach ihnen geschnappt und sie verschlungen hatte. Die Zucker-»Mounds« waren die Brüste seiner Mutter, die entzündet gewesen waren zu der Zeit, als er gestillt wurde.* Der Pfefferminzbonbon, den man ihm in seinem Traum gege-

* »Mound« = Hügel (Anm. d. Übers.).

ben hatte, erinnerte ihn an Geld. In dem Wort Pfefferminz klingt auch die Bedeutung von Geld an.* Er sprach über eine Kindheitsphantasie, in der er Rektum und Vagina verwechselt hatte. Beim Cunnilingus, seiner bevorzugten Art des sexuellen Vorspiels, phantasierte er, kraftvolle anale Eigenschaften in sich aufzunehmen, und in seinen Assoziationen sprach er davon, »zu essen und gegessen zu werden«, und er fürchtete sich vor dem Gedanken, seine Mutter zu essen oder von ihr gegessen zu werden. Wenn seine Mutter in einer ihrer »verrückten« Stimmungen war, schien ihr wilder Blick ihn zu durchbohren, so daß er Angst hatte, verschlungen zu werden. Er empfand Schuldgefühle wegen seiner Wut auf sie und Entsetzen über die Ohnmacht seiner Wut. Er assoziierte seine gegenwärtige Angst vor dem Schlafengehen mit der Angst, die er in seinem ersten Traum gehabt hatte, als er in das Wasser ging, Angst davor, von seiner Mutter verschlungen zu werden. Diese Erkenntnis rief Angst und Wut bei ihm hervor. Es wurde ihm klar, daß der »mittelgroße« Pfefferminzbonbon, den man ihm in seinem Traum gegeben hatte, insofern ein gutes Omen war, als er an diesem Punkt seiner Analyse versuchte, eine Auffassung von den Dingen zu akzeptieren, die nicht in grotesker Weise verzerrt war, weder in Richtung der Grandiosität noch in Richtung der Depression. Die Analyse des Begriffs »mittelgroß« führte dazu, daß er versuchte, seine frühe Mutter realistischer zu akzeptieren (weniger der primitiven Spaltung unterworfen).
Die Sitzung, in der George diese Träume berichtete, lag unmittelbar vor einem Wochenende, und während der freien Tage wurde George von ungeheurer Angst erfaßt und fuhr hektisch umher, um Freunde zu »retten«, so, als ob die neue Bewußtheit seiner oralen Konflikte ihn auf seine narzißtischen Abwehrmanöver zurückgeworfen hätte. Dieses Mal konnte ihn sein Narzißmus jedoch nicht vor seiner Angst schützen. Er fühlte sich »verrückt« und »ausgesperrt«. Vor seiner nächsten Sitzung am darauffolgenden Montag hatte er noch einen Traum, in dem er auf der Couch bei mir lag:

Sie trugen einen Sari, und es war noch ein anderer Mann in Ihrem Sprechzimmer. [Er identifizierte einen meiner Kollegen, der über Reinkarnation geschrieben hat, was George wußte.] Ich hatte schreckliche Angst vor Ihnen, aber Sie legten Ihren Sari ab und gaben sich zu erkennen.

Aus diesem Traum ging hervor, daß ich seine »reinkarnierte« Mutter war (die Mutter in der Übertragung). Obwohl ich immer noch die »böse«, verschlingende Mutter war, differenzierte er mich bis zu einem ge-

* »mint« = Pfefferminz; Münze (Anm. d. Übers.).

wissen Grade von der »ursprünglichen« Mutter. Während dieser Sitzung berichtete er noch einen Traum:

Ich war mit meiner Mutter in einem japanischen Gefangenenlager. Sie trug ein schwarzweißes Kleid. Ein alter Freund war da, und wir sahen zusammen ein Flugzeug eines Typs aus dem Zweiten Weltkrieg. Gemein aussehende japanische Soldaten waren um uns herum. Mein Freund und ich stiegen in das Flugzeug und ließen meine Mutter zurück. Wir starteten; die Soldaten schrieen uns nach. Wir stürzten beinahe ab. Wir flogen über sie hin, aber dann bemerkten wir, daß Sturm aufkam. Mein Freund flog das Flugzeug. Dann sah ich plötzlich einen sonnigen Fleck und dirigierte ihn darauf zu.

Als er den Bericht dieses Traumes beendet hatte, geschah etwas Ungewöhnliches — zum erstenmal in seiner Analyse hüllte sich George ruhig in Schweigen. Als er wieder sprach, sagte er, daß er das Gefühl hätte, an einen Endpunkt gelangt zu sein, und daß er ein Gefühl von »Geborenwerden« hätte. Er wußte, daß der Traum etwas mit seiner Trennung von seiner Mutter zu tun hatte (geboren werden). Er erinnerte sich daran, daß man ihm erzählt hatte, er hätte seine Mutter bei der Geburt »zerrissen«. Der Tagesrest in diesem Traum hing damit zusammen, daß er zufällig einen Aufsatz von mir über die psychologische Anpassung zypriotischer Türken gesehen hatte, die gezwungen waren, jahrelang von ihren Feinden umgeben in Enklaven zu leben. Das schwarzweiße Kleid der Mutter reflektierte Georges alternierende Auffassung von ihr, daß er sie einmal als »nur böse«, ein andermal als »nur gut« erlebte. Noch einmal hatte George eine Möglichkeit, die primitive Spaltung seiner frühen Muttervorstellungen durchzuarbeiten. Sein Freund, der im realen Leben LSD nahm, war Georges »verrückte« Selbstvorstellung, die ihn noch immer gefährlich lenkte, obwohl die reale Selbstvorstellung die Führung übernehmen und das Flugzeug wenigstens in Richtung Sicherheit dirigieren wollte.
Nicht lange, nachdem George diesen Traum berichtet hatte, kam er mit einem anderen Traum, der meiner Ansicht nach den Stand der Dinge an diesem Punkt seiner Analyse zusammenfaßte:

Ich war im Wohnzimmer meiner Wohnung. Clark Kent [der Supermann aus den Comic Books] und noch ein Mann kamen herein. Der zweite Mann hätte mein Großvater sein können — oder Sie. Ich wollte sie da nicht haben, aber ich wußte, daß ich nicht gegen sie kämpfen konnte. Ich ging in meine Küche. Ein Loch erschien in der Wand. Ich ging durch das Loch hindurch, aber ich war nur in einer anderen Küche. Auch diese hatte ein Loch in der Wand. Ich ging auch durch dieses Loch hindurch, aber wiederum war ich in einer Küche mit einem Loch in der Wand. Als ich in die letzte Küche kam, sah ich meine Großmutter mütterlicherseits, die eine Mohrrübe hatte und mir vor die Nase hielt. Ich wollte dort auch nicht bleiben, und so ging ich zurück in mein Wohnzimmer. Inzwischen waren Clark Kent und sein Freund dabei, meine Möbel zu zerstören. Ich wurde wütend und fing an, sie zu schlagen. Ich konnte den Aufprall meiner Faust auf ihren Körpern fühlen. Ich konnte sie wirklich schlagen. Ich warf sie hinaus.

Ehe er diesen Traum einbrachte, hatten George und ich über seine Unfähigkeit diskutiert, ein Mädchen vom anderen und irgendeine seiner unzähligen Freundinnen von seiner Mutter zu unterscheiden. Ich hatte etwas darüber gesagt, daß für sein Empfinden das »Loch« des einen Mädchens für ihn dasselbe war wie das irgendeines anderen. Er sah, daß die »Gemeinschaftsküchen« seine Unfähigkeit repräsentierten, zwischen den Frauen zu differenzieren, und zugleich die Verbindung dieser Frauen mit seiner »archaischen Mutter« (Großmutter), die sich über ihn lustig machte. Er hatte das Gefühl, daß sie ihn als ihren Phallus benutzt hatte und daß er dafür unter ihrer Fuchtel stehen mußte. Der Traum zeigte, daß er nun fähig war, zwischen dem Bild seines tatsächlichen Selbst und dem eines Supermannes zu differenzieren. Als er seine frühen Träume, die voller Kämpfe gewesen waren, in denen seine Schläge keine Wirkung hatten, mit diesem letzten Traum verglich, in dem er fühlte, daß die Schläge trafen, schloß er daraus, daß seine Wut nicht mehr ohnmächtig war. Er war begeistert bei der Erinnerung daran, wie seine Faust auf den Körper des Supermanns niedergegangen war. Es bestand eine eindeutige Grenze zwischen ihm und dem Supermann, der nun aus seiner Selbstvorstellung ausgetrieben werden konnte.

Was wurde aus George?

Die Periode, während der er diese Träume erzählte, lag gegen Ende des ersten Jahres seiner Analyse. Es war eine Zeit drastischer Veränderungen in seinem Lebensstil, der nun weniger narzißtisch geprägt war. Damit will ich nicht sagen, daß sein Narzißmus nach der ersten wichtigen Runde vollkommen verschwunden wäre, aber ich bin der Überzeugung, daß die Psychoanalyse die erste Runde gewonnen hatte. Danach erforderte seine Übertragungsneurose beträchtliche Aufmerksamkeit, wie ich später in diesem Kapitel darlegen werde. Im Augenblick befindet sich George in der zweiten Hälfte des dritten Jahres seiner Analyse, und es ist noch viel zu tun, ehe wir sie beenden können.

Kohut (1966, 1971, 1973) fügt der Auffassung, daß die Entwicklungslinie des Narzißmus von der Autoerotik zur Objektliebe über den Narzißmus verläuft, ein zweites Konzept hinzu, indem er eine unabhängige Entwicklungslinie von der Autoerotik über den Narzißmus zu einer höheren Form des Narzißmus postuliert, der adaptiv und kulturell wertvoll ist. Schon Weigert (1967) hatte, ohne eine neue Entwicklungslinie des Narzißmus zu sehen, »gutartige« und »bösartige« Formen von Narzißmus in ein Kontinuum gebracht. Sie schrieb: »In meiner Praxis sehe ich keine scharfe Trennung zwischen gutartigem und bösartigem Narzißmus, sondern ein Kontinuum von gutartigem Narzißmus oder Ichstärke, mit flexiblen Abwehrmechanismen gegen desorganisierende Ängste, bis hin zu einem bösartigen Narzißmus oder einer Ichschwäche, bei der die Abwehr gegen kritische Ereignisse in zunehmendem Maße zusammenbricht.

Ein gesunder Narzißmus hält das Gleichgewicht zwischen der Selbstachtung, die aus einer phasenadäquaten Meisterung von Gefahren hervorwächst, und der Abhängigkeit von der Unterstützung durch die Eltern oder andere Autoritäten.

... Diese Selbstachtung gleicht etwa dem objektiven Stand der Ichentwicklung bei einem positiven Narzißmus. Das Kind liebt sich selbst nicht nur, wenn es sich von seiner Familie geliebt fühlt; in wachsender Unabhängigkeit liebt es sich selbst trotz der Zurückweisung durch andere. Aber solche Festigkeit der Selbstachtung ist wegen der Macht menschlicher Abhängigkeit und Solidarität schwer zu erreichen. Diese Solidarität wird von neidischen Vergleichen bedroht, von der Ungerechtigkeit des Schicksals, das ungleiche Frustration für jung und alt, Mann und Frau, reich und arm austeilt« (S. 229—231).

Kohut (1971) beschreibt eine Gruppe von Patienten, die ihm zufolge »narzißtische Persönlichkeitsstörungen« haben, und stellt fest, daß es eine Störung der zweiten Entwicklungslinie ist, die den narzißtischen Patienten unfähig macht, eine adäquate Umwandlung des infantilen Narzißmus zu erreichen. Er unterscheidet solche Persönlichkeiten sowohl von den Psychotikern als auch von den Borderline-Patienten und stellt fest, daß Patienten mit einer narzißtischen Persönlichkeitsstörung »... ein kohärentes Selbst erreicht und kohärente, idealisierte archaische Objekte errichtet [haben]. Und anders als bei den Psychosen und Borderline-Zuständen werden diese Patienten nicht ernstlich durch die Möglichkeit eines irreversiblen Zerfalls des archaischen Selbst oder der narzißtisch besetzten archaischen Objekte bedroht. Durch die Erhaltung dieser kohärenten und stabilen psychischen Konfigurationen sind solche Patienten in der Lage, stabile narzißtische Übertragungen zu entwikkeln, die die therapeutische Aktivierung der archaischen Strukturen ohne die Gefahr ihrer Fragmentierung durch weitere Regression ermöglichen: sie sind also analysierbar« (dt. S. 20).

Kohut betont, daß sich die intensivsten narzißtischen Erfahrungen auf Objekte beziehen, die entweder im Dienste des Selbst und der Aufrechterhaltung seiner Triebbesetzung benutzt werden, oder auf Objekte, die als Teil des Selbst erfahren werden: auf Selbst-Objekte. Die Perfektion des primären Narzißmus, die gestört wird durch die unvermeidlichen Mängel der Mutter, wird ersetzt durch: a) die Etablierung eines grandiosen und exhibitionistischen Selbstbildes, das Kohut das *Größen-Selbst* nennt; und b) die Übertragung der ursprünglichen Perfektion auf ein bewundertes, omnipotentes Übergangs-Selbst-Objekt — das *idealisierte* Elternbild. Kohut benutzt den Terminus »Übergangs-« hier nicht nur, um die inneren Haltungen des Kindes wiederzugeben, sondern erklärt diese Phänomene in metapsychologischen Begriffen. Diese beiden Bilder werden bei narzißtischen Patienten in der Übertragungssituation aktiviert (narzißtische Übertragung). Kohut benutzt den Terminus *idealisierende Übertragung* für die Übertragung, die sich aus der therapeutischen Mobilisierung des idealisierten Elternbildes ergibt. Er benutzt den Terminus *Spiegelübertragung*, um diejenigen Übertragungen zu bezeichnen, die aus der Mobilisierung des Größen-Selbst entstehen.

Wenn die materiellen Unzulänglichkeiten nicht zu groß sind, wird das Größen-Selbst in ein Selbst mit reifen Ambitionen und reifer Selbsteinschätzung transformiert. Ein durch Entbehrung und Kindheitstraumen verursachter Entwicklungsstillstand erklärt die Entwicklung eines Größen-Selbstbildes oder eines idealisierten Elternbildes bei den narzißtischen Störungen. Kohut rät dem Analytiker, das Größen-Selbstbild seines narzißtischen Patienten und seine Bewunderung für den Analytiker zu akzeptieren, wodurch er dazu beiträgt, daß eine voll entfaltete narzißtische Übertragung entsteht, die auf natürliche Weise einen Narzißmus auf höherer Ebene induziert; dieser führt seinerseits zu einer realistischen Selbsteinschätzung. Ein heilender Faktor während dieses Prozesses ist eine »umwandelnde Internalisierung«. Der Abzug von narzißtischen ebenso wie von Objekttrieb-Besetzungen von den Objektbildern (in der analytischen Situation vom Analytiker) fördert eine Neustrukturierung beim Patienten. Wiederholte Brüche bei dem Versuch des Patienten, sich mit dem idealisierten Analytiker zu vereinigen, werden von Kohut für nicht traumatisch gehalten, weil der Analytiker dem Patienten zeigt, wodurch sie entstehen, und genetische Rekonstruktionen herstellt. Wenn es zu solchen Brüchen kommt, wird ein gewisses Maß an idealisierender Libido vom Selbst-Objekt-Analytiker abgezogen und trägt zum Prozeß einer Neustrukturierung bei. »Die innere Struktur ... übernimmt ... jetzt die Funktionen, die das Objekt für das Kind erfüllt hatte — die funktionierende Struktur hat jedoch weitgehend die persönlichen Züge des Objektes verloren« (Kohut, 1971, dt. S. 71).

Kernbergs (1970 a, 1970 b) Auffassungen der narzißtischen Persönlichkeit stellen Kohuts Konzeption eines Entwicklungsstillstandes in Frage. Wie früher bereits bemerkt wurde, zeigt Kernberg, wie eine überhöhte Selbstvorstellung (dem »Größen-Selbst« Kohuts entsprechend) aus einer frühen Bildung von pathologischem Narzißmus entsteht, zum Schutz gegen Konflikte, die mit unerträglicher Wut und Eifersucht zusammenhängen. Georges Fall ist aus dieser Perspektive beschrieben worden.

Obwohl auch Kernberg sich für eine volle Entfaltung der narzißtischen Übertragung ausspricht, ist er der Auffassung, daß das Durcharbeiten einer solchen Übertragung, abgesehen davon, daß sie akzeptiert werden muß, eine systematische Interpretation ihrer negativen ebenso wie ihrer positiven Aspekte erfordert. Vom Standpunkt der primitiven internalisierten Objektbeziehungen idealisiert der Patient den Analytiker, wenn er das *pathologische* Größen-Selbst auf ihn externalisiert. Da aber diese Konstellation als Abwehr benutzt wird, um das »hungrige« Selbst und seine Bindung an eine zwanghafte ohnmächtige Wut zu verdecken, wird auch dieses tiefere Bild auf den Analytiker externalisiert. So ist eine allgemeine Verachtung und Entwertung des Analytikers hinter der Idealisierung zu spüren. Manchmal alternieren diese beiden Aspekte, wobei einer nach dem anderen an die Oberfläche tritt, wie in Georges Analyse und der Analyse von Brown (die in Kapitel 10 beschrieben wird).

Kohut (1970) stützt sich in seiner Monographie fast ausschließlich auf die Reifung der libidinösen Besetzung in der Analyse narzißtischer Persönlichkeiten. Später konzentriert er sich auf die Aggression dieser Patienten. Sein Verständnis der Aggression bei der narzißtischen Persönlichkeit unterscheidet sich von der Auffassung Kernbergs, der davon ausgeht, daß die Aggression von aggressiven Trieben abgeleitet ist und von seinen Patienten in der Form oraler Wut und Eifersucht geäußert wird. Diese aggressiven Triebderivate sind in einer introjektiv-projektiven Bezogenheit an »nur böse« Selbst- und Objektvorstellungen gebunden. Kohut (1973) spricht dagegen von »narzißtischer Wut«, wenn aggressive Triebderivate entstehen: »... wenn Selbst oder Objekt den absolutistischen Erwartungen nicht entsprechen, die ihrer Funktion entgegengebracht werden — sei es vom Kind, das mehr oder weniger phasengemäß auf der Grandiosität und Omnipotenz des Selbst und des Selbst-Objektes besteht, sei es von dem narzißtisch fixierten Erwachsenen, dessen archaische narzißtische Strukturen unverändert geblieben sind, da sie von der übrigen wachsenden Psyche isoliert wurden, nachdem die phasengemäßen narzißtischen Forderungen der Kindheit traumatisch frustriert worden waren« (S. 386). Kohut meint dann, daß narzißtische Wut gezähmt werden kann, wenn sie in »gereifte Aggression« übertragen worden ist, wenn die narzißtische Matrix, in der die narzißtische Wut entsteht, sich zu einem Narzißmus auf höherer Ebene entwickelt.

Von der narzißtischen Übertragung zur Übertragungsneurose

Wie ich Kohut verstehe, läßt seine Konzeption einer getrennten Entwicklungslinie des Narzißmus die Übertragungsneurose in der Analyse der narzißtischen Persönlichkeit außer acht. Seine Position mag in seinen eigenen Worten erklärt werden: »Bei den Übertragungsneurosen wird die Abwehr beseitigt, Besetzungen mit Objekttrieben werden dem Ich zugänglich gemacht, und das Ergebnis ist ein verbesserter Aufbau psychischer Strukturen ... Ein analoger Prozeß vollzieht sich auch als erster Schritt im Prozeß des Durcharbeitens bei den Analysen narzißtischer Persönlichkeitsstörungen, wenn die abgespaltenen und/oder verdrängten narzißtischen Besetzungen und das narzißtisch besetzte prästrukturelle Selbst-Objekt dem realitätsprüfenden Ich zugänglich gemacht werden. Der Prozeß des Durcharbeitens zielt hier jedoch im wesentlichen auf den schrittweisen Entzug narzißtischer Libido vom narzißtisch besetzten archaischen Objekt; er führt zum Erwerb neuer psychischer Strukturen und Funktionen in dem Maße, in dem die Besetzungen von den Repräsentanzen des Objekts und seinen Tätigkeiten zum psychischen Apparat und seinen Funktionen verschoben werden« (Kohut, 1971, dt. S. 119 f.).

Kernbergs Standpunkt (1970 a) impliziert, daß dann, wenn die pathologische narzißtische Struktur des Selbst in der Analyse aufgelöst ist (wenn dem Patienten bewußt wird, daß seine Idealvorstellung eine Phantasiestruktur ist), die narzißtische Übertragung der Übertragungsneurose Platz macht. Am entscheidenden Punkt treffen sich in der Übertragung »tiefe Bewunderung für die und Liebe zu der idealen Mutter« und »Haß auf die verzerrte, gefährliche Mutter«. Dem folgen eine Depression und Selbstmordgedanken des Patienten, »weil er den Analytiker und alle bedeutsamen Personen in seinem Leben schlecht behandelt hat und er das Gefühl entwickeln kann, daß er tatsächlich diejenigen zerstört hat, die er geliebt haben könnte und die ihn geliebt haben könnten« (Kernberg, 1970 a, S. 81).

Nachdem diese Phase durchgearbeitet ist, akzeptiert der Patient den Analytiker als ein unabhängiges Wesen, dem gegenüber er Liebe und Dankbarkeit empfinden kann. Was Kernberg dann beschreibt, ist eine Entwicklung von der Anwendung der primitiven Spaltung hin zu einer ambivalenten und, hoffentlich, schließlich einer postambivalenten Bezogenheit. Was ich über die primitiv gespaltene Übertragung gesagt habe (vgl. Kapitel 6, den Abschnitt »Auf dem Wege zu Janes Übertragungsneurose«), gilt auch für die narzißtische Übertragung.

Gewöhnlich treten in der narzißtischen Persönlichkeit narzißtische Übertragung und Übertragungsneurose gleichzeitig auf, wobei abwechselnd die eine die andere überlagert. Es wäre jedoch nutzlos, die Übertragungsneurose zu analysieren, ohne zuerst die voll entfaltete narzißtische Übertragung analysiert zu haben. Erst wenn letztere adäquat analysiert ist, erfordert die Übertragungsneurose Aufmerksamkeit. Die narzißtische Übertragung wird jedoch immer wieder zurückkehren, bis sie am Ende der Analyse vollständig durchgearbeitet ist. Es ist mir bewußt, daß ihr Wiederauftreten der Analyse der Übertragungsneurose Widerstand bieten wird — und daß auch das Umgekehrte eintreten kann.

Ich habe den strukturbildenden Aspekt der introjektiv-projektiven Bezogenheit bei der Behandlung von psychotischen Patienten und Borderline-Patienten diskutiert (vgl. Kapitel 3 und 4). Die Rolle der introjektiven und projektiven Bezogenheit auf das analytische Introjekt und der Identifizierung mit ihm sollte bei narzißtischen Patienten beachtet werden (obwohl diese Prozesse bei narzißtischen Persönlichkeiten an der Oberfläche weniger evident sein mögen als in der Psychose oder bei Borderline-Patienten), und man sollte auch ihre Abwehraspekte berücksichtigen. Anders als Kernberg reflektiert Kohut diesen Prozeß tatsächlich, allerdings nur innerhalb seines eigenen Bezugsrahmens. Er schreibt: »Der entscheidende therapeutische Fortschritt bei der Analyse der archaischen Besetzungen der idealisierten Objektimago ist jedoch Folge der umwandelnden Verinnerlichung der narzißtischen Triebenergien, und zwar in dem Maße, in dem das idealisierte Selbst-Objekt aufgegeben wird. Dies führt zu einer Neuverteilung der narzißtischen Triebenergie in der psychischen Struktur« (Kohut, 1971, dt. S. 125).

Im folgenden Kapitel werde ich die gesamte Analyse einer narzißtischen Persönlichkeit zusammenfassen, um das Auftreten der narzißtischen Übertragung zu erhellen, ihr Alternieren mit der neurotischen Übertragung und den Internalisierungsprozeß, der sich während der Analyse des Patienten vollzog.

10

Übergangsphantasien in der Analyse einer narzißtischen Persönlichkeit *

Dieses Kapitel beabsichtigt, die gesamte Analyse eines Patienten mit narzißtischer Persönlichkeit zusammenzufassen und zugleich Beweismaterial vorzulegen zur Stützung der These, daß dieser Patient spezifische Phantasien benutzte, als ob sie immaterielle Vertretungen von Übergangsobjekten wären.

Die Funktion von Übergangsphantasien in einer narzißtischen Persönlichkeit

Der Patient, der anwandte, was ich *Übergangsphantasien* genannt habe (vgl. Kapitel 8), war ein Mann in den Dreißigern, der sich einer viereinhalbjährigen Analyse unterzog. Seinen neurotischen Symptomen und Zwangscharakteristika lag eine narzißtische Persönlichkeitsstruktur zugrunde wie die von George (Kapitel 9). Der Kern seiner Probleme lag darin, daß er sich selbst als das Zentrum der Welt betrachtete, in seiner Überzeugung, daß er die »Nummer Eins« sei und existierte, um von allen bewundert zu werden. In der Analyse offenbarte er sich als ein einsames Wesen, das innerhalb eines Königreiches glorifiziert wurde, innerhalb einer »eisernen Kugel«, die ihn umgab und aus der sein Analytiker ausgeschlossen war. Hinter seinem Narzißmus stand das Bild eines zu kurz gekommenen und hungrigen Kleinkindes, und in der Analyse schwankte er zwischen dem Festhalten an der Rolle des »Meistbewunderten« und der Entfaltung paranoider Tendenzen.

Oberflächlich gesehen funktionierte er gut, trotz seiner narzißtischen Struktur, und er hatte eine verantwortungsvolle Stellung, die er dazu benutzte, Bewunderung zu erlangen. Seine Fähigkeit zur Realitätsprüfung in intimen Beziehungen war jedoch dadurch, daß er an dem Glauben festhielt, er stünde über allen anderen, so eingeschränkt, daß man sich fragen muß, was ihn daran hinderte, ein allgemein psychotisches Verhalten zu zeigen. Die Antwort liegt offenlichtlich darin, daß er spezifische Phantasien benutzte in einer Weise, die mir den Begriff »Übergangsphantasien« eingab. Er benutzte diese Phantasien als immaterielle Vertretungen von Übergangsobjekten, betrachtete sie, als ob sie ein eigenes Leben hätten, und benahm sich, als ob er ihnen verfallen sei, obwohl sie gleichzeitig seiner absoluten Kontrolle unterworfen waren,

---

* Dieses Kapitel basiert auf einem Beitrag mit dem gleichen Titel, der zuerst veröffenlicht wurde in: J. Amer. Psychoanal. Assn. 21, (1973), S. 351—376.

wodurch er die Illusion aufrechterhalten konnte, daß er über die reale Umgebung eine ähnliche Kontrolle ausübte.

Wer war Brown?

Zu Beginn seiner Analyse war Brown dreißig Jahre alt, Rechtsanwalt, verheiratet und Vater von zwei kleinen Mädchen von sieben und fünf Jahren und einem Jungen von vier Jahren. Einer seiner Vorfahren mütterlicherseits hatte unter den ersten Siedlern eine führende Rolle gespielt, und er war ungeheuer stolz auf seine Familiengeschichte. Extreme Förmlichkeit und Respekt für die Tradition prägten seine Erziehung. Sein Vater, Direktor einer bedeutenden Anwaltskanzlei, war reserviert und konventionell, obwohl er vor seiner Heirat ein »wildes« Leben geführt hatte und für seine Eskapaden, sein schnelles Auto und seine sportlichen Leistungen bekannt gewesen war. Browns Mutter, Tochter eines Rechtsanwalts, wußte auf alles »eine praktische Antwort« und hatte viel für kulinarische Küche übrig, während sie die Versorgung ihrer Kinder zum größten Teil den Kindermädchen überließ. Brown erinnerte sich an sein Kindermädchen nur wegen ihrer schielenden Augen und ihres deutschen Namens; diese waren zu einer Zeit, als die Amerikaner im Zweiten Weltkrieg gegen die Deutschen kämpften, Verkörperungen furchterregender archaischer Objekte. Ein Bruder, der zwei Jahre jünger war als Brown, hatte offenbar den Lebensstil seines Vaters aus dessen früheren Jahren angenommen; er war sportlich, glücklich verheiratet und leitete ein luxuriöses Sport- und Erholungszentrum. Eine Schwester, die vier Jahre jünger war als der Patient, hatte dagegen zahlreiche neurotische Probleme.
Kernbergs (1970a) narzißtische Patienten kamen häufig aus Familien mit »chronisch kalten Elterngestalten voll verdeckter, aber intensiver Aggression«. Gewöhnlich funktionierte die Mutter gut in einem an der Oberfläche wohl organisierten Heim, aber mit einem gewissen Maß von Gefühllosigkeit, Gleichgültigkeit und nicht verbalisierter, boshafter Aggression. Dies traf auch auf Browns Familie zu. Das Leben in seinem Elternhaus lief nach einem starren Zeitplan gesellschaftlicher Konventionen ab. Während der Cocktailstunde war es den Kindern erlaubt, mit ihren Eltern zusammen zu sein. Das Abendessen stand jeden Abend unter einem besonderen Thema, an einem Abend wurde nur Französisch gesprochen, an einem anderen Abend fand ein Buchstabierwettstreit statt, wieder ein anderer Abend war für besondere Spiele reserviert. Der Patient erinnerte sich nicht daran, daß es je irgendeine offene Gefühlsäußerung in diesem stilisierten Familienleben gegeben hätte.

Zur Zeit seiner Geburt lebten Browns Eltern bei den väterlichen Großeltern auf dem Lande. Es wurde erzählt, daß die Mutter, als sie schwanger war, soviel Mais aß, daß sie ganz dick davon wurde und viel Milch hatte. Als das Kind ein Jahr alt war, zog die Familie in die Stadtwohnung, wo die Mutter das zweite Kind empfing, und ein späterer Umzug führte sie alle in ihr endgültiges Haus, das in einer wohlhabenden Umgebung gelegen war, wo der Junge wenige Spielkameraden hatte. Als er fünf Jahre alt war, wurde der Vater Reserveoffizier und war über einen Zeitraum von eineinhalb Jahren periodisch von zuhause abwesend. Später hielt ihn sein Interesse am Angeln häufig von zuhause fern.

Der Patient war in der Schule erfolgreich. Er erinnerte sich daran, daß er schon als Kind häufig Tagträumen nachhing, und nachts beschäftigten ihn schattenhafte Gestalten hinter seinem Bett, die ihn verfolgten. In der Pubertät entwickelte er die Gewohnheit, nachts ein Seil um seine Beine zu wickeln, wobei er seine eigene Hinrichtung phantasierte und schließlich masturbierte. Als Heranwachsender fühlte er sich unter Erwachsenen unterlegen, verbarg dieses Gefühl jedoch gut. Ein Vetter ermutigte ihn, indem er ihm das Tanzen beibrachte, aber er blieb weiterhin »schüchtern«, obwohl er, wenn er sich mit einem Mädchen verabredete, immer gleich sexuellen Verkehr zu fordern pflegte. Als er sechzehn war, hörte er zum erstenmal, wie seine Eltern sich anschrien; er war erleichtert, festzustellen, daß sie Gefühle äußern konnten. Angesichts der sterilen Umgebung, in der er aufgewachsen war, hatte er das Empfinden, daß es für ihn zu spät war, um zu lernen, wie man Gefühle äußert. Obwohl er sich für Mathematik interessierte, mußte er der Familientradition folgen und Jura studieren. Er entwickelte eine Phobie in bezug auf hochgelegene Plätze, besonders wenn er dabei eine Leiter hinaufklettern mußte.

Mit zweiundzwanzig machte er eine Reise mit einem Schulkameraden (mit der Erlaubnis seiner Mutter), während dieser Reise lernte er seine zukünftige Frau kennen. Sie zeichnete sich weder gesellschaftlich aus, noch war ihr Hintergrund dem seinen vergleichbar. Sie wurde schwanger, und vier Monate später heiratete er sie. Nach seinem Examen trat er in die Anwaltskanzlei seines Vaters ein, wo er sich auf einem Gebiet spezialisierte, das wenig Interaktion mit anderen Menschen verlangte. Während der Zeit, in der er in der Kanzlei seines Vaters arbeitete, gebar seine Frau ihr drittes Kind, einen Jungen, über dessen physische Ausstattung bei der Geburt einige Unsicherheit bestand und den seine Eltern später als gebrechlich und kränklich ansahen.

Bald nach der Geburt seines Sohnes verführte Brown eine Sekretärin, die Tochter eines Richters, die von ihm schwanger wurde. Sie ließ eine Abtreibung vornehmen, und die Affäre wurde beendet. (Die Art, wie der Patient diese Affäre erlebte und wie sie auf gespenstische Weise seine narzißtischen Phantasien förderte, wird später noch zur Sprache kommen.) Der Abbruch der Affäre fügte dem Patienten eine narzißtische Kränkung zu, außerdem bestand die Gefahr, daß seine Ehe auseinanderging; dies und der Kummer über die Gebrechlichkeiten seines neugeborenen Sohnes brachte seine Selbstachtung so stark aus dem Gleichgewicht, daß er schließlich fachmännische Hilfe suchte. Er suchte einige Male einen Psychiater auf, fürchtete sich aber vor ihm. Auch nachdem er mit seiner Familie in eine andere Stadt gezogen war, hatte er noch Schwierigkeiten und bemühte sich weiterhin darum, fachmännischen Rat zu finden. Ein weiterer Umzug führte ihn in die Stadt, in der er sich der Psychoanalyse unterzog. Hier bekleidete er eine Stellung, die seiner juristischen Ausbildung entsprach. Aber wieder war es eine Position, die minimalen persönlichen Kontakt mit anderen Menschen erforderte.

Die narzißtische Persönlichkeit und die Zwangspersönlichkeit

Zu Beginn seiner Analyse machte Brown den Eindruck einer Zwangspersönlichkeit mit einer gemischten Neurose, d. h. Phobien. Man sollte sich darüber im klaren sein, wie schwierig es ist, einen Patienten mit narzißtischer Persönlichkeitsstruktur von einem Patienten mit einem Zwangscharakter zu unterscheiden, der seine Analyse mit starken narzißtischen Abwehrmechanismen gegen ödipale Ängste oder sadomasochistische Impulse beginnt. Kernberg schlägt vor, genau auf die Art der Übertragung zu achten, die auftritt, wenn der narzißtische Übertragungswiderstand interpretiert wird. Er weist darauf hin, daß der narzißtische Patient, anders als der Zwangspatient, seine narzißtischen Abwehrmechanismen *nicht* in andere Übertragungsmuster verändert. »Hier schwankt die Übertragungsbindung zwischen narzißtischer Grandiosität und Überheblichkeit einerseits und primitiven, überwiegend paranoiden Tendenzen andererseits. Die über viele Monate und Jahre analytischer Arbeit hinweg bestehenbleibende vollständige Unfähigkeit des Patienten, den Analytiker als unabhängiges Objekt zu erfahren, ist charakteristisch für narzißtische Persönlichkeiten und steht in scharfem Gegensatz zu den Übertragungsbindungen in anderen Formen von Charakterpathologie, bei denen die Übertragung sich verschieben kann, um verschiedene, höchst spezifische Konflikte unterschiedlicher psychosexueller Entwicklungsstadien zu enthüllen, wobei der Patient den Analytiker in höchst differenzierter Weise als unabhängiges Objekt wahrnehmen kann ... Bei [Zwangspersönlichkeiten] wird das Wiederaufleben des infantilen Ichideals oder die Fixierung darauf nicht begleitet von einer primitiven Verschmelzung der Selbstvorstellung mit einem solchen Ichideal, auch nicht von einer gleichzeitigen Entwertung von Objektvorstellungen und äußeren Objekten« (Kernberg 1970a, S. 64). Darüber hinaus stellt Kernberg fest, daß das Wertsystem des narzißtischen Patienten im allgemeinen korrumpierbar ist und im Gegensatz steht zu der starren Moralität der Zwangspersönlichkeit. Außerdem hat das Individuum mit einem Zwangscharakter entschiedene Ansichten über gesellschaftliche, politische und ähnliche Probleme und zeigt Verständnis für die emotionalen Tiefen anderer Menschen, während es selbst »kalt« bleibt. Im Gegensatz dazu zeigt der narzißtische Patient oberflächliche Emotionen rascher und vorübergehender Art, jedoch auf dem Hintergrund emotionaler Kühle und Gleichgültigkeit. Es ist typisch für ihn, den analytischen Prozeß im Verlauf seiner Behandlung herabzusetzen, während er gleichzeitig eine intensive Übertragung entwickelt. Übertragungswiderstände bringen paranoide Entwicklungen hervor. Solche Patienten »lernen« die Methode der Analyse, um ihre Eifersucht auf den Analytiker abzuwehren. Sie betrachten die Analyse als Mittel, »vollkommen« zu werden, und es kann auch, wie Kernberg ebenfalls glaubt, eine verblüffende Besserung eintreten, wobei eine wachsende Depressions- und Trauertoleranz ein gutes prognostisches Zeichen ist. Ich habe Georges Depression und Trauer als Zeichen eines wichtigen Wendepunktes in seiner Analyse beschrieben (vgl. Kapitel 9).

Der Verlauf von Browns Analyse

Ich kann nur einen allgemeinen Überblick über Browns Analyse geben, und ich werde die klassische Übertragungsneurose nicht von seiner narzißtischen Übertragung trennen, die sie zeitweise überlagerte. Das klinische Bild war fast die ganze Zeit das einer gemischten Pathologie, aber es wird deutlich werden, daß die narzißtische Übertragung allen seinen Beziehungen zu Objekten zugrunde lag, bis sie aufgelöst war. Die Zusammendrängung der viereinhalbjährigen Psychoanalyse in diesen kurzen Bericht mag den falschen Eindruck vermitteln, der Patient habe schnelle Fortschritte gemacht; in der tagtäglichen Beschäftigung mit ihm waren jedoch viele der Sitzungen mit hartnäckigem Schweigen gefüllt, mit einer monotonen Entwertung des anderen und mit seiner unendlichen Bewunderung seiner eigenen verbalen Produkte. In Übereinstimmung sowohl mit Kernbergs (1970 a) als auch mit Kohuts (1971) technischem Standpunkt habe ich mich in die Entwicklung einer narzißtischen Übertragung nicht eingemischt.

Was nun folgt, ist eher eine klinische Beschreibung des tatsächlichen analytischen Prozesses als eine Definition von Manifestationen aus theoretischer Perspektive. Der Patient begann in einer starren Haltung auf der Couch und gab mit monotoner Stimme endlose Berichte von sich, die offensichtlich weniger als Mitteilung an mich gedacht waren denn als Produkte, die Erstaunen hervorrufen sollten. Nach einigen Wochen flog er zu dem Erholungszentrum seines Bruders, wo er eine Ausländerin verführte, die, wie sein Analytiker, mit einem Akzent sprach. Während der Sitzungen zählte er systematisch Symptome und Ereignisse auf, von denen er meinte, daß ein Analytiker sie kennen müßte, und lieferte viel »Geschichte« und viele Berichte über seine Höhenphobie. Ein Aspekt dieser Phobie wurde in einem Kindheitstraum aufgedeckt, in dem er auf eine Leiter geklettert war, um die Räume seiner Eltern auszukundschaften, die über dem Stockwerk lagen, in dem er mit den anderen Kindern und den Dienstboten lebte. Die gewöhnlich geschlossene Tür zum zweiten Stockwerk des split-level Hauses war zu einem Symbol der Geheimnisse des Erwachsenenlebens geworden; in seinem Traum war die Leiter, mit deren Hilfe er diese Geheimnisse zu durchdringen suchte, sehr wacklig, und er mußte den Versuch aufgeben.

Er bestand darauf, unsere Beziehung »formell« zu halten; er stellte indirekt meine »Ermutigung« auf die Probe und versuchte, mich hilflos zu machen. Er machte sich über die freie Assoziation lustig, sagte aber, er hoffe, seine Psychoanalyse »würde ein umwerfender Erfolg werden«. Er beschrieb einen Oliphant-Cartoon, der kleine Figuren am Rande des Hauptbildes hatte, und sagte, ich ähnele den Randfiguren. Das erste Jahr war erfüllt von Klagen über seine Frau — wie kalt sie war, wie wenig sie ihm gab. In seiner narzißtischen Übertragung sah er mich als eine Erweiterung seiner selbst; ich war eine Perle in seiner Krone oder — das andere Extrem — ein Abzugsrohr, in dem seine Verstimmungen weggespült werden konnten. Der narzißtische Kern seiner Persönlichkeit kam zum Vorschein: Er war der wahre Mittelpunkt der Erde; seine Wünsche waren dringende Notwendigkeiten. Seine Kinder erwähnte er selten, wenn nicht gerade eines von ihnen sich ihm überlegen gezeigt hatte. Es war für ihn notwendig, nicht nur Nummer Eins zu sein, sondern der Einzige.

Zu einem frühen Zeitpunkt in seiner Analyse berichtete er eine Erinnerung, die wahrscheinlich eine Deckerinnerung an den Tag war, an dem sein neugeborener Bruder nach Hause gebracht wurde. Er schaute an einem grauen Tage aus einer Garage heraus auf einen Baumstumpf ohne Zweige. Dieser repräsentierte seine Mutter, deren Oberkörper — ihre Brüste — nun von ihm getrennt war. Er spürte, daß seine Hinwendung auf sein eigenes Inneres zu diesem Zeitpunkt begonnen hatte; grau war die Farbe der Einsamkeit. Damals war er eifersüchtig auf seinen Bruder, später war er eifersüchtig auf mich und meine anderen Patienten. In den meisten seiner frühen Erinnerungen ging es um Geschwisterrivalität. Einmal hatte er den Kinderwagen seines Bruders vor einen fahrenden Bus gleiten lassen, eine Tragödie hatte gerade noch verhindert werden können. Während seine Familie dies für einen Zufall hielt, wußte der Patient, ohne dabei Reue zu fühlen, daß er versucht hatte, sich von seines Bruders Konkurrenz um die Aufmerksamkeit ihrer Mutter zu befreien.

Trotz rascher Aufwallungen von Eifersucht erlebte er Frustrationen niemals über längere Zeit hinweg; er wurde zu einem »Druckknopfmann«, der mit seinen Frustrationen fertig wurde, indem er eine Phantasie hervorrief, als ob er auf die Fernbedienung eines Fernsehapparates drückte. Er war auf der Suche nach »einer ermutigenden Frau«; später nannte er sein Ideal die »gütige Frau« *. Der Anblick einer Frau in einem Büro oder einem Restaurant pflegte komplizierte Tagträume bei ihm auszulösen, oft Tagträume, in denen er die Frau vor einer Vergewaltigung rettete.

Er verbrachte soviel Zeit mit Tagträumen, daß er während des ersten Jahres der Analyse Gefahr lief, seine Stellung zu verlieren. Er träumte und masturbierte bei der Arbeit und auch nachts, wenn er neben seiner Frau lag und sich zurückgewiesen fühlte, sofern sie nicht offen ihre Bewunderung für ihn zum Ausdruck brachte. Er masturbierte morgens, ehe er aufstand, und hängte seinen beschmutzten Schlafanzug dann so auf, daß seine Frau ihn finden mußte. Der genetische Aspekt dieses Verhaltens stammte aus dem Abscheu, mit dem seine Mutter seine Inkontinenz während einer Krankheit behandelt hatte, als er vier Jahre alt war; dahinter stand ein Wiederholungszwang und das Bedürfnis, die Reaktion seiner Frau zu testen. Im zweiten Jahr seiner Analyse kam er einmal mit befleckten Hosen in meine Praxis, kurz nachdem er masturbiert hatte, womit er versuchte, vergangene Ereignisse in unserer Beziehung zu wiederholen. Er machte sich Sorgen über seine Darmkon-

* »Bountiful« = gütig, großzügig, freigebig; »Lady Bountiful« = Gute Fee (Anm. d. Übers.).

trolle und schloß sich einmal mit seinem Kind zwei Stunden lang in der Toilette ein, bis das Kind defäkierte.

In seiner Übertragungsneurose wurde seine Mutter durch kaltes Wasser symbolisiert, sein Vater durch eine brennende Zigarre. Er hatte einen seiner seltenen Angstanfälle, als er mich eine Zigarre rauchen sah. Der genetische Aspekt hiervon kam an die Oberfläche, als aufgedeckt wurde, daß sein Vater ihn einmal in seiner Kindheit, als er ein Familiengebot gebrochen hatte, zu sich hergelockt hatte und seine brennende Zigarre gegen die Hand des Jungen gedrückt hatte. Die Möglichkeit, in seiner Übertragungsneurose Angst zu erleben, führte dazu, daß er seine Phantasien herbeirief. Manchmal lag er stundenlang auf der Couch, ohne zu sprechen, in einer Phantasie verloren; er erzählte dann, daß er in einem Zustand der Seligkeit mit einer »gütigen Frau« gewesen sei oder über den ödipalen Vater triumphiert habe, ohne den ödipalen Kampf wirklich auszutragen. Er war ein großartiger Stier in der Arena, wo »gütige Frauen« ihn mit Blumen überschütteten, wo er sich aber dem Matador nicht stellte. Wenn er mit einer ödipalen Situation konfrontiert war, hatte er ein Gefühl der Selbstkastration; in der Übertragungssituation wich er dem ödipalen Konflikt aus durch die Phantasie, Krebs zu haben, oder irgendeinen anderen Anspruch auf besondere Aufmerksamkeit.

Trotz der Analyse seiner Abwehrmechanismen gegen seine ödipalen Ängste und Konflikte fuhr er fort, diese Einsicht verächtlich zu machen und mich mit Gleichgültigkeit zu behandeln, da er verlangte, daß seine Analyse ihm Ruhm bringen müsse. Im zweiten Jahr wurde sein narzißtischer Kern offensichtlicher; er phantasierte eine eiserne Kugel, in der er lebte und von der aus er regierte. Sie bot Grenzen und eine Identität gegen die Außenwelt und erklärte, da sie hochdroben auf unsicheren Stützen hing, den prägenitalen Aspekt seiner Höhenphobie. Er fürchtete den Zusammenbruch seiner narzißtischen Welt und verriet seinen tatsächlichen Mangel an Selbstgenügsamkeit und sein lebenslanges Bedürfnis nach anderen. Die unsicheren Stützen wiesen auf seine Angst vor dem Wissen um seine oralen Bedürfnisse und dem Ausbruch verschlingender Impulse hin.

Am Ende des zweiten Jahres erzählte er einen Schlaftraum. Solche Berichte waren selten. In diesem Traum saß er auf einer Couch neben einem Mann, der seinen Analytiker repräsentierte; da er glaubte, daß sein Gefährte weiblich sei, begann er ihn zu streicheln, und entdeckte mit Entsetzen, daß er einen Mann streichelte. Das Wissen um sein Bedürfnis nach Nähe zu mir war nicht nur nicht akzeptierbar, sondern hatte auch homosexuelle Implikationen. Es folgte ein Zeitraum, in dem er sich offenbar in einer typischen Übertragungsneurose befand und an seinen homosexuellen Ängsten und seiner Kastrationsangst arbeitete. Plötzlich kehrte er in seine eiserne Kugel zurück, und ich erfuhr mehr über seine Glorifizierung seiner einsamen Welt, seine Selbstbewunderung, seine Entwertung meiner Person — wann immer ich als etwas anderes als eine Erweiterung seiner selbst erlebt wurde oder als jemand, der seine narzißtischen Forderungen nicht befriedigte — und über seine Eifersucht auf alles in der Außenwelt, das er für gut hielt. Er konzentrierte sich darauf, seine narzißtischen Interessen zu schützen, indem er z. B. in paranoide Wut geriet, als seine Frau sich seiner Schwester, die zu Besuch war, widmete und ihn nicht fragte, ob sie etwas für ihn tun könne. Diese Schwester gehörte in seinen Phantasien ihm; als sie heiratete, erlebte er eine kurze Frustration, Wut und Eifersucht, und verführte die Schwester des Bräutigams in der Hochzeitsnacht als Rache für den Verlust »seiner Frau«. Er empfand keine Reue wegen seines Verhaltens, da er glaubte, er habe jedes Recht, seine narzißtischen Bedürfnisse zu befriedigen.

Während der letzten Monate des zweiten Jahres seiner Analyse war er fähig, einen Tagtraum im Keime zu ersticken, indem er eine innere Stimme hörte: »Da fängst du wieder an! Wieder eine deiner Phantasien von einem vergewaltigten Mädchen!« Dies hatte ich einmal zu ihm gesagt; seine Selbstkontrolle zeigte seine Internalisierung meiner Person, die später durch Fragmentierung wieder verloren ging, wie sich in seinem Bericht vom Anblick des Gesichts eines Nachrichtensprechers zeigte, das durch eine Fernsehstörung fragmentiert war. Und er kehrte zu dem Tagtraum zurück, »wegen meiner Neugier« über den Ausgang.

Während dieser Zeit konnten wir die Bedeutung der Tatsache erforschen, daß er andere immer auf Abstand hielt, seine Angst vor dem Verlust seiner Omnipotenz und vor einem Ausbruch seiner Aggression, die zu zähmen ihm in der sterilen und beherrschten Umgebung seiner frühen Kindheit nicht möglich gewesen war. Die Übertragungssituation intensivierte sich und hatte eine psychotische Übertragungsqualität; zeitweise glaubte er, daß ich Hitze ausstrahlte, die ihm Kopf und Arme verbrannte. Ich *war* der »verbrennende Vater«. Es gelang ihm jedoch zu erkennen, daß er sich von seinem Vater eine Klischeevorstellung gemacht hatte. Sein Vater war tatsächlich sehr distanziert gewesen, aber vor seiner Heirat und seiner Kapitulation vor dem »kalten Wasser« der Mutter war er »wild« gewesen. Der Wunsch des Patienten, sich mit seinem Vater als jungem Mann zu identifizieren, war gefährlich. Wenn er freundlich und frei wurde, würde er Schwäche eingestehen müssen. Er erinnerte sich mit Erstaunen, daß er einmal, während er in der Kanzlei seines Vaters gearbeitet hatte, diesen zu Tränen gerührt gesehen hatte über den Verlust seines Bruders. Er stellte Betrachtungen an über die Fähigkeit seines Vaters, menschliche Gefühle zu äußern, und die Angst, daß ein Mann so warme Gefühle haben konnte, führte zu einer Regression auf etwas wie das Isakower-Phänomen. Bunte Ballons schienen seinen Mund zu füllen, während er auf der Couch lag. Ich erkannte, daß das Stillen durch seine Mutter nicht nur nährend, sondern auch erstickend gewesen war. Manchmal geriet er bei oralen Äußerungen in Panik; Farben und Formen wurden »schemenhaft«, er geriet in einen paranoiden Zustand und fürchtete, erdrosselt oder erstickt zu werden. Ich war eine dunkle und schattenhafte Gestalt, die seine Kindheitsangst vor Schatten in ihm wachrief.

Als das dritte Jahr näher kam, unterbrach er die Analyse für einen Monat, um an einer beruflichen Zusammenkunft teilzunehmen, die ihm wichtig war, weil sie ihm die Möglichkeit bot, zum erstenmal die »sozialen Aspekte« des Rechts zu studieren, aber auch, weil sie ihm die Gelegenheit gab, vor seinem intensiven oral-aggressiven Gefühl zu fliehen. Unmittelbar vor dieser längeren Unterbrechung kam er in die Sitzung und war innerlich stark mit der Wendung beschäftigt: »zuviel des Guten«. Er sprach über die gegenwärtige Dürre und phantasierte, daß er ausgedörrt sei und wiederbelebendes Wasser brauche, das ich ihm geben konnte. Die Analyse deckte Anzeichen dafür auf, daß er während seines ersten Lebensjahres von seiner Mutter, deren zweite Schwangerschaft bereits begonnen hatte, plötzlich entwöhnt worden war. Er hatte die »großzügige Mutter« niemals vergessen, die »zuviel des Guten« gewesen war. Nach dem Überfluß bedeutete die *durchschnittliche* Menge oraler Versorgung Entbehrung, und dies erklärte seine Angst, fern von der Mutter/dem Analytiker auszudörren. Er stimmte dieser Rekonstruktion zu und erinnerte sich an Aspekte seiner Kindheitsbeziehung zu seiner Mutter. Obwohl sie gefühlskalt war, hatte sie doch für ausgezeichnete Nahrung gesorgt; das Abendessen stand im Zentrum der zwischenmenschlichen Aktivitäten der Familie. Der Patient erkannte eine ähnliche Situation in seinem Verhalten gegenüber seiner Frau, die ihm wegen ihrer Kälte mißfiel, ihn aber durch ihre Geschicklichkeit, gutes Essen zuzubereiten, an sich band. Hinter seiner Lobpreisung der Einsamkeit lag diese intensive Beziehung zum anderen, dem gegenüber er kein Liebesbedürfnis zugeben konnte wegen seiner Angst vor Zurückweisung. Er begriff dies, ehe er auf seine einmonatige Reise ging.

Seine Beziehungen zu anderen hatten sich erheblich gebessert. Ein Jahr zuvor war er in Gefahr gewesen, seine Stellung zu verlieren, aber nun wurde er befördert. Vor der Analyse hatte er keine Freunde gehabt, nun hatte er viele. Seine Beziehungen zu seinen Eltern hatten sich gebessert, und er war seinen Kindern ein besserer Vater; aber im Grunde fuhr er fort, zu mir und zu seiner Frau aus der eisernen Kugel heraus in Beziehung zu treten, womit er mich manchmal langweilte und wodurch jeder Fortschritt im analytischen Durcharbeiten in der Übertragung hoffnungslos außer Reichweite erschien.

Nach seiner Rückkehr schien er eine Zeitlang, oberflächlich gesehen, freundlich zu seiner Frau und mir zu sein. Er schien seine eigene Verantwortung dafür, daß er die Menschen auf Distanz hielt, kritisch zu überprüfen, wie auch seine Art, Zurückweisung zu provozieren, um zu beweisen, daß Einsamkeit und Phantasie überlegene Sicherheit boten, wie z. B. dann, wenn er sich seiner Frau zu einem so unangebrachten Zeitpunkt sexuell näherte, daß eine Zurückweisung sicher war. Er war fähig, sich mit seinen Vagina-dentata-Ängsten auseinanderzusetzen und Urszenen-Erinnerungen zu berichten. Er hatte seinen Vater nach dem Geschlechtsverkehr nackt gesehen und den Schluß gezogen, daß die Narben, die sein Vater auf den Oberschenkeln und auf der Brust hatte, ihm von der Mutter während des sexuellen Aktes zugefügt worden waren. Dies warf Licht auf seine jugendliche Angewohnheit, ein Seil um seine Oberschenkel zu binden, und auch auf seine Affäre mit der Tochter des Richters, die, da sie zahlreiche Narben hatte, äußerlich den verstümmelten Vater und den kastrierten Patienten repräsentiert hatte. Er fühlte sich deshalb sicher bei ihr. Die Beziehung war auch insofern wichtig für ihn gewesen, als sie ein Mittel war, seinen Narzißmus zu befriedigen, da er aufgrund ihrer vielen gesellschaftlichen und physischen Mängel ihr gegenüber ein Gefühl der Überlegenheit hatte. Sie trug ein Gebiß und konnte darum Fellatio ausüben, ohne zu beißen. Einmal hatte sie einen bösartigen Tumor, der entfernt werden mußte, und sie war Kleptomanin. Im Vergleich zu ihr war er selbst ein Supermann.

Trotz dieser Veränderungen blieb jedoch der Kern der narzißtischen Übertragung im Grunde unverändert. Er hatte Angst vor meinem Angriff und suchte Zuflucht in seiner eisernen Kugel. Zu Beginn des vierten Jahres der Analyse begann ich seine spezifischen Phantasien und visuellen Bilder als Übergangsobjekte zu verstehen. (Ich werde dies später genauer ausführen.) Während wir diese Interpretation durcharbeiteten, las er einen Artikel über den Teddybär und die Art, wie manche Erwachsenen sich an solche Kindheitsschätze klammern. Als er sich eines Tages wieder in eine Lieblingsphantasie zurückzog, sagte ich: »Jetzt haben Sie Ihren Teddybären!« Er reagierte heftig, indem er schrie: »Ich hatte niemals einen Teddybären!«, und gelangte dann zu weiterer Einsicht in bezug auf die erstickende orale Befriedigung in seiner frühen Kindheit, die bald von Zurückweisung abgelöst wurde, und seinen Rückzug auf archaische pathologische narzißtische Positionen. Er verglich sich mit einem Heroinsüchtigen und sprach über seine Sucht nach bestimmten Phantasien. Phantasien und andere Bilder verloren langsam ihre magische Kraft. Er erlangte die Fähigkeit, Reue und Kummer zu empfinden, und sprach auch von Selbstmord. Er konnte seiner Frau sagen, daß er sie liebte, und er konnte mit den Kindern spielen. Zu Beginn seiner Analyse hatte er graue und hellbraune Anzüge getragen, die ihm seine »Garagen-Deckerinnerung« ins Gedächtnis riefen; wenn er mit anderen in Interaktion treten wollte, saß er in der Badehose am Rand des Schwimmbeckens und wartete darauf, bewundert und angebetet zu werden. Jetzt trug er farbenfrohe Kleidung, wurde aktiv in öffentlichen Angelegenheiten und unterstützte liberale politische Bewegungen. Sein Ruf als Rechtsanwalt wuchs. Er begann nun, mich mehr als seine eigenen Produkte als Übergangsobjekt zu benutzen. Er sah mich allmählich als ein anderes menschliches Wesen, und seine Neugier mir persönlich gegenüber erwachte. Er sagte, während er sich vor der Analyse in der Gesellschaft anderer Menschen immer nur als Anhängsel gefühlt habe, fühle er sich nun dazugehörig. Indem er sich an die Oliphant-Cartoons erinnerte, sagte er: »... die kleinen Gestalten um den Rand herum sind wichtig, sogar wichtiger als der Haupt-Cartoon. Ich habe Sie außerhalb des Rahmens gehalten, aber tief innen habe ich mich immer intensiv auf Sie bezogen.«

Die Schlußphase

Am Ende des vierten Jahres begann Brown über die Beendigung seiner Analyse zu sprechen. Indem er sich an sein Ziel erinnerte, »eine umwerfende Analyse« zu erleben, verkündete er traurig, daß sie ihn nicht zu einem »vollkommenen Supermann« gemacht habe, daß er aber glücklich sei, »vollkommen durchschnittlich« zu sein — später ließ er das »vollkommen« weg — und daß er sich freue, ein menschliches Wesen zu sein, das weder ganz unten noch ganz oben stehe und das die Freude und die Traurigkeit des Lebens sehe. Er fügte hinzu, daß er ein Spiel nun der Gesellschaft wegen genießen könne, ob er nun gewinne oder nicht. Er begann sich für die Instandsetzung und Renovierung seines Hauses zu interessieren. Ich merkte, daß diese Aktivität seinen Versuch zu einer strukturellen Veränderung innerhalb seiner selbst symbolisierte. Er genoß es, diese Arbeit zusammen mit seiner Frau zu tun, und erzählte mit Befriedigung, daß er seine Leiterphobie überwunden hätte. Er beschäftigte sich intensiv damit, einen Balkon in Ordnung zu bringen; ich interpretierte dies als Wunsch, die Brust seiner Mutter zu ersetzen. Nachdem er diese Interpretation akzeptiert hatte, machte ihm die Arbeit weiterhin Spaß, und ich hatte das Gefühl, daß er eine Sublimierung erreicht hatte. Während dieser Zeit fragte er seine Mutter, wie sie ihn gestillt hatte; bis dahin hatte er an seinem Glauben festgehalten, daß sie aufgrund ihrer Maisdiät viel Milch gehabt und ihn gestillt hatte. Auf einer Ebene war er überrascht, nun zu erfahren, daß sie ein paar Wochen lang versucht hatte, ihn zu stillen, aber das Gefühl gehabt hatte, ihre Milch sei »schlecht« für ihn, und ihn deshalb auf Flaschennahrung umstellte. Auf einer anderen Ebene jedoch war weder der Patient noch ich überrascht. Während regressiver Erlebnisse wie dem Isakower Phänomen hatte er den visuellen Eindruck einer Horizontlinie beschrieben, und er erkannte nun, daß die »Horizontlinie« aus nebeneinander stehenden Flaschen gebildet wurde. Er erinnerte sich an eine Gestalt aus einem Cartoon, die Menschen ersticken konnte, indem sie ihr »Wassergesicht« über sie legte. Es war notwendig, unsere frühere Konstruktion, daß er übermäßig und aggressiv gestillt worden sei, aufs neue zu überprüfen.

Zu Beginn des fünften Jahres seiner Analyse fing er an, statt Tagträumen nächtliche Träume zu berichten. Sie bezogen sich besonders auf die Rekapitulation seiner ödipalen Konflikte. In einem dieser Träume ließ sein Vater, der als solcher erkennbar war, ihn sich in einem Flughafen verirren, aber der ebenfalls erkennbare Analytiker brachte ihn auf den richtigen Weg zurück. Periodisch kehrte er zu seinen Lieblingsphantasien zurück, aber sie hatten nun ihre magische Kraft verloren und befriedigten ihn nicht mehr. Er fragte nach der Aussprache meines türkischen Vornamens und sagte, daß er nach der Beendigung seiner Analyse eine Freundschaft mit mir aufrechterhalten und mich beim Vornamen nennen wollte. Er assimilierte die Ereignisse, die ihn dazu geführt hatten, psychiatrische Hilfe zu suchen, und die diesen Schritt notwendig gemacht hatten. Er erkannte, daß es seiner Affäre mit der Tochter des Richters an Substanz fehlte und daß sie fast psychotische Qualitäten hatte; er sah seine Geliebte als »Geist« und die ganze Affäre als »nebelhaft«. Es war gespenstisch, wie seine narzißtischen Phantasien sich materialisiert und die Grenzen zwischen Realem und Irrealem verwischt hatten. Er konnte tatsächlich Sex und andere Selbstbefriedigungen willkürlich herbeiführen, genau wie das Größen-Selbst seiner Phantasien.

Nach etwa viereinhalb Jahren Analyse berichtete er einen Tagtraum, der sich sehr von seinen gewöhnlichen, narzißtisch orientierten Lieblingsphantasien unterschied; dies brachte uns beide dazu, die Beendigung der Analyse zu erwägen. Sein neuer Tagtraum bezog sich auf Heinrich VIII., der ihn seit einiger Zeit faszinierte und dessen Biographie er gerade las. Da er sich selbst als omnipotent, göttlich, tyrannisch und als Herrn über eine Sammlung von Frauen sah, assoziierte er sich offen mit dem König. In seiner Phantasie war der Patient als Führer einer demokratischen Kolonie in England, die unter der Ägide einer ausländischen Macht neu gegründet worden war; sie sollte einen unbeschwerten demokratischen Lebensstil nach England bringen. Er nahm Heinrich gefangen und warf ihn ins Gefängnis, wobei er sich durch das Bewußtsein schmeichelte, daß er Heinrich töten könnte, es aber nicht zu tun brauchte, da der König im Gefängnis sicher aus dem Wege geräumt war.

Er erinnerte sich daran, wie ich ihn einmal einen tyrannischen kleinen König genannt hatte. Er gab zu, daß er, während er in der Vergangenheit Stunden damit verbracht hatte, seine Zukunft und das Ende seiner Geschichten in allen Einzelheiten auszuspinnen, sich nun damit zufriedengab, daß die Ereignisse in der Kolonie ihren Lauf nehmen würden. In der Phantasie von der Kolonie internalisierte er mich nicht als archaisches aggressives Bild, das entschlossen war, gegen sein Größen-Selbst zu kämpfen. Der übrige Teil der Phantasie machte dies deutlich; in dem Buch über Heinrich VIII. wies eine Anmerkung auf die Macht der Türken zu jener Zeit hin und beschrieb ihren Angriff auf die Tore von Wien. In seiner Phantasie waren es nicht die aggressiven Türken, an die er sich um Hilfe wandte, sondern die freundlich gesinnte fremde Macht. Nachdem der Patient diesen Bericht gegeben hatte, erzählte er, daß er am vorhergehenden Tage von einem starken Bewußtsein der Nähe zu seiner Frau überrascht worden wäre.

Später, nachdem er das Kapitel über den Tod Heinrichs VIII. gelesen hatte, brachte er weitere Assoziationen. Heinrich war ein dicker Mann, »weil er essen konnte, was er wollte«; er repräsentierte damit für den Patienten sein infantiles hungriges Selbst ebenso wie die Kind-Mutter-Einheit. Die Mutter wurde als ebenso dick erlebt wie Heinrich VIII., während und unmittelbar nach der Zeit, als sie mit dem Patienten schwanger gewesen war und soviel Mais gegessen hatte.

Er begann, seinen Penis, den er in seinem Narzißmus als riesig angesehen hatte und den er nur zum Zwecke des Geschlechtsverkehrs zu haben glaubte, als kleiner und zum Lieben bestimmt zu erleben. Als er eines Tages bemerkte, daß eine Seite seines Hodensacks kleiner war als die andere, hatte er die Phantasie, daß seine Hoden verkümmerten. Als er dann einen Arzt aufsuchte, erfuhr er, daß seine Keimdrüsen verschie-

den groß waren. Ich erwähnte, daß er eine solche häufig vorkommende Ungleichheit sicher sogar schon bei Hunden festgestellt hätte. Es war seine narzißtische Besetzung, die seinen Hodensack einzigartig gemacht — und seine »eiserne Kugel« glorifiziert hatte.
Als er eine verhältnismäßig intensive Traurigkeit über die näherkommende Trennung empfand, sagte ich ihm, daß ich nun bereit sei, über seinen Wunsch nach einer Beendigung der Analyse zu sprechen und ihm zu helfen, ein Schlußdatum festzusetzen. Er reagierte auf diesen Vorschlag mit hektischer Aktivität und mit einem Traum, in dem er Geld stahl, es unter seinen Mantel stopfte und auf einem Fahrrad davonfuhr, »dem Sonnenuntergang entgegen«. Ich interpretierte seine auf Festhalten gerichtete Abwehr der Trennung.
In dieser Nacht zerstörte er zuhause in der Toilette »aus Versehen« die Toiletteninstallation. Er hatte eine Phantasie, in der er mit Faeces vollgestopft und begierig darauf war, ein »großes, schönes Stück« davon auf meiner Praxis-Couch zu hinterlassen, als eine Gabe, die sie so beschmutzen würde, daß kein anderer Patient sie je wieder benutzen und seinen Platz einnehmen würde. So könnte er mich für immer behalten. Er wollte das perfekte Exkrement produzieren, obwohl er begriff, daß es so etwas nicht gab.
Wir sprachen über die Möglichkeit, daß er, wenn ich das Schlußdatum festsetzte, dies als Zurückweisung empfinden und mit dem Wunsch reagieren könnte, in seine eiserne Kugel zurückzukehren, während er, wenn ich darauf warten würde, daß er das Datum festsetzte, auch in dieser Reaktion eine Zurückweisung sehen könnte, da er mich dann als gleichgültig gegenüber seinen Problemen empfinden würde. Schließlich bestimmten wir das Schlußdatum im Verlaufe eines Gesprächs über den Begriff der Gegenseitigkeit.
Während des letzten Jahres seiner Analyse nahm das Interesse Browns an seinem Sohn zu. Der Junge, der von seiner Mutter als gebrechliches Kind angesehen wurde, hatte Individuationsschwierigkeiten und zeigte zeitweise Symptome. Während der Schlußphase seiner eigenen Analyse übernahm Brown die Initiative und stellte seinen Sohn einem Kinderpsychiater vor, obwohl er sich früher wegen der erwarteten »Wut« seiner Frau über einen solchen Schritt davon hatte abhalten lassen. Als auf sein Drängen hin die psychiatrische Behandlung des Kindes begonnen wurde, nahm er jedoch mit Freude und großer Überraschung wahr, daß seine Frau mit warmer Zustimmung reagierte. Er konnte auch andere Beispiele eines angemessen selbstbewußten Auftretens bei der Arbeit und in seinem täglichen Leben ganz allgemein berichten.
Eine Woche vor Beendigung der Analyse hatte er im Auto, als er zu

einer geschäftlichen Besprechung außerhalb der Stadt fuhr, eine Phantasie. In dieser Phantasie hatte er einen Autounfall, der die linke Seite seines Gesichts zerstörte. Er phantasierte, daß er zu einer Operation zur Wiederherstellung seines Gesichts in ein Krankenhaus gebracht wurde; meine Praxis befindet sich in einem Krankenhaus. Man kann die Verletzbarkeit der linken Seite des Gesichts beim Autofahren mit der Verletzbarkeit in Verbindung bringen, die dadurch entsteht, daß diese Seite des Patienten offen daliegt, wenn er in meiner Praxis auf der Couch liegt.

Seine Assoziationen zeigten, daß er sehr frühe pathogene Phantasien analysierte, die sich um seinen Konflikt bei der psychischen Trennung von seiner Mutter drehten, der durch unsere nahende Trennung reaktiviert wurde. Er hatte die Empfindung, daß die linke Seite seines Gesichts beim Stillen auf der Brust der Mutter geruht hatte. In den letzten Monaten hatte er die Angewohnheit entwickelt, sich, während er auf der Couch lag, sanft die Seiten seines Gesichts zu massieren; jetzt konnte er verstehen, daß er versucht hatte, Grenzen um sein Gesicht zu ziehen. Während er über seine Phantasie sprach, brachte er eine Analogie, indem er sagte, daß sein Versuch, in der Analyse zu erfahren, wo die Haut seines Gesichtes endete, wie der Versuch eines Tauben sei, sprechen zu lernen, indem er seine Stimmbänder fühlte. Wiederum erinnerte er sich an die Cartoon-Gestalt mit dem »Wassergesicht« und erlebte noch einmal den erstickenden Aspekt der frühen Interaktion mit der Mutter.

Dann sprach er über einen Film mit dem Titel »Das Dorf der Verdammten«, der ihn sehr beeindruckt hatte. Die seltsamen Kinder, die in diesem Film auftraten, besaßen geheimnisvolle Kräfte und konnten andere nach ihrem Willen handeln lassen, indem sie sie einfach ansahen; er glaubte, sie handelten so aus Selbstverteidigung. Er dachte, daß er sich als Kleinkind in der Wiege im Besitz einer solchen Kraft gefühlt haben könnte, deren er sich bediente, weil er meinte, andere könnten ihn vernichten. In der Vergangenheit waren seine intimen Beziehungen verwischt gewesen, aber er hatte keine Schwierigkeiten gehabt, sich in nicht intimen Beziehungen als ein von den anderen getrenntes Wesen zu erleben. Er erinnerte sich an einen vorher verdrängten Gedanken, den er während der Affäre mit der Tochter des Richters gehabt hatte, den Gedanken, sie zu einer Erweiterung seines Körpers zu machen. Er wußte jedoch nun, daß er intimen Hautkontakt mit einem anderen Menschen erleben konnte ohne Gefahr für die Integrität seiner eigenen Haut.

Nach fünf weiteren Sitzungen wurde die Analyse beendet.

Die Untersuchung einiger von Browns spezifischen Phantasien enthüllte verschiedene Ebenen ihres Bedeutungsgehalts und das, was ich als die ihnen zugrunde liegende Funktion als Übergangsobjekte bezeichnen möchte. Er schien nach einigen dieser Phantasien süchtig zu sein, die er aus einem unendlichen Vorrat von Möglichkeiten ausgewählt hatte; diese benutzte er immer wieder, wann immer er das Bedürfnis danach hatte. Es gab einige Veränderungen, was ihren oberflächlichen Inhalt betraf, aber die Grundthemen blieben dieselben. Er gab diesen Phantasien Namen, und manchmal sagte er, statt sie in den üblichen Einzelheiten zu erzählen, einfach: »Ich hatte wieder eine von meinen Soundso-Phantasien.« Die hauptsächlichen Themen waren die gütige Frau, das vergewaltigte Mädchen, der großartige Stier, der größte Baseball-Spieler und die eiserne Kugel. In der Phantasie von der gütigen Frau pflegte er von einer Frau angebetet zu werden, die ihn auf seinen Wunsch in jeder Beziehung befriedigte, ihm Nahrung, Sex usw. gab. In der Phantasie von dem vergewaltigten Mädchen rettete er Mädchen vor einer Vergewaltigung, und sie wurden seine Sklavinnen. Als großartiger Stier wurde er von bewundernden Frauen mit Blumen überschüttet, stellte sich aber niemals dem Matador. Als größter Baseball-Spieler spielte er hervorragend, immer allein, in glorifizierter Isolation. Die eiserne Kugel selbst war sein glorifiziertes Königreich.
Einige seiner Aktivitäten im realen Leben basierten auf seinen Phantasien, wann immer das möglich war, so daß manche Züge seines Verhaltens traumhafte Elemente enthielten und keine Realitätsbasis hatten. Seine Ehe enthielt ein spürbares Element der Phantasie vom vergewaltigten Mädchen, er konnte sie als real wie auch als irreal erleben. Auch seine große, so lange glorifizierte Liebesaffäre hatte etwas Schemenhaftes. Während des ersten Jahres der Analyse sprach er von ihr als der wunderbarsten, erhabensten Liebesaffäre, die ein Mann erleben konnte, obwohl sie in Wirklichkeit ganz spezifische Konflikte aus unterschiedlichen psychosexuellen Stadien zeigte. So repräsentierte die Geliebte z. B. die Mutter und die Schwester ebenso wie seinen kastrierten Vater und ihn selbst. Seine Kastrationsängste wurden verdeckt von den Narben auf dem Körper seiner Geliebten, und seine Vagina-dentata-Ängste wurden verdrängt, weil sie keine Zähne hatte.
Die Phantasien enthielten ähnliche Kondensierungen verschiedener Ebenen mit psychosexueller Implikation. Ein Aspekt der Phantasie von dem vergewaltigten Mädchen betraf seine Vorstellung, daß seine Mutter durch seinen Vater vergewaltigt worden sei, die sich auf seine eige-

ne Geburt neun Monate nach ihrer Heirat gründete; darüber hinaus hatte er seine Frau »vergewaltigt«, ehe er sie heiratete. In der Phantasie vom großartigen Stier weigerte er sich bedeutsamerweise, sich dem Matador zu stellen — dem kastrierenden Vater. Seine Reaktion auf Interpretationen dieser Art führte niemals zu Angst, die hätte mobilisiert werden können, um die Phantasien aufzugeben. Sie waren eindeutig narzißtisch; ihnen allen lag ein glorifiziertes Selbstbild zugrunde. Er war der großartige Retter des vergewaltigten Mädchens, das seine anbetende Sklavin wurde, und etwas von demselben sublimen Bedeutungsgehalt wurde in die Realität seiner Beziehung mit der Tochter des Richters hineingebracht.

Kernbergs (1970 a) Beschreibung der Phantasien von Patienten mit narzißtischer Persönlichkeitsstruktur, mit ihrer Verschmelzung von idealem Selbstbild, idealem Objektbild und Selbstbild und der Eliminierung der Abhängigkeit von äußeren Objekten, läßt sich auf diesen Fall anwenden. In seiner Liebesaffäre ebenso wie in seinen Phantasien von »gütigen Frauen« war schwer zu erkennen, wo er selbst aufhörte und wo seine Geliebte anfing. Sie verschmolzen oral miteinander, wie beim Küssen oder der Fellatio, oder wurden eins durch Hautkontakt. Die Interpretation dieser Aspekte ebenso wie der ödipalen oder anderer psychosexueller Aspekte seiner Phantasien trug nicht dazu bei, ihre Benutzung einzuschränken, und ich erkannte, daß sie Illusionen zum Schutze seines Narzißmus und seiner Omnipotenz waren und Brücken zwischen Ich und Nicht-Ich. Kohut (1971) hat betont, daß eine direkte Interpretation des Inhalts sexueller Phantasien in solchen Fällen, selbst retrospektiv, nachdem der Patient aufgrund von nicht-sexuellem Material Einsicht gewonnen hat, vorsichtig versucht werden sollte und hinter der Demonstration, daß die Sexualisierung von Defekten und Bedürfnissen dazu dient, intensive narzißtische Spannungen abzuführen, als sekundär zurücktreten sollte.

Brown mißbrauchte seine Phantasien durch übermäßige Benutzung, genauso wie ein Kind sein Übergangsobjekt mißbraucht. Er pflegte eine Phantasie von der »gütigen Frau« anzufangen, sie zu Ende zu führen, sie mit geringfügigen Variationen wieder von neuem anzufangen, sie zu beenden und sie dann mit weiteren Variationen zu wiederholen — fast, als ob er den boshaften Drang fühlte, ein greifbares Objekt zu kneifen und an ihm zu zerren. Dann pflegte er sie wegen ihrer tröstenden Qualitäten liebevoll zu hegen, wenn er schlafen ging.

Das Material für seine Phantasien bezog er aus dem, was gerade zur Hand war. Äußere Reize wie der Anblick einer interessanten Frau, die durch seine innere Disposition verändert erschienen, nährten seine Lieblingsphantasien. Dann befand er sich in der merkwürdigen Lage, die äußeren Objekte selbst zu akzeptieren oder nicht zu akzeptieren. Die Benutzung der Phantasien, als ob sie immaterielle Vertretungen eines Übergangsobjektes wären, schützte ihn vor der totalen Verschmelzung von Selbst- und Objektbildern, vor allgemeinen psychotischen Manifestationen und vor Affekten, besonders vor solchen, die aus einer allmählichen Desillusionierung entstehen. Diese Aktivität erinnert an Fintzys (1971) Bericht über das geheime Übergangsobjekt eines Borderline-Kindes (der in Kapitel 8 ausführlich besprochen wurde, vgl. den Abschnitt »Erweiterung des Konzepts von Übergangsobjekten und -phänomenen«); obwohl Fintzy eher von unbelebten Objekten als von immateriellen Übergangsphantasien spricht, gleicht seine Argumentation der meinen. Der Meinung Modells (1963) folgend, daß die Objektbeziehungen des Borderline-Patienten im Stadium des Übergangsobjekts stehengeblieben sind, stellt er die Frage, ob eine Fixierung nicht eine graduelle lebenslange Transformierung von Übergangsobjekten verursachen kann. Er ist der Auffassung, daß die verborgene Existenz eines unerkannten Übergangsobjekts die Trennung von der Mutter auf magische Weise rückgängig machen kann. »Dieser plötzlich auftretende symbolische restitutive Prozeß erlaubt es dem Patienten, den Weg des täglichen Lebens unbeschwert zurückzulegen, denn das ersehnte und vielleicht sporadisch erlebte Paradies des ersten Jahres ist rekonstruiert worden« (Fintzy, 1971, S. 111). Wenn während der Regression innerhalb der Analyse Browns seine Lieblingsphantasien auf »schemenhafte« Gedanken oder Vorstellungsbilder reduziert wurden, waren sie in gewisser Weise dem Konzept der Übergangsobjekte näher als dann, wenn es sich um ausgearbeitete Phantasien gehandelt hätte. Die Kontrolle jenes Bereiches, in dem innere und äußere Realiäten getrennt sind, aber miteinander in Beziehung stehen, durch den Gebrauch von Übergangsphantasien, mußte in der Analyse durchgearbeitet werden, um meinen Patienten zu einem Entwicklungsfortschritt zu befähigen, indem er seinen Analytiker als Übergangsobjekt benutzte. Danach wurde eine weniger narzißtische Objektbeziehung möglich.

Mein Patient begriff nur langsam, daß er Phantasien als Übergangsobjekte benutzte. Als er, am Ende des dritten Jahres, über mich sprach, als ob ich ein seinen Wünschen unterworfener Sklave sei, gab ich ihm zu verstehen — wahrscheinlich als Gegenreaktion von meiner Seite —, daß unser Kontrakt in zwei Richtungen galt und aufgehoben werden konnte, wenn die gemeinsame Arbeit keinen Sinn mehr hatte. Dies versetzte ihm einen Schock; die Möglichkeit einer Trennung erhöhte sein Bedürfnis nach Phantasien, mit deren Hilfe er seine Trennungsangst verbergen konnte. Zu diesem Zeitpunkt hatte er nicht nur in reichem Maße Phantasien, sondern auch eine Vielfalt von visuellen Bildern. So hatte er, als ich ihm sagte, er mache sich über die freie Assoziation lustig, statt Angst zu fühlen, z. B. ein visuelles Bild von der freien Assoziation — eine Kette von Güterwagen, die zusammen einen Zug bildeten. Affektbeladene Ideen wurden in visuelle Bildhaftigkeit übertragen. Als es mir gelang, seine Neugier bezüglich dieses Phänomens zu wecken, erklärte er, daß er in diesen Bildern wie auch in seinen ausführlichen Phantasien all seine Sinne überbesetzte, so daß er sah, roch, schmeckte, hörte und berührte, was in seinen Phantasien auftrat. Jede Phantasie hatte für ihn, in Übereinstimmung mit Winnicotts Beschreibung des Übergangsobjektes, eine »eigene Realität«.

Ich erkannte, daß er außerordentlich kreativ war. Zeitweise war ich fasziniert von seinen gelungenen Analogien und den kreativen Bildern, die seine Gefühlszustände wiedergaben, aber manchmal fühlte ich mich auch gelangweilt, weil er sich ständig wiederholte, und weil ich wohl merkte, wie er in seinen Bildern gefangen war. Ich erinnerte ihn an seine kürzlich erlebte Frustration beim Schreiben eines Berichtes, der für seine Arbeit außerordentlich wichtig war. Ich ermutigte ihn, darüber nachzudenken, wie er seine kreativen Energien adaptiver und erwachsener verwenden könnte, indem ich ihn darauf hinwies, daß seine Phantasien, während sie zweifellos in seiner Kindheit in einer sterilen Umgebung einen adaptiven Wert gehabt hatten, in seinem Erwachsenenleben als Puffer dienten, um die Realitäten des Erwachsenseins nicht erkennen zu müssen. So begannen wir die Benutzung von Phantasien als Übergangsobjekte zu interpretieren. Er verlangte die Garantie, daß die Aufgabe seiner Lieblingsphantasien ihn zu einem »vollkommenen Mann« in realen Beziehungen machen würde. Er wußte, daß die Erfahrung von Traurigkeit und Frustration im realen Leben ihn auf seine Phantasien zurückwerfen könnte, daß aber seine Neugier auf ein nicht durch Illusionen verzerrtes Leben die Oberhand gewinnen würde.

Wichtiger als seine verbale Anerkennung der Tatsache, daß er Phantasien als Übergangsobjekte benutzt hatte, war vielleicht die Durcharbeitung seiner Sucht nach ihnen; diese begann im dritten Jahr seiner Analyse, als in der Übertragung offenbar wurde, daß er meine Person als Übergangsobjekt benutzte. Ich fühlte mich bis zu einem gewissen Grade mit ihm verschmolzen, gerade so, wie er mich mit äußeren Objekten verschmolz. Später trennte ich mich seinetwegen von anderen Objekten, als ob ich eine Grenze um mich zog, als ob ich ihn lehrte, daß ich ein Individuum in der Außenwelt sei, ein Objekt, und daß er,

wenn er mich als solches sehen könnte, auch andere Dinge in der Außenwelt getrennt wahrnehmen könnte. Er unterschied mich nicht von anderen Psychiatern, die er beruflich oder gesellschaftlich kennengelernt hatte, aber ich bestand darauf, daß ich einmalig sei. Er lernte allmählich, daß ich nicht die Ausländerin war, mit der er zu Beginn der Analyse geschlafen hatte und die er als seine Sklavin ansah. Während und nach dieser Phase wurde er in frustrierende Ereignisse verwickelt, wie ich glaube, mit Absicht, um die Natur des Lebens zu entdecken.
Eine weitere Annäherung an die Realität wurde in der analytischen Situation geübt, wenn ich gelegentlich seine häufig gebrauchten Wendungen »Ich nehme an« oder »Ich glaube« als Überbleibsel seiner Unverbindlichkeit gegenüber der realen Welt interpretierte, als Zeichen seiner Anstrengung, seine Objekte transitorisch zu halten. So interpretierte ich z. B., wenn er sagte: »Ich werde heute abend mit meiner Frau — ich nehme an, im Holiday Lodge — zu Abend essen«, sein »Ich nehme an« als Bemühen, die Verabredung zum Abendessen mit seiner Frau zugleich real und irreal zu halten, da ich wußte, daß er den Namen des Restaurants sehr wohl kannte. Ein weiterer Beweis dafür, daß seine spezifischen Phantasien Übergangsphantasien waren, ergab sich aus seiner Entdeckung, daß er nicht wußte, was sie zu jeder beliebigen Zeit in Gang setzten, selbst dann nicht, als er gelernt hatte, sie, sobald sie auftauchten, im Keime zu ersticken. Obwohl er verstandesmäßig wußte, daß seine Phantasien seine eigenen Schöpfungen waren, fühlte er sich nicht für sie verantwortlich, und ihr scheinbar spontanes Auftreten stellte manchmal seine verstandesmäßige Einsicht, daß er sie selbst initiiert haben mußte, in Frage. Erst im fünften Jahr seiner Analyse akzeptierte er schließlich die Verantwortung für seine Phantasien. Von da an verstand er sie als »Kissen um mich herum«.

Was wurde aus Brown?

Drei Jahre sind vergangen, seit Brown seine Analyse bei mir beendete. Ich habe keinen direkten Kontakt mit ihm gehabt, so daß ich sagen kann, daß ich nichts über sein weiteres Ergehen weiß, außer ein paar kurzen Berichten, die ich während des ersten Jahres nach Beendigung seiner Analyse von dem Kinderpsychiater erhielt, der Browns Sohn behandelte. Brown und seine Frau waren gelegentlich zur Konsultation in die Praxis des Psychiaters gekommen. Der Psychiater stellte fest, daß er sich angemessen um das Wohl seines Kindes sorgte, und empfand ihn als angenehm und bestimmt. Nach Ansicht des Psychiaters spielte

Browns Frau eine große Rolle bei den Individuationsschwierigkeiten des Kindes. Seiner Beschreibung nach war sie ängstlich darauf bedacht, den Jungen erwachsen werden zu lassen, »klebte« aber zugleich an dem Kind.

Ein Jahr später hörte ich bei einem gesellschaftlichen Anlaß von jemandem, der Brown kannte, daß sein guter Ruf als Rechtsanwalt zugenommen hatte und daß er eine ansehnliche Karriere aufbaute. Mein Informant hatte gehört, daß Brown sich von seiner Frau getrennt hatte und vor der Scheidung stand. Ich beteiligte mich nicht an diesem »Gesellschaftsklatsch« und erwähnte auch nicht, daß ich Brown einst »gekannt« hatte.

11

Primitive internalisierte Objektbeziehungen und Neurose

Wir können nicht von einer Pathologie der internalisierten Objektbeziehungen bei Neurotikern sprechen, da das Erreichen der Ebene der Neurose die Präsenz sowohl einer integrierten Selbstvorstellung als auch einer integrierten internalisierten Objektvorstellungswelt anzeigt. Sollten wir aber annehmen, daß eine »Spannung« beim Reparieren der primitiven Spaltung, eine »Schwäche« im reparierten Bereich, zur Bösartigkeit einer neurotischen Situation beitragen können?

Primitive internalisierte Objektbeziehungen und Transsexualismus

Bis hierher haben wir Überlegungen darüber angestellt, wie prägenitale Aspekte der Behandlung von Schizophrenen, Borderline-Patienten oder narzißtischen Patienten unter neuen Gesichtspunkten untersucht werden können, wenn die Kenntnis der Psychopathologie der internalisierten Objektbeziehungen auf sie angewandt wird. Die manisch-depressive Psychose habe ich in diesem Zusammenhang nur deswegen nicht untersucht, weil ich niemals einen Patienten mit dieser Diagnose analysiert habe.

Wie wir in unserer Arbeit mit Transsexuellen (Volkan und Bhatti, 1973; Volkan, 1974d, 1974e) festgestellt haben, trägt die Anwendung der Theorie der internalisierten Objektbeziehungen außerordentlich zum Verständnis dieses Phänomens bei. Unsere dreijährige Arbeit mit diesen rätselhaften Patienten an der University of Virginia ergab Beweismaterial, das die Auffassung von Socarides stützt, der Wunsch des Transsexuellen nach Geschlechtsveränderung rühre aus denselben Faktoren her, die in den anderen Perversionen vorhanden sind.

»Der sexuell Pervertierte, einschließlich des Transsexuellen, ist nicht fähig, die symbiotische Phase und die Trennungs-Individuationsphase der frühen Kindheit erfolgreich zu durchlaufen, und dies schafft die ursprüngliche Angst, aus der sexuelle Perversionen entstehen. Die Quelle der ursprünglichen Angst des Pervertierten liegt in dieser prä-ödipalen Periode. Sexuelle Perversion dient der Verdrängung des zentralen Kernkomplexes: des Dranges, auf eine prä-ödipale Fixierung zu regredieren, in dem ein Wunsch nach und eine Furcht vor der Verschmelzung mit der Mutter vorhanden ist, um die primitive Mutter-Kind-Einheit wiederherzustellen« (Socarides, 1970, S. 347).

Unsere vorläufigen Feststellungen zeigen, daß der männliche Transsexuelle nicht nur eine Frau sein will, sondern eine »nur gute« Frau. Das klinische Bild des Transsexuellen und die Beobachtung seines Verhaltens nach der Operation zeigen, daß er nach einer Kind-Mutter-Einheit sucht; ich habe jedoch herausgefunden, daß es sein Ziel ist, »nur rein« und frei von Aggression zu sein. Da er den Penis als Instrument der Aggression betrachtet, verlangt er seine Entfernung. Den nicht integrierten Selbstbegriff »rein« zu erhalten, erfordert einen ständigen unbewußten Kampf gegen seine andere Hälfte — die »böse« und aggressive Komponente. Obwohl diese aggressive Komponente mit Gewalt entfernt werden kann, verschwindet sie niemals gänzlich, sondern sie bleibt weiterhin bedrohlich. So ist im weiblichen Kern des männlichen Transsexuellen der Abwehrmechanismus der primitiven Spaltung »nur guter« von »nur bösen« Vorstellungen entlang affektiver Bahnen zu beobachten. Es ist nicht verwunderlich, daß, nachdem die Operation den männlichen Transsexuellen in eine »Frau« verwandelt hat, sein vorherrschendes Symptom — die starke Beschäftigung mit der Erscheinung der Genitalien — wiederkehrt. Während der Mann vor der Operation dauernd mit seinem Penis beschäftigt war, ist »sie« nun dauernd mit der neugeformten Vagina beschäftigt. Sie erscheint »ihr« unvollkommen, und »sie« verlangt Vollkommenheit. Es zeigt sich, daß die Abwehr der Angst die ganze Zeit mehr in dem Streben nach Perfektion als in dem unmittelbaren Ziel der physischen Verwandlung bestand. Nun fordert die »Vollkommenheit« die Veränderung der Beine in weiblichere Formen, eine Reduzierung der Größe des männlichen Adamsapfels usw.

Es wird deutlich geworden sein, daß ich nicht mit Stollers (1973) Meinung übereinstimme, daß die »Geschlechtsidentität« (eine Reihe von Überzeugungen im Hinblick auf Probleme von Männlichkeit und Weiblichkeit) beim männlichen Transsexuellen während der frühen Mutter-Kind-Beziehung durch einen nicht konflikthaften, nicht dynamischen Lernprozeß wie beim Auswendiglernen geprägt und in einen Gegensatz zur natürlichen Anlage gebracht wird. Auch die Abwehrorganisation des weiblichen Transsexuellen (Volkan, 1974) zeigt Ähnlichkeit mit der Abwehrorganisation von Patienten mit einer Borderline-Persönlichkeitsorganisation.

Das Individuum, das Stadium IV in Kernbergs Klassifizierung (1972a) erreicht hat, ist nicht psychotisch und auch kein Borderline-Fall. Es ist neurotisch oder »normal«; in beiden Fällen können wir nicht von einer Pathologie der internalisierten Objektbeziehungen sprechen, aber es mag nützlich sein, daran zu denken, daß eine »Spannung« beim Reparieren der primitiven Spaltung, eine »Schwäche« im reparierten Bereich, zur Bösartigkeit der neurotischen Situation beitragen kann. Das exzessive Interesse am Ausgleichen von Gegensätzen, das ein Patient zeigt, der unter dem Druck einer Zwangsneurose steht, weist darauf hin. Anna Freud (1966) hält es in der Tat für möglich, daß die Zwangsneurose auf einer frühen Schädigung der Fähigkeit zur Synthese beruht, und empfiehlt dem Analytiker dringend, jede geistig-seelische Störung bis zu ihrem frühesten Auftreten im Leben des Patienten zurückzuverfolgen. Sie warnt jedoch auch davor, daß aufgrund des starken analytischen Interesses, das dem ersten Lebensjahr entgegengebracht wird, manche Analytiker zu der Auffassung gelangen könnten, die Analphase sei eine zu späte Periode für den *Beginn* der Pathologie einer Zwangsneurose. Sie macht außerdem darauf aufmerksam, daß nur jene Faktoren in der Mutter-Kind-Beziehung in diesem Zusammenhang genaue Aufmerkkamkeit verdienen, die wirklich *spezifisch* für die Zwangsneurose sind. Wenn z. B. in der frühen Kindheit der Verlust eines Liebesobjektes eintritt, ist es nicht das Ereignis als solches, das für die Entstehung der Zwangsneurose bedeutsam ist, sondern der Glaube des Kindes, daß dies eingetreten sei, weil es den Wunsch hatte, sich von dem Liebesobjekt zu befreien, und die Schuldgefühle, die es deswegen hat. Anna Freud meint, daß nur einige solcher spezifischen Faktoren zur Entwicklung einer Zwangsneurose beitragen, wozu die Schädigung der »synthetischen Funktion« und der Fähigkeit zur Verschmelzung von Liebe und Haß gehören.

Der Zwangsneurotiker hat einen integrierten Selbstbegriff und eine integrierte internalisierte Objektvorstellungswelt; wenn er jedoch nach beträchtlicher analytischer Arbeit tief regrediert, werden Aspekte von Konditionen sichtbar, die mit pathologischen internalisierten Objektbeziehungen zusammenhängen, insbesondere eine nicht reparierte oder nicht ausreichend reparierte primitive Spaltung. Ich glaube, daß man dieselbe Beobachtung auch bei anderen Krankheitsbildern machen kann. In Fällen hysterischer multipler Persönlichkeiten werden die verschiedenen Persönlichkeiten z. B. durch Verdrängung voneinander getrennt,

und dahinter werden Reste primitiver Spaltung oder die Fragmentierung verschiedener Selbst- und Objektkonstellationen sichtbar.
Einer meiner Zwangspatienten war dafür ein Beispiel. Die Anfangsentwicklung der Übertragung beim Zwangsanalysanden zeigt, anders als beim Borderline-Patienten, die üblichen Aspekte einer Übertragungsneurose. Die Flucht vor der Kastrationsangst führt zu einer Regression auf die Analebene, und wenn diese behandelt wird, enthüllt sich nach langer analytischer Arbeit eine darunterliegende Schicht, in der die primitive Spaltung eine Rolle spielt. Im Wechsel mit der Übertragungsneurose oder sie begleitend tritt eine Spaltungsübertragung auf sowie Anzeichen der Reaktivierung primitiver internalisierter Objektbeziehungen. Wenn im späteren Verlauf der Analyse eine weitere Regression eintritt, wird die Verschmelzung des Patienten mit dem Analytiker (oder seiner Couch) zum dominierenden Phänomen, dem eine (Re-)Integrierung von Selbst- und Objektvorstellungen folgt; danach dominiert wieder die typische Übertragungsneurose. Ihre Verhaltensmanifestationen sind im allgemeinen auf das Sprechzimmer des Analytikers beschränkt, was weder beim Borderline-Patienten noch beim schizophrenen Patienten der Fall ist.

Die M-förmige Narbe

Als Hassan, ein achtundzwanzigjähriger, 210 Pfund schwerer Physiotherapeut, in die Behandlung kam, hatte er bereits die ersten Schritte unternommen, sich von seiner Frau scheiden zu lassen. Sie hatten keine Kinder. Die Frau, eine Sozialarbeiterin in der Ausbildung, hatte offenbar eine narzißtische Persönlichkeitsstörung. Hassans Vater war ein arabischer Katholik, der mit einundzwanzig Jahren aus dem Libanon eingewandert war und im Laufe der Zeit in der neuen Heimat Besitzer einer Farm und eines Geschäftes auf dem Lande geworden war. Mit fünfundvierzig Jahren heiratete er Hassans Mutter, die zwanzig Jahre jünger war. Drei Jahre später brachte sie Hassan zur Welt und elf Jahre danach noch einen Sohn. Sie war konvertierte Katholikin deutsch-holländischer Abstammung.
Das Symptom, das Hassan zu Beginn der Analyse zeigte, war sein Unglücklichsein zuhause. Er fühlte sich verpflichtet, sich den oft unvernünftigen Forderungen seiner Frau zu unterwerfen. Wenn sie ihm den sexuellen Verkehr verweigerte, was sie oft tat, reagierte er gewöhnlich damit, daß er bis spät in die Nacht arbeitete, um ihre Hausarbeit zu erledigen — er war »einfach nett zu ihr, und unglücklich«. Andere

Symptome waren exzessive Intellektualisierung, Reaktionsbildung, Isolierung, vorzeitige Ejakulation, Erfolgsintoleranz und die Schwierigkeit, Emotionen offen zu zeigen.

Seine Eltern hatten sich während seiner Kindheit hauptsächlich um ihr Geschäft gekümmert und Hassan die meiste Zeit der Obhut Colettes überlassen, einer unverheirateten Mutter, die ihre drei Kinder sich selbst überließ, um ihre Arbeit in der Familie des Patienten fortzusetzen, in der sie eine wichtige Rolle spielte. Hassan gab die Flasche nicht auf, bis er beinahe fünf Jahre alt war, sondern trug sie mit sich herum in einer Weise, die eher einen Mangel an mütterlicher Fürsorge reflektierte als »Großzügigkeit« von seiten derer, die für ihn verantwortlich waren. Colette wurde selbst von ihren Kindern Hure genannt. Hassan erinnerte sich an ihr Begräbnis, das stattfand, als er acht war — ohne jeden Affekt, obwohl er eine starke visuelle Erinnerung an das Ereignis hatte, bis hin zu den Farben in der Umgebung.

Als Hassan noch in der Pubertät war, kehrte der Vater für ein Jahr »in seine alte Heimat« zurück, und als er zurückkam, beschuldigte er seine Frau, eine Hure zu sein. Diese Beschuldigung fachte Hassans ödipale Probleme wieder an. Da der Junge während der Abwesenheit seines Vaters gelegentlich im Bett seiner Mutter geschlafen hatte, verwirrte ihn die Behauptung des Vaters, daß sie mit anderen Männern geschlafen hätte. Die drohende Auflösung der Ehe seiner Eltern führte bei Hassan vorübergehend zu der Phantasie eines ödipalen Triumphes, aber seine Mutter »verriet« ihn, indem sie blieb und seinen Bruder empfing. Daraufhin regredierte er, auf der Suche nach der oralen Mutter, und wurde dick durch übermäßiges Essen, wobei er sich symbolisch auch mit der schwangeren Mutter identifizierte. Der Vater forderte extrem viel von seinem Sohn, indem er verlangte, daß er von Sonnenaufgang bis Sonnenuntergang auf der Farm arbeitete, wie ein erwachsener Mann, und er schlug ihn regelmäßig, um ihn sich zu unterwerfen. Der Junge mußte seine flammende Wut hinunterschlucken, die er nur in verhüllter Weise äußern konnte.

Er war ungefähr fünfzehn, als er plötzlich während eines Handgemenges mit seinem Vater bemerkte, daß er der stärkere von beiden war; diese Erkenntnis erschreckte ihn. Der Vater zog sich beim Schlachten eine Verletzung zu und war daraufhin ein Jahr bettlägerig. Hassan schien seine Aggression noch weiter verdrängen zu müssen, und sein moralischer Masochismus bildete sich in Form von Abwehrmechanismen wie Reaktionsbildung, Isolierung und hypertropher Intellektualisierung heraus. Aufgrund seines Körperbaus gewann er ein Fußball-Stipendium und erwarb einen College-Grad in Physiotherapie. Er neigte dazu, sich auf dem Spielfeld Verletzungen zuzuziehen, und mußte mehrmals operiert werden. Ehe er sein Examen machte, beschloß er, sich beschneiden zu lassen. Später heiratete er.

Hassan sah sich in seinen regressiven Phantasien als hungriges und verletztes, paradoxerweise aber auch als starkes Kind, dessen einziges Ziel es war, »gefüllt« zu werden. Er erinnerte sich daran, daß er als kleines Kind seine Macht ausspielte. Im Alter von vier Jahren, als er noch immer mit der Flasche ernährt wurde, hatte man ihn einmal mit ins Kino genommen, wo er während des Films kreischte: »Ich will meine verdammte Flasche!« Dies versetzte, den Erzählungen nach, das Publikum so in Gelächter, daß die Flasche geholt werden mußte.

Die Hypertrophie anal-retentiver Aspekte war ganz offensichtlich. Er erlebte die Analausscheidung als nicht nur für ihn selbst gefährlich, sondern auch für seine Umgebung. Sein Überich hatte archaische Züge, was sich z. B. in seiner Vergeltungsangst ausdrückte. Eine Deckerinnerung faßt seine Probleme zusammen, wie sie sich zu Beginn der Analyse entfalteten. Er erinnerte sich, von einem Kampfhahn angegriffen worden zu sein (dem ödipalen Vater und/oder seinem Penis), als er drei oder vier Jahre alt war, und davon eine M-förmige Narbe im Gesicht (M = »mutilated« = verstümmelt) zurückbehalten zu haben. Er würgte den Hahn zu Tode (Angst vor seiner nicht neutralisierten Aggression).

Von der Übertragungsneurose zur Spaltungsübertragung und zurück

Der Psychoanalytiker, der Hassan zu mir überwies, hatte ihm gesagt, daß ich Türke bin. Indem er die Abstammung seines Vaters hervorhob, stellte Hassan sich in der ersten Sitzung als Araber vor und deutete an, daß er trotz der konfliktreichen Geschichte zwischen Türken und Arabern die Türken immer bewundert habe. So war der Tenor der Übertragungsneurose, die sich in der Analyse voll entwickeln sollte, festgelegt durch seine Verleugnung aggressiver Gefühle, seine willige Unterwerfung unter autoritäre Gestalten und versteckte Wut.

Zuerst beklagte er sich endlos über seine Frau und die Brutalität seines Vaters. In den ersten Monaten zeigte sich seine unausgesprochene Wut darin, daß er versäumte, seine Rechnungen für die psychoanalytische Behandlung termingerecht zu bezahlen. Als er auf dieses Versäumnis aufmerksam gemacht wurde, gestand er, daß er die Analyse dazu benutzte, sich von seiner Frau zu trennen und seine Heirat mit einem Mädchen zu erleichtern, das an einem anderen Ort lebte und das ihm in seinen Phantasien als die ideale Frau erschien. Sechs Monate nach dem Beginn seiner Analyse heiratete dieses Mädchen einen anderen. Bei dieser Nachricht zeigte Hassan eine gewisse affektive Betroffenheit und weinte kurz. Er berichtete, daß er von dem Mann geträumt hatte, der ihm sein Mädchen gestohlen hatte. Ein vorläufiger Versuch, dieses Thema mit dem frühen Erlebnis der Rückkehr seines Vaters aus dem Ausland und des damit verbundenen Verlustes seiner Mutter in Beziehung zu setzen, verstärkte nur seine Intellektualisierung. Während er nicht fähig war, dieses Material ohne Intellektualisierung zu betrachten, fing er an, übermäßig zu essen, und bezeichnete sich selbst als fett, womit er wiederholte, was sich während seiner Pubertät abgespielt hatte. Seine Frau, die nun die orale Mutter wurde, stand nun aufs neue im Zentrum seines Interesses, und er empfand sich als »Sklaven« des Analytikers in einer Übertragung der frühen Mutterbeziehung. Dem ödipalen Vater/Analytiker gegenüber zeigte er andererseits eine Erfolgsintoleranz, die sich auch in seinem täglichen Verhalten widerspiegelte. Als z. B. der Lehrer in einem Kursus über Kapitalanlagen, den er besuchte, »heiße Tips« (= Penis) zu geben begann, um an der Börse Erfolg zu haben, verließ Hassan den Raum, angeblich, weil er einen Hustenanfall hatte. Er wehrte seine Kastrationsangst ab, indem er seinen Penis »verlor« — er war so dick geworden, daß sein aufgequollener Körper ihn daran hinderte, einen Blick darauf zu werfen, wenn er aufrecht stand. Er jammerte: »Ich würde alles tun, wenn ich meinen Penis sehen könnte.« Seine Fettleibigkeit bestätigte auch seine Identifizierung mit einer schwangeren Frau.

In dieser Phase ließ er während der Sitzungen nie einen wütenden Affekt erkennen und gestattete sich selten, Wut zu empfinden, nicht einmal außerhalb der Analyse, da Wut ihn erschreckte. Einmal berichtete er von einem »Ausbruch«, in dem er beinahe in eine Schlägerei mit einem Mann geraten wäre, der seinen Parkplatz besetzte. Er hatte bei dieser Begegnung den kürzeren gezogen, denn obwohl er wußte, daß er stärker war als sein Gegner, hatte er sich ihm gegenüber wie gelähmt gefühlt.

Er fühlte sich verkrüppelt und verstümmelt und verglich sein Leiden mit multipler Sklerose; einer seiner Patienten bot ihm eine äußere Anschauung dieser Krankheit. Nach einiger Zeit wurde deutlich, daß er, während er sich seinem Analytiker unterwarf, doch danach strebte, ihn zu besiegen und seine Interpretationen zu entkräften. Als dies interpretiert wurde, sprudelte er »blutige« Geschichten hervor. So assoziierte er z. B. seine »Vision« von »schaumartigem roten Zeug« auf der Couch mit dem Blut des Tieres, das sein Vater zu schlachten im Begriff gewesen war, als er fiel und sich seine Verletzung zuzog. Während des vierzehnten Monats der Analyse zeigte er Interesse daran, »gleiche Rechte« zu haben wie sein Analytiker/Vater und wollte diesem gleich sein. Dieser Wunsch rief Angst hervor, und er flüchtete sich aufs neue in die Suche nach einer »Erdmutter«. Seine Hinwendung zur Mutter zu diesem Zeitpunkt gab dem Analytiker und dem Patienten die Möglichkeit, an seiner Klassifizierung aller Frauen in »jungfräulich-weiße« oder »scharlachrote« zu arbeiten sowie an den genetischen Aspekten der Tatsache, daß er in seiner Kindheit beide gehabt hatte, die Mutter und Colette. Hinter dieser Klassifizierung trafen wir auf eine nicht integrierte Muttervorstellung, die durch primitive Spaltung in »nur gute« und »nur böse« Aspekte gespalten war. Die Reflexion dieser Vorstellung beherrschte die Übertragung (Spaltungsübertragung). Entsprechende primitiv gespaltene Selbstvorstellungen traten in ein Wechselspiel mit der »nur guten« und »nur bösen« Mutter/Colette/dem Analytiker. Er kehrte jedoch wieder zu einer ausschließlichen Übertragungsneurose zurück, insofern als der Analytiker den in ambivalenter Bezogenheit erfahrenen Vater repräsentierte.

Eineinhalb Jahre nach dem Beginn seiner Analyse bereitete Hassan sich darauf vor, sich aus seiner sadomasochistischen Bindung an seine Frau zu lösen, deren Verhalten die Auflösung der Ehe notwendig zu machen schien. Nachdem sie eine Nacht mit einem schwarzen Liebhaber verbracht hatte, berichtete sie ihrem Mann von ihrer Untreue, und sie trennten sich. Hassan wurde nun passiver während seiner analytischen Sitzungen und fing an, sich mit gespreizten Beinen auf die Couch zu legen, womit er versuchte, den Analytiker zu reizen, sich ihm zu nähern. Nachdem dieses Stadium einmal durchgearbeitet war, wurde Hassan fähig, gemeinsam mit einem als homosexuell bekannten Mann den Lift des Krankenhauses zu benutzen, ohne Angst zu haben. Er besuchte seine Frau, und sie hatten zum erstenmal seit einem Jahr wieder sexuellen Verkehr. Er berichtete: »Ich habe mir meine Männlichkeit von ihr zurückgeholt.« Danach begann er, sich ernsthaft zu bemühen, sich in der Realität von seiner Frau und intrapsychisch von seiner frühen Mutter zu trennen. Zum zweitenmal trat eine Spaltungsübertragung in voller Stärke auf, und er erlebte die Spannung der (Re-)Integrierung seiner Mutter-Analytiker-Vorstellungen und des Versuchs, sich intrapsychisch von ihr zu trennen.

Er reagierte auf die entstandene Spannung und Angst mit noch tieferer Regression. Während seiner Sitzungen begann er, »Einschlaf-Dinge« zu erleben, Bilder in leuchtenden Farben, eine Vision von einem Baby, das aus einem Mund und einer Hand bestand. Manchmal schlief und schnarchte er während der Sitzungen. Er verlangte, daß ich seine »bösen Gefühle« durch »Osmose« von ihm nähme. Ich ließ seinen Projektionen lange genug freien Lauf, um sie mit Hilfe von Interpretationen mit intrapsychischen Aspekten verbinden zu können. Hassans Reaktivierung primitiver internalisierter Objektbeziehungen war auf seine Therapiestunden beschränkt. Sein extrem regrediertes Verhalten auf der Couch verhinderte weder, daß er sich am Ende der Stunde wieder als von mir getrennt erleben konnte, noch die Re-Integrierung seiner Selbstvorstellung. Hierin unterschied er sich von Borderline-Patienten in der Analyse. Als seine Analyse weitere Fortschritte machte, kehrte er noch einmal zur Manifestation einer typischen Übertragungsneurose zurück.

Zwei Jahre nachdem Hassan in die Analyse gekommen war, träumte er, daß er gebeten wurde, Fußball zu spielen, und daß der Trainer zu ihm sagte: »Du kannst Tore schießen.« Nach dem Spiel war er ein Held, weil er ein Tor geschossen hatte; der tatsächliche Kampf des Spiels blieb jedoch unsichtbar, als ob der Träumer den Aspekten des »Durcharbeitens« des ödipalen Konflikts ausweichen wollte. Der Traum wurde als Zeichen seines Wunsches interpretiert, einen ödipalen Triumph zu erleben, ohne den Konflikt mit seinem Vater auszutragen. Danach wurde eine direktere Verbindung mit dem Analytiker (dem ödipalen Vater) spürbar. Er sprach über die Geschichte eines türkischen Soldaten und eines »kleinen arabischen Kaufmannes«; oberflächlich gesehen war der Soldat überlegen, aber der »kleine Araber« beherrschte die Situation. Während des Durcharbeitens dieser Situation zeigte Hassan nach und nach eine echte Freundlichkeit gegenüber seinem Analytiker und verlor den größten Teil seines Übergewichtes.

Er fand eine neue Freundin. Seine »falsche« Liebe zu ihr wurde allmählich zu einer echten Bindung. Auch seine Beziehung zu seinen Eltern wandelte sich, sie besuchten einander, ohne daß es dabei Schwierigkeiten gegeben hätte. Einmal erlaubte Hassan seinem Vater, seine Hand zu halten, als dieser erklärte, er sei nun ein alter Mann, der seinem Sohn gestatten sollte, zum Oberhaupt der Familie zu werden. Daraufhin wurde Hassan streng gegen seinen jüngeren Bruder, ich interpretierte seine Identifizierung mit dem Aggressor. Er war nun fähig, seine Geschwisterrivalität und seine Wut auf seine »schwangere« Mutter zu erkennen. Er fing an, offener über intime sexuelle Probleme zu sprechen, wie z. B. über seine vorzeitige Ejakulation, ein Problem, das sich allmählich besserte. Er kündigte eine Stellung, die von ihm verlangte, daß er seine Wut über einen neurotischen Chef hinunterschluckte und seinen verletzten Stolz unterdrückte. Nach langen Erörterungen mit seinem Analytiker unterzeichnete er einen Vertrag für eine bessere Stellung an einem anderen Ort und wechselte dort zu einem anderen Analytiker über.

Obwohl Hassan seine Analyse bei mir nicht beendete, konnte ich doch, solange er bei mir in Behandlung war, drastische Veränderungen seines allgemeinen Zustands beobachten. Zu dem Zeitpunkt, da er mich verließ, um einen anderen Analytiker aufzusuchen, wußte ich, daß sein anhaltender Versuch, den analytischen Prozeß zu sabotieren, noch viel Arbeit erforderte, ebenso wie seine Anstrengungen, den Analytiker/ Vater »stillschweigend« zu besiegen, und seine anhaltende Unfähigkeit, offen in seinen Gefühlen zu sein. Dieser Bericht über die ersten beiden Jahre seiner Analyse zeigt jedoch, daß pathologische primitive internalisierte Objektbeziehungen von Zeit zu Zeit auch in der Behandlung eines neurotischen Patienten an die Oberfläche kommen können. Obwohl sie nur in Perioden tiefer Regression und gewöhnlich nur vorübergehend auftreten, lohnt es sich, ihnen im Behandlungsprozeß intensive Aufmerksamkeit zu widmen. Sie charakterisieren nicht den gesamten Verlauf der Analyse, aber sie können, im Kontext gesehen, zu Erkenntnissen führen, die die Behandlung des Patienten erheblich fördern.

Schlußbemerkung

In der Einleitung wurde erklärt, was die Absicht dieses Buches ist. Ich will deshalb an dieser Stelle nicht versuchen, seinen Inhalt zusammenzufassen, sondern nur auf bestimmte Aspekte eingehen.

Es ist ein vorwiegend klinisches Buch, eine systematische Untersuchung der klinischen Korrelate der Theorie der internalisierten Objektbeziehungen. Die Theorie beschreibt den Prozeß, durch den Selbst- und Objektbilder gleichzeitig aus den vielfältigen Eindrücken von Selbst und Objekt geformt werden, die die Interaktion zwischen dem Kleinkind und seiner Mutter mit sich bringt. In seiner frühen Wahrnehmung erlebt das Kleinkind die Objekte, die seine Umgebung konstituieren, als »nur gut« (Befriedigung verschaffend) oder »nur böse« (frustrierend); die Objekte werden polarisiert, aber zu Anfang werden die polarisierten Objektbilder nicht von den polarisierten Selbstbildern differenziert. Die Fähigkeit, gegensätzliche Merkmale in dieselbe Vorstellung des Selbst oder des Objekts zu integrieren, entfaltet sich erst mit der Fähigkeit, Selbstbilder von internalisierten Bildern der Objektwelt zu differenzieren und zu erkennen, daß jede der beiden Konstellationen

»gute« und »böse« Möglichkeiten innerhalb einer einheitlichen Struktur enthalten kann. Ehe die differenzierten Selbst- und Objektbilder sich zu realistischeren Vorstellungen vereinen, sorgt der Mechanismus der primitiven Spaltung dafür, daß jeder spezifische »andere« — oder das Selbst — ausschließlich als »nur gut«, oder im Gegensatz dazu als »nur böse« wahrgenommen wird. Spaltung, die »primitiv« ist, trennt die intrapsychischen Vorstellungen von Selbst und Objekt, die libidinös gefärbt sind, von denjenigen, die aggressiv gefärbt sind. Die Trennung erfolgt also entlang affektiver Bahnen.

Die primitive Spaltung kann als Abwehr benutzt werden, ehe das Ich ausreichende Reife erlangt hat, um an ihrer Stelle die Verdrängung anwenden zu können. Die meisten der in diesem Buch beschriebenen Patienten — Psychotiker, narzißtische Patienten oder solche mit einer Borderline-Persönlichkeitsorganisation — benutzten auch noch als Erwachsene die primitive Spaltung an Stelle der Verdrängung als primäre aktive Angstabwehr. Der psychotische Patient ist nicht nur unfähig, gegensätzliche Attribute des Selbstbildes und des Objektbildes zu einer Synthese zu bringen, sondern er kann auch nicht immer das Selbstbild vom Objektbild unterscheiden. Dem Individuum mit einer Borderline-Persönlichkeitsorganisation fehlt diese Fähigkeit der Unterscheidung meist nicht, obwohl seine psychische Entwicklung in dem frühen Stadium der primitiven Spaltung fixiert ist. Die narzißtische Persönlichkeit, obwohl auf einer etwas höheren Ebene als die Borderline-Persönlichkeit organisiert und im Besitz eines kohärenten (obgleich pathologischen) Selbstbegriffs, hat ähnliche Schwierigkeiten beim Reparieren der Spaltung ihrer Vorstellungswelt. Ihr Problem liegt in der Unfähigkeit, ihr Ichideal und ihr Überich zu integrieren. Diese Unfähigkeit verrät die darunterliegende primitive Spaltung von »nur guten« und »nur bösen« Selbst-Objekt-Vorstellungskonstellationen.

Da man in der Psychoanalyse und in der psychoanalytisch orientierten Psychotherapie häufig neurotischen Individuen begegnet, deren primärer Abwehrmechanismus die Verdrängung ist, können wir die Verdrängungskräfte des Patienten als wesentliches Problem ansehen, mit dem man sich vom Beginn der Behandlung an befassen muß. Wir neigen dementsprechend dazu, bei psychotischen Patienten und bei Patienten mit einer narzißtischen oder einer Borderline-Persönlichkeitsorganisation dieselben Techniken anzuwenden wie bei Neurotikern. Ich habe in diesem Buch zu zeigen versucht, daß der Erfolg bei der Behandlung der Art von Patienten, die ich beschrieben habe, davon abhängt, daß man sich zu Beginn ihrer Behandlung auf die primitive Spaltung und die sie begleitenden Abwehrmechanismen konzentriert

und nicht auf die Verdrängung. Diese Auffassung ist ein Beitrag der Theorie der internalisierten Objektbeziehungen, die von jenen Ichpsychologen vertreten wird, deren theoretische Orientierung ich teile.
Ich glaube, daß die Betonung der primitiven Spaltung und das erfolgreiche Reparieren als Therapiefortschritt eine detaillierte klinische Darstellung verlangen, um zu zeigen, wie wichtig die Theorie der internalisierten Objektbeziehungen für die klinische Technik ist. Ich hoffe, daß die Beispiele, die ich hier gegeben habe, meiner Absicht entsprechen.
Es ist nützlich, einem Patienten, der die primitive Spaltung anwendet, zu Beginn der Analyse deutlich zu machen, wie er Segmente seiner Erfahrung polarisiert und trennt, besonders in den zwischenmenschlichen Beziehungen. Was diesen Patienten jedoch vor allem hilft, ist die volle Entwicklung einer Übertragung, die ihre Unfähigkeit widerspiegelt, Selbst- und Objektvorstellungskonstellationen zu einer Synthese zu bringen. Darauf kann ein Durcharbeiten dieser Unfähigkeit mit Hilfe von Übertragungsinterpretationen folgen. Der Analytiker oder Therapeut repräsentiert für den Patienten, aufgrund der Spaltungsübertragung, seine »nur guten« oder seine »nur bösen« Selbst- und/oder Objektkonstellationen. Die Übertragungssituation beim psychotischen Patienten (psychotische Übertragung) ist erheblich komplizierter, da seine Selbstbilder nicht von seinen Objektbildern differenziert sind und er mit dem, was er auf den Analytiker externalisiert, verschmilzt.
In einigen meiner klinischen Beispiele habe ich zu zeigen versucht, wie differenzierte und getrennte Vorstellungen zusammenfallen und integrierte Vorstellungen bilden, nachdem die Spaltungsübertragung erst einmal durchgearbeitet ist. Dieser Prozeß des Reparierens kann von Emotionsausbrüchen begleitet werden, wenn die »nur bösen« Konstellationen sich den »nur guten« nähern. Ich empfehle eine intensive Beachtung der primitiven Spaltung während der ganzen Behandlung, auch später, wenn Manifestationen der Übertragungsneurose behandelt werden, nachdem die primitive Spaltung überwunden ist. Die Patienten können in der Schlußphase für kurze Zeit zu diesem frühen Operationsmodus zurückkehren.
Ich bin relativ ausführlich auf die introjektiv-projektive Bezogenheit eingegangen, die die primitive Spaltung begleitet. Obwohl der Patient seinen gespaltenen Analytiker oder Therapeuten in seinen introjektiv-projektiven Kreislauf einbezieht und so seine pathologische Bezogenheit aufrechterhält, kann das Einbezogensein des Therapeuten in diesen Kreislauf den Patienten dazu veranlassen, die speziellen Funktionen des nicht mehr gespaltenen Therapeuten in seine eigene charakterologi-

sche Struktur zu assimilieren. Eine solche Assimilierung verbessert und verändert die psychische Struktur des Patienten. Ich habe Techniken vorgeschlagen, um dies zu erreichen.

Patienten, die primitive internalisierte Objektbeziehungen sowohl in der Übertragung als auch in ihren intimen zwischenmenschlichen Beziehungen im täglichen Leben reaktivieren — also Patienten, denen ein integrierter Selbstbegriff und eine internalisierte Objektvorstellungswelt fehlen — neigen dazu, bestimmte unbelebte (nicht-menschliche) Objekte oder Lieblingsphantasien zu benutzen. Dies ist ihr Versuch, Kontrolle über das äußere Objekt auszuüben, auf das »nur böse« Selbst- und/oder Objektbilder externalisiert werden. Ich betrachte diese nichtmenschlichen Objekte oder Lieblingsphantasien als reaktivierte Übergangsobjekte. Die Illusion der Kontrolle über das Übergangsobjekt gibt dem Patienten die Sicherheit, daß er eine ähnliche und absolute Kontrolle über die äußeren Objekte hat.

Die Theorie der internalisierten Objektbeziehungen, mit der ich mich in diesem Buch beschäftigt habe, hat das Verständnis wichtiger Verhaltensbesonderheiten von Psychotikern, Borderline-Patienten und Patienten mit einer narzißtischen Persönlichkeitsorganisation außerordentlich gefördert. Ich habe zu zeigen versucht, wie diese Theorie unser Verständnis der therapeutischen Prozesse, die sich in solchen Fällen entwickeln, bereichert und uns mit neuen technischen Möglichkeiten und Problemen konfrontiert.

Literaturverzeichnis

Abraham, K. (1924): A short study of the development of the libido, viewed in the light of mental disorders. In: Selected Papers on Psychoanalysis. London (The Hogarth Press, Ltd.) 1927, S. 418—501. Dt. in: Psychoanalyt. Studien, Ges. W. in 2 Bdn., Frankfurt (Fischer) 1971.

Abse, D. W. (1955): Early phases of ego-structure adumbrated in the regressive ego states of schizophrenic psychosis, and elucidated in intensive psychotherapy. In: Psychoanal. Rev. 42, S. 228 ff.

— (1966): Hysteria and Related Mental States. Baltimore (Williams & Wilkins Co.).

— & Ewing, J. A. (1960): Some problems in psychotherapy with schizophrenic patients. In: Amer. J. Psychother. 14, S. 505—519.

Alexander, J. M. & Isaacs, K. S. (1964): The function of affect. In: Brit. J. Med. Psychol. 37, S. 231—237.

Archer, L. & Hosley, E. (1969): Educational program. In: R. A. Furman & A. Katan (Hrsg.): The Therapeutic Nursery School. New York (International Universities Press), S. 21—63.

Arlow, J. A. (1963): Conflict, regression and symptom formation. In: Internat. J. Psycho-Anal. 44, S. 12—22.

Bak, R. C. (1953): Fetishism. In: J. Amer. Psychoanal. Assn. 1, S. 285—298.

— (1971): Object-relationships in schizophrenia and perversion. In: Internat. J. Psycho-Aanal. 52, S. 235—242.

Balint, M. (1955): Friendly expanses — horried empty spaces. In: Internat. J. Psycho-Anal. 36, S. 225—241.

Berman, L. E. A. (1972): The role of amphetamine in a case of hysteria. In: J. Amer. Psychoanal. Assn. 20, S. 325—340.

Bettelheim, B. (1959): Joey: a mechanical boy. In: Sci. Amer. 200, S. 116—127.

— (1967): The Empty Fortress. New York (Free Press). Dt.: Die Geburt des Selbst. München (Kindler) 1977.

Bibring, E. (1954): Psychoanalysis and the dynamic psychotherapies. In: J. Amer. Psychoanal. Assn. 2, S. 745—770.

Bibring, G. L., Dwyer, T. F., Huntington, D. S. & Valenstein, A. F. (1961): A study of the psychological processes in pregnancy and of the earliest mother-child relationship. In: The Psychoanalytic Study of the Child 16, New York (International Universities Press), S. 9—72.

Bowlby, J. (1969): Attachment and Loss, Bd. 1, Attachment. New York (Basic Books). Dt.: Bindung. München (Kindler) 1975.

— & Parkes, C. M. (1970): Separation and loss within the family. In: E. J. Anthony & C. Koupirnik (Hrsg.): The Child in His Family, Bd. 1, New York (Wiley Interscience), S. 197–216.

Boyer, L. B. (1960): A hypothesis regarding the time of appearance of the dream screen. In: Internat. J. Psycho-Anal. 41, S. 114—122.
— (1961): Provisional evaluation of psycho-analysis with few parameters employed in the treatment of schizophrenia. In: Internat. J. Psycho-Anal. 42, S. 389—403.
— (1967): Office treatment of schizophrenic patients: the use of psycho-analytic therapy with few parameters. In: L. B. Boyer & P. L. Giovacchini (Hrsg.): Psychoanalytic Treatment of Characterological and Schizophrenic Disorders. New York (Science House), S. 143—188. Dt.: Die psychoanalytische Behandlung Schizophrener. München (Kindler) 1976.
— (1971): Psychoanalytic technique in the treatment of certain characterological and schizophrenic disorders. In: Internat. J. Psycho-Anal. 52, S. 67—85.
Brierly, M. (1937): Affects in theory and practice. In: Internat. J. Psycho-Anal. 18, S. 256—268.
Burnham, D. L. (1969): Schizophrenia and object relations. In: D. L. Burnham, A. I. Gladstone & R. W. Gibson (Hrsg.): Schizophrenia and the Need-Fear Dilemma. New York (International Universities Press), S. 15—41.
Bychowski, G. (1956): The release of internal images. In: Internat. J. Psycho-Anal. 37, S. 331—338.
Cameron, N. (1961): Introjection, reprojection, and hallucination in the interaction between schizophrenic patient and therapist. In: Internat. J. Psycho-Anal. 42, S. 86—96.
Darwin, C. (1872): The Expression of the Emotions in Man and Animals. London (John Murray). Dt.: Der Ausdruck der Gefühle bei Mensch und Tier. Tübingen (Katzmann) 1966.
De Saussure, J. (1971): Some complications in self-esteem regulation caused by using an archaic image of the self as an ideal. In: Internat. J. Psycho-Anal. 52, S. 87—97.
Eissler, K. R. (1954): Notes upon defects of ego structure in schizophrenia. In: Internat. J. Psycho. Anal. 35, S. 141—146.
Ekstein, R. (1966): Children of Time and Space, of Action and Impulse. New York (Appleton-Century-Crofts). Dt.: Grenzfallkinder. Klinische Studien über die psychoanalytische Behandlung schwerst gestörter Kinder. München und Basel (Reinhardt) 1973.
Engel, G. L. (1962): Psychological Development in Health and Disease. Philadelphia (W. B. Saunders).
Erhat, A. (1972): Mitoloji Sözlügü. Istanbul (Remzi Kitabevi).
Erikson, E. H. (1956): The problem of ego identity. In: J. Amer. Psychoanal. Assn. 4, S. 56—121.
Fairbairn, W. D. (1954): An Object Relations Theory of Personality. New York (Basic Books).
Fenichel, O. (1941): The ego and the affects. In: Psychoanal. Rev. 28, S. 47—60.
— (1945): The Psychoanalytic Theory of Neurosis. New York (Norton). Dt.: Psychoanalytische Neurosenlehre. Freiburg/Br. und Olten (Walter) 1974.

Ferenczi, S. (1909): Introjection and transference. In: Sex in Psychoanalysis. New York 1960 (Dover Publications), S. 30—79.
— (1913): Entwicklungsstufen des Wirklichkeitssinnes. In: Internationale Zeitschrift für Ärztliche Psychoanalyse I, 1913, S. 124—138.
Fintzy, R. T. (1971): Vicissitudes of the transitional object in a borderline child. In: Internat. J. Psycho-Anal. 52, S. 107—114.
Fliess, R. (1953): On the spoken word in the dream. In: The Revival of Interest in the Dream. New York (International Universities Press), S. 128—155.
Fox, H. M. (1957): Body image of a photographer. In: J. Amer. Psychoanal. Assn. 5, S. 93—107.
Freud, A. (1936): The ego and the mechanisms of defense. In: The Writings of Anna Freud, 2, New York (International Universities Press) 1966. Dt.: Das Ich und die Abwehrmechanismen. 8. Aufl. München (Kindler) 1973.
— (1952): The role of bodily illness in the mental life of children. A. a. O. 4, (1968), S. 260—279. Dt.: Die Rolle der körperlichen Krankheit im Seelenleben des Kindes. In: G. Bittner u. E. Schmid-Cords (Hrsg.): Erziehung in früher Kindheit. München (Piper) 1968, S. 235—247.
— (1954): The widening scope of indications for psychoanalysis: Discussion. A. a. O. 4, (1968), S. 356—376.
— (1966): Obsessional neurosis: A summary of psychoanalytic views. A. a. O. 5, (1969), S. 242—261.
Freud, S. (1887—1902): Aus den Anfängen der Psychoanalyse. Briefe an Wilhelm Fließ, Abhandlungen und Notizen aus den Jahren 1887—1902. London (1950).
— (1900): Die Traumdeutung. In: Gesammelte Werke, chronologisch geordnet, Bd. II u. III. London (Imago Publishing Co., Ltd.).
— (1905): Drei Abhandlungen zur Sexualtheorie. A. a. O., Bd. V, S. 27—145.
— (1914): Zur Einführung des Narzißmus. A a. O., Bd. X, S. 137—170.
— (1917): Trauer und Melancholie. A. a. O., Bd. X, S. 427—446.
— (1920): Jenseits des Lustprinzips. A. a. O., Bd. XIII, S. 1—69.
— (1923): Das Ich und das Es. A. a. O., Bd. XIII, S. 135—289.
— (1925): Notiz über den »Wunderblock«. A. a. O., Bd. XIV. S. 1—8.
— (1926): Hemmung, Symptom und Angst. A. a. O., Bd. XIV, S. 111—205.
— (1927): Fetischismus. A. a. O., Bd. XIV, S. 309—317.
— (1930): Das Unbehagen in der Kultur. A. a. O., Bd. XIV, S. 419—506.
— (1933): Neue Folge der Vorlesungen zur Einführung in die Psychoanalyse. A. a. O., Bd. XV.
— (1938): Abriß der Psychoanalyse. A. a. O., Bd. XVII, S. 63—121.
Giovacchini, P. L. (1959): On gadgets. In: Psychoanal. Quart. 28, S. 330—341.
— (1967 a): Psychoanalytic treatment of character disorders. In: L. B. Boyer & P. L. Giovacchini (Hrsg.): Psychoanalytic Treatment of Characterological and Schizophrenic Disorders. New York (Science House), S. 208—234.
— (1967 b): Frustration and externalization. In: Psychoanal. Quart. 36, S. 571 bis 583.

— (1969): The influence of interpretation upon schizophrenic patients. In: Internat. J. Psycho-Anal. 50, S. 179—186.
— (1972 a): The symbiotic phase. In: P. L. Giovacchini (Hrsg.): Tactics and Techniques in Psychoanalytic Therapy. New York (Science House), S. 137 bis 169.
— (1972 b): Interpretation and definition of the analytic setting. A. a. O., S. 291—304.
Glover, E. (1932): A psychoanalytic approach to the classification of mental disorders. In: J. Men. Sci. 78, S. 819—842.
— (1939): The psychoanalysis of affects. In: Internat. J. Psycho-Anal. 20, S. 299—307.
— (1950): On the Early Development of Mind. New York (International Universities Press) 1956.
— (1955): Technique of Psychoanalysis. New York (International Universities Press).
— (1966): Metapsychology or metaphysics: a psychoanalytic essay. In: Psychoanal. Quart. 35, S. 173—190.
Greenacre, P. (1952): Pregenital patterning. In: Internat. J. Psycho-Anal. 33, S. 410—415.
— (1953): Certain relationships between fetishism and the faulty development of the body image. In: Emotional Growth 1, New York (International Universities Press) 1971, S. 9—30.
— (1958): Early physical determinants in the development of the sense of identity. A. a. O., S. 113—127.
— (1969): The fetish and the transitional object. A. a. O., S. 315—334.
— (1970): The transitional object and the fetish: with special reference to the role of illusion. In: Internat. J. Psycho-Anal. 51, S. 447—456.
Greenson, R. R. (1954): The struggle against identification. In: J. Amer. Psychoanal. Assn. 2, S. 200—217.
— (1958): On screen defenses, screen hunger and screen identity. In: J. Amer. Psychoanal. Assn. 4, S. 242—262.
— (1969): The non-transference relationship in the psychoanalytic situation. In: Internat. J. Psycho-Anal. 50, S. 27—39.
Hamilton, J. W. (1974): Transitional fantasies and the creative process. In: The Psychoanalytic Study of Society 6, New York (International Universities Press), S. 53—70.
Hartmann, H. (1939): Ego Psychology and the Problem of Adaptation. New York (International Universities Press) 1958. Dt.: Ich-Psychologie und Anpassungsproblem. 2. Aufl. Stuttgart (Klett) 1970.
— (1950): Comments on the psychoanalytic theory of the ego. In: Essays on Ego Psychology. New York (International Universities Press) 1964, S. 113 bis 141. Dt.: Ich-Psychologie. Stuttgart (Klett) 1972.
—, Kris, E. & Loewenstein, R. (1946): Comments on the formation of psychic structure. In: The Psychoanalytic Study of the Child 2, New York (International Universities Press), S. 11—38.

— & Loewenstein, R. (1962): Notes on the superego. In: The Psychoanalytic Study of the Child 17, New York (International Universities Press), S. 42 bis 81.

Heiman, P. (1956): Dynamics of transference interpretations. In: Internat. J. Psycho-Anal. 37, S. 303—310.

Hendrick, I. (1951): Early development of the ego: identification in infancy. In: Psychoanaly. Quart. 20, S. 44—61.

Heuscher, J. E. (1963): A Psychiatric Study of Fairy Tales. Springfield, III. (Charles C. Thomas).

Isakower, O. (1938): A contribution to the pathopsychology of phenomena associated with falling asleep. In: Internat. J. Psycho-Anal. 19, S. 331—345.

Jacobson, E. (1953): Affects and psychic discharge processes. In: R. M. Loewenstein (Hrsg.): Drives, Affects and Behavior. New York (International Universities Press).

— (1964): The Self and the Object World. New York (International Universities Press). Dt.: Das Selbst und die Welt der Objekte. Frankfurt/M. (Suhrkamp) 1973.

— (1971): Depression. Comparative Studies of Normal, Neurotic, and Psychotic Conditions. New York (International Universities Press). Dt.: Depression. Eine vgl. Untersuchung normaler, neurotischer und psychotisch-depressiver Zustände. Frankfurt (Suhrkamp) 1977.

Jacobson, J. G. (1973): Reliving the past, perceptual experience and the reality-testing functions of the ego. In: Internat. J. Psycho-Anal. 54, S. 399—413.

Jessner, L. & Abse, D. W. (1960): Regressive forces in anorexia nervosa: In: Brit. J. Med. Psychol. 33, S. 301—312.

Jones, E. (1927): The early development of female sexuality. In: Internat. J. Psycho-Anal. 8, S. 459—472.

Katan, A. (1961): Some thoughts about the role of verbalization in early childhood. In: The Psychoanalytic Study of the Child 16, New York (International Universities Press), S. 184—188.

Kerényi, C. (1960): The Gods of the Greeks. New York (Grove Press).

Kernberg, O. F. (1966): Structural derivates of object relationships. In: Internat. J. Psycho-Anal. 47, S. 236—253.

— (1967): Borderline personality organization. In: J. Amer. Psychoanal. Assn. 15, S. 641—685.

— (1970 a): Factors in the psychoanalytic treatment of narcissistic personalities. In: J. Amer. Psychoanal. Assn. 18, S. 51—85.

— (1970 b): A psychoanalytic classification of character pathology. In: J. Amer. Psychoanal. Assn. 18, S. 800—822.

— (1972 a): Early ego integration and object relations. In: Annals N. Y. Acad. Sci. 193, S. 233—247.

— (1972 b): Treatment of borderline patients. In: P. L. Giovacchini (Hrsg.): Tactics and Techniques in Psychoanalytic Therapy. New York (Science House), S. 254—290.

Klein, M. (1946): Notes on some schizoid mechanisms. In: International. J. Psycho-Anal. 27, S. 99—110.
Knight, R. (1940): Introjection, projection, and identification. In: Psychoanal. Quart. 9, S. 334—341.
Koff, R. H. (1961): A definition of identification. A review of the literature. In: Internat. J. Psycho-Anal. 42, S. 362—370.
Kohut, H. (1966): Forms and transformations of narcissism. In: J. Amer. Psychoanal. Assn. 14, S. 243—272.
— (1971): The Analysis of the Self: A Systematic Approach to the Psychoanalytic Treatment of Narcissistic Personality Disorders. New York (International Universities Press). Dt.: Narzißmus. Frankfurt/M. (Suhrkamp) 1973.
— (1973): Thoughts on narcissism and narcissistic rage. In: The Psychoanalytic Study of the Child 27. New York (Quadrangle), S. 360—400.
Kramer, P. (1955): On discovering one's identity. In: The Psychoanalytic Study of the Child 10. New York (International Universities Press), S. 47—74.
Lampl-de Groot, J. (1962): Ego ideal and superego. In: The Psychoanalytic Study of the Child 17. New York (International Universities Press), S. 94 bis 106.
Lewin, B. D. (1946): Sleep, the mouth and the dream screen. In: Psychoanal. Quart. 15, S. 419—434.
— (1948): Inferences from the dream screen. In: Internat. J. Psycho-Anal. 29, S. 224—231.
— (1950): The Psychoanalysis of Elation. New York (Norton).
Lichtenberg, J. D. & Slap, J. W. (1973): Notes on the concept of splitting and the defense mechanism of the splitting of representations. In: J. Amer. Psychoanal. Assn. 21, S. 772—787.
Loewald, H. (1960): On the therapeutic action of psychoanalysis. In: Internat. J. Psycho-Anal. 41, S. 16—33.
Mahler, M. S. (1963): Thoughts about development and individuation. In: The Psychoanalytic Study of the Child 18. New York (International Universities Press), S. 307—324.
— (1968): On Human Symbiosis and the Vicissitudes of Individuation. New York (International Universities Press). Dt.: Symbiose und Individuation. Bd. 1. Stuttgart (Klett) 1972.
— & Furer, M. (1963): Certain aspects of the separation-individuation phase. In: Psychoanal. Quart. 32, S. 1—14.
McDonald, M. (1970): Transitional tunes and musical development. In: The Psychoanalytic Study of the Child 25. New York (International Universities Press), S. 503—520.
McDougall, W. (1936): An Outline of Psychology. London (Methuen).
Meissner, W. W. (1970): Notes on identification. I, Origins in Freud. In: Psychoanalytic Quart. 39, S. 563—589.
— (1971 a): Notes on identification. II, Classification of related concepts. In: Psychoanal. Quart. 40, S. 277—302.

— (1971 b): Notes on identification. III, The concept of identification. In: Psychoanal. Quart. 41, S. 224—260.

Menninger, K. (1934): Polysurgery and polysurgical addiction. In: Psychoanal. Quart. 3, S. 173—199.

Meyer, B. C. & Weinroth, L. A. (1957): Observations on psychological aspects of anorexia nervosa. In: Psychosom. Med. 19, S. 389—398.

Miller, A. A., Pollock, G. W., Bernstein, H. E. & Robbins, F. P. (1968): An approach to the concept of identification. In: Bull. Meninger Clin. 32, S. 239—252.

Modell, A. H. (1963): Primitive object relationships and the predisposition to schizophrenia. In: Internat. J. Psycho-Anal. 44, S. 282—292.

— (1968): Object Love and Reality: An Introduction to a Psychoanalytic Theory of Object Relations. New York (International Universities Press).

— (1970): The transitional objects and the creative art. In: Psychoanal. Quart. 39, S. 240—250.

Moore, B. E. & Fine, B. D. (1968): A Glossary of Psychoanalytic Terms and Concepts. New York (American Psychoanalytic Association).

Murray, M. (1960): The God of the Witches. Garden City, N. Y. (Doubleday).

Niederland, W. G. (1956): Clinical observations on the »little man« phenomenon. In: The Psychoanalytic Study of the Child 11. New York (International Universities Press), S. 381—395.

— (1965): Narcissistic ego impairment in patients with early physical malformations. In: The Psychoanalytic Study of the Child 20. New York (International Universities Press), S. 518—534.

Novey, S. (1961): Further considerations of affect theory in psychoanalysis. In: Internat. J. Psycho-Anal. 42, S. 21—31.

Nunberg, H. (1955): Principles of Psychoanalysis. New York (International Universities Press).

Olinick, S. L. (1964): The negative therapeutic reaction. In: Internat. J. Psycho-Anal. 45, S. 540—548.

— (1969): On empathy and regression in the service of the other. In: Brit. J. Med. Psychol. 42, S. 41—49.

—, Poland, W. S., Grigg, K. A. & Granatir, W. L. (1973): The psycho-analytic work ego: process and interpretation. In: Internat. J. Psycho-Anal. 54, S. 143—151.

Parkes, C. M. (1970): »Seeking« and »finding« a lost object: evidence from recent studies of the reaction to bereavement. In: Soc. Sci. Med. 4, S. 187 bis 201.

Peto, A. (1968): On affect control. In: Internat. J. Psycho-Anal. 49, S. 471 bis 473.

Pollock, G. H. (1961): Mourning and adaptation. In: Internat. J. Psycho-Anal. 42, S. 341—361.

Poznanski, E. O. (1972): The »replacement child«: a saga of unresolved parental grief. In: Behav. Pediat. 81, S. 1190—1193.

Pulver, S. E. (1970): Narcissism, the term and the concept. In: J. Amer. Psychoanal. Assn. 18, S. 319—341.
Rangell, L. (1967): Psychoanalysis, affects and the »human core«. In: Psychoanal. Quart. 36, S. 172—202.
Rapaport, D. (1942): Emotions and Memory. New York (International Universities Press) 1971. Dt.: Gefühl und Erinnerung. Stuttgart (Klett) 1977.
— (1953): On the psychoanalytic theory of affects. In: Internat. J. Psycho-Anal. 34, S. 177—198.
— (1957): Cognitive structures. In: M. M. Gill (Hrsg.): The Collected Papers of David Rapaport. New York (Basic Books) 1967, S. 631—664.
Reich, A. (1953): Narcissistic object choice in women. In: A. Reich: Psychoanalytic Contributions. New York (International Universities Press) 1973, S. 179—208.
Rosen, J. N. (1953): Direct Analysis: Selected Papers. New York (Grune & Stratton).
Rosenfeld, H. A. (1966): Discussion of paper by L. B. Boyer. In: The Psychoanalytic Forum 1. New York (International Universities Press) 1972, S. 351—353.
Rycroft, C. (1951): A contribution to the study of the dream screen. In: Internat. J. Psycho-Anal. 32, S. 178—185.
Sanford, B. (1966): A patient and her cats. In: The Psychoanalytic Forum 1. New York (International Universities Press) 1972, S. 170—176.
Schafer, R. (1968): Aspects of Internalization. New York (International Universities Press).
— (1973): Internalization: process or fantasy. In: The Psychoanalytic Study of the Child 27. New York (Quadrangle), S. 411—436.
Scheflen, A. E. (1961): Fostering introjection as a psychotherapeutic technique in schizophrenia. In: J. G. Dawson, H. K. Stone & N. P. Dellis (Hrsg.): Psychotherapy with Schizophrenics. Baton Rouge (Louisiana State University Press), S. 79—106.
Searles, H. F. (1951): Data concerning certain manifestations of incorporation. In: Psychiat. 14, S. 397—413.
— (1960): The Nonhuman Environment in Normal Development and in Schizophrenia. New York (International Universities Press).
— (1962): The differentiation between concrete and metaphorical thinking in the recovering schizophrenic patient. In: J. Amer. Psychoanal. Assn. 10, S. 22—49.
— (1963): The place of neutral therapist-responses in psychotherapy with the schizophrenic patient. In: Internat. J. Psycho-Anal. 44, S. 42—56.
— (1965): Introduction. In: Collected Papers on Schizophrenia and Related Subjects. New York (International Universities Press), S. 19—38. Dt.: Der psychoanalytische Beitrag zur Schizophrenieforschung. München (Kindler) 1974.
Seigman, A. J. (1954): Emotionality — a hysterical character defense. In: Psychoanal. Quart. 23, S. 339—354.

Shengold, L. (1967): The effects of overstimulation — rat people. In: Internat. J. Psycho-Anal. 48, S. 403—415.
— (1971): More about rats and rat people. In: Internat. J. Psycho-Anal. 52, S. 277—288.
Smith, J. H. (1970): On the structural view of affect. In: J. Amer. Pschoanal. Assn. 18, S. 539—561.
Socarides, C. W. (1970): A psychoanalytic study of the desire for sexual transformation (»Transsexualism«): the plaster-of-paris man. In: Internat. J. Psycho-Anal. 51, S. 341—349.
— (1971): The desire to remain disappointed. In: Brit. J. Med. Psychol. 44, S. 35—44.
Speers, R. W. & Lansing, C. (1965): Group Therapy in Childhood Psychosis. Chapel Hill (University of North Carolina Press).
Sperling, M. (1963): Fetishism in children. In: Psychoanal. Quart. 32, S. 374 bis 392.
Sperling, O. E. (1948): On the mechanisms of spacing and crowding emotions. In: Internat. J. Psycho-Anal. 29, S. 232—235.
Spitz, R. A. (1950): Anxiety in infancy: a study of its manifestations in the first year of life. In: Internat. J. Psycho-Anal. 31, S. 138—143.
— (1957): No and Yes: On the Beginning of Human Communication. New York (International Universities Press). Dt.: Nein und Ja. Die Ursprünge der menschlichen Kommunikation. Stuttgart (Klett) 1976.
— (1965): The First Year of Life. New York (International Universities Press). Dt.: Vom Säugling zum Kleinkind. Stuttgart (Klett) 1967.
Stoller, R. J. (1973): The male transsexual as »experiment«. In: Internat. J. Psycho-Anal. 54, S. 215—225.
Strachey, J. (1934): The nature of the therapeutic action of psychoanalysis. In: Internat. J. Psycho-Anal. 15, S. 127—159.
Suslick, A. (1963): Pathology of identity as related to the borderline ego. In: Arch. Gen. Psychiat. 8, S. 252—262.
Tolpin, M. (1972): On the beginning of a cohesive self: an application of the concept of transmuting internalization to the study of the transitional object and separation anxiety. In: The Psychoanalytic Study of the Child 26. New York (Quadrangle), S. 316—353.
Valenstein, A. F. (1962): The psycho-analytic situation, affects, emotional reliving, and insight in the psycho-analytic process. In: Internat. J. Psycho-Anal. 43, S. 315—323.
Van der Heide, C. (1961): Blank silence and dream screen. In: J. Amer. Psychoanal. Assn. 9, S. 85—90.
Volkan, V. D. (1964): The observation and topographic study of the changing ego states of a schizophrenic patient. In: Brit. J. Med. Psychol. 37, S. 239 bis 255.
— (1965): The observation of the »little man« phenomenon in a case of anorexia nervosa. In: Brit. J. Med. Psychol. 38, S. 299—311.
— (1968): The introjection of and identification with the therapist as an ego-

building aspect in the treatment of schizophrenia. In: Brit. J. Med. Psychol. 41, S. 369—380.
— (1970): Typical findings in pathological grief. In: Psychiat. Quart. 44, S. 231—250.
— (1971): A study of a patient's re-grief work through dreams, psychological tests and psychoanalysis. In: Psychiat. Quart. 45, S. 255—273.
— (1972): The linking objects of pathological mourners. In: Arch. Gen. Psychiat. 27, S. 215—221.
— (1973): Transitional fantasies in the analysis of a narcissistic personality. In: J. Amer. Psychoanal. Assn. 21, S. 351—376.
— (1974 a): Food, body shape and sexuality. In: D. W. Abse, E. M. Nash & L. M. R. Louden (Hrsg.): Marital and Sexual Counseling in Medical Practice. New York (Harper & Row), S. 412—421.
— (1974 b): Death, divorce and the physician. A. a. O., S. 446—462.
— (1974 c): Cosmic laughter: a study of primitive splitting. In: P. L. Giovacchini, A. Flarsheim & L. B. Boyer (Hrsg.): Tactics and Techniques of Psychoanalytic Psychotherapy, 2. New York (Jason Aronson).
— (1974 d): The transsexual issue. II, A cautionary psychiatric insight: a clinical report. In: D. W. Abse, E. M. Nash & L. M. R. Louden (Hrsg.): Marital and Sexual Counseling in Medical Practice. New York (Harper & Row), S. 393—404.
— (1974 e): Psychological aspects of transsexualism and transsexual surgery. In: J. O. Stallings (Hrsg.): Gynecologic Reconstructive Plastic Surgery. New York (C. B. Mosby).
— & Bhatti, T. J. (1973): Dreams of transsexuals awaiting surgery. In: Compr. Psychiat. 14, S. 269—279.
—, Cilluffo, A. F. & Sarvay, T. L. (1974): »Re-grief« therapy and the function of the linking object as a key to stimulate emotionality. In: P. Olsen (Hrsg.): Emotional Flooding. New York (Behavioral Publications).
— & Corney, R. T. (1968): Some considerations of satellite states and satellite dreams. In: Brit. J. Med. Psychol. 41, S. 283—290.
— & Kavanaugh, J. G. (1974): The cat people. In: S. Grolnick & L. Barkin (Hrsg.): Transitional Objects. New York (Jason Aronson).
— & Luttrell, A. S. (1971): Aspects of the object relationships and developing skills of a »mechanical boy«. In: Brit. J. Med. Psychol. 44, S. 101—116.
Waller, J. F., Kaufman, M. R. & Deutsch, F. (1940): Anorexia nervosa. In: Psychosom. Med. 2, S. 3—16.
Weigert, E. (1938): The cult and mythology of the magna mater from the standpoint of psychoanalysis. In: Psychiat. 1, S. 347—378.
— (1967): Narcissism: benign and malignant forms. In: R. W. Gibson (Hrsg.): Crosscurrents in Psychiatry and Psychoanalysis. Philadelphia (Lippincott), S. 222—238.
Werner, H. (1948): Comparative Psychology of Mental Development. New York (International Universities Press).

Winnicott, D. W. (1953): Transitional objects and transitional phenomena. In: Internat. J. Psycho-Anal. 34, S. 89—97.
Wylie, H. W. (1973): Further considerations regarding treatment of narcissistic personalities by O. F. Kernberg. In: Bull. Phila. Assn. Psychoanal. 23, S. 333—337.

Personenregister

Sachregister

Frieda Fromm-Reichmann
Psychoanalyse und Psychotherapie

Aus dem Amerikanischen von Gertrude Kallner.

Konzepte der Humanwissenschaften.

ISBN 3-12-902770-X

Dieses Buch der weltberühmten Psychoanalytikerin präsentiert eine Auswahl der nach ihrer Emigration in die USA bis zu ihrem Tod im Jahr 1957 entstandenen Arbeiten. Sie befaßt sich darin in erster Linie mit der psychoanalytischen Behandlungstechnik bei schizophrenen, manisch-depressiven und psychotischen Krankheitszuständen.

Die von Frieda Fromm-Reichmann entwickelten Grundzüge einer »psychoanalytisch orientierten Psychotherapie« beruhen auf ihrer Erfahrung in der Anwendung der klassischen Psychoanalyse bei Neurotikern und der Theorie der zwischenmenschlichen Beziehungen von H.S. Sullivan. Ihre außergewöhnliche Empathie und die Achtung, die sie ihren Patienten entgegenbrachte, gründeten sich auf ihre wissenschaftliche Überzeugung, daß sich die Lebenskonflikte und die emotionellen Schwierigkeiten psychiatrischer Patienten von denen, die jeder Mensch zeitweise erlebt, nur graduell unterscheiden.

Klett-Cotta

Gertrude und Rubin Blanck
Angewandte Ich-Psychologie

Aus dem Amerikanischen von Gertrude Kallner.

Konzepte der Humanwissenschaften.

ISBN 3-12-900980-9

»Ich empfehle dieses Buch jedem, der Interesse hat an einer zusammenfassenden Darstellung psychoanalytisch orientierter Psychotherapie. Es gibt einen ausgezeichneten Überblick über die Theorie und praktische Anwendung der Ich-Psychologie...«

Margaret S. Mahler

Rubin und Gertrude Blanck
Ehe und seelische Entwicklung

Aus dem Amerikanischen von Otto und Doris Goldschmidt.

Konzepte der Humanwissenschaften.

ISBN 3-12-900970-1

Das Buch ist eine wichtige Hilfe für alle, die im Bereich der Psychotherapie und insbesondere der Ehe- und Familienberatung tätig sind.
»Ein Abriß der Ich-Psychologie und der Psychologie der Entwicklung von einer Klarheit und Genauigkeit, die in der Literatur bislang ohne Beispiel ist.«

Journal of the American Psychoanalytic Association

Klett-Cotta